从零开始学
胜任力模型
建模与应用

林丽萍◎著

中华工商联合出版社

图书在版编目（CIP）数据

从零开始学 胜任力模型建模与应用/林丽萍著. —北京：中华工商联合出版社，2021.9

ISBN 978-7-5158-3071-1

Ⅰ.①从… Ⅱ.①林… Ⅲ.①企业管理－人力资源管理－研究 Ⅳ.①F272.92

中国版本图书馆 CIP 数据核字（2021）第 149853 号

从零开始学 胜任力模型建模与应用

作　　者：林丽萍
出 品 人：李　梁
责任编辑：于建廷　王　欢
装帧设计：仙　境
责任审读：傅德华
责任印制：迈致红
出版发行：中华工商联合出版社有限责任公司
印　　刷：河北宝昌佳彩印刷有限公司
版　　次：2021 年 10 月第 1 版
印　　次：2021 年 10 月第 1 次印刷
开　　本：710mm×1000mm　1/16
字　　数：321 千字
印　　张：20.25
书　　号：ISBN 978-7-5158-3071-1
定　　价：98.00 元

服务热线：010－58301130－0（前台）
销售热线：010－58301132（发行部）
010－58302977（网络部）
010－58302837（馆配部、新媒体部）
010－58302813（团购部）
地址邮编：北京市西城区西环广场 A 座
19－20 层，100044
http：//www.chgslcbs.cn
投稿热线：010－58302907（总编室）
投稿邮箱：1621239583@qq.com

胜任力建模这件事我已经做了十年了，可谓“十年磨一剑”。中间碰到过很多困难，踩过很多坑，也请教过很多人。不论是以前在企业操盘胜任力项目，还是现在给不同的企业做胜任力咨询，我都觉得胜任力建模是理论与实践的完美结合，尤其是建模技术与企业自身状况的完美融合。我发现一个普遍的现象：很多企业在建完模型后，就把这一文档束之高阁，没有真正将胜任力模型在管理中落地，也没有取得预期效果。我一直说：“胜任力模型是个好东西，如果你觉得不好，那是因为你没有用好。”单单依靠我的咨询项目，远远不能把这套经验累积和应用体系传播给更多的人，所以有了这本书，希望能够将实用的建模技术及应用方法传播得更广，给予更多将要或正在建模的组织和个人以参考和借鉴。

整本书的内容总共分为三个篇章：上篇——明道篇、中篇——建模篇、下篇——应用篇。

上篇明道篇主要介绍胜任力建模的道法术，即建模应知应会的知识体系和整体方法论。第一章至第四章主要讲了：胜任力是什么、胜任力模型是什么、企业为什么要建胜任力模型、胜任力模型构建的整体思路和方法论。讲清楚这四件事将为中篇建模篇建模的具体实操打下理论基础。

中篇建模篇是本书的重点内容，主要由三个章节组成。**第五章、第六章包含完整版建模四步法和敏捷版建模两步法的具体案例拆解，以及完整版建模和敏捷版建模的对比分析。这两种建模手法满足了市面上大部分企业的不同需求，相信这是本书区别于其他同类胜任力书籍的最大特色。**因为市面上胜任力建模的书籍本身就很稀少，更鲜有手把手教会建模的实操书籍，对于像建模这种实践性很强的项目，需要一步步拆解，手把手教会。

第七章总结了胜任力建模的关键成败因素及风险点，以及对建模的常见问题做了汇总答疑。这部分内容介绍了建模过程中大家容易忽视的关键点和风险点，算是我十年建模的经验总结，希望读者能够有所借鉴，少走弯路，避免失误。

下篇应用篇也是本书的重点内容。包含胜任力模型应用于人才选育用留的方方面面，涉及人才的招聘选拔、培训与发展、人才盘点、评价中心、绩效体系和薪酬体系等。**为了给读者实际的应用场景和真实的实操体验，本书通过大量的企业案例拆解来介绍模型在各个方面的落地应用。这部分是本书的另一特色，也是读者特别关心的内容。**模型建得好，还在于如何应用，这是胜任力模型能否落地有效的决定性因素。

目录

上篇　明道篇：胜任力建模的道法术

中篇 建模篇：胜任力建模一步步拆解给你看

下篇 应用篇：基于胜任力模型的结果应用

『上篇』

明道篇: 胜任力建模的道法术

上篇明道篇，我将带着大家一起了解胜任力建模应知应会的那些事儿。我会讲清楚四件事：胜任力是什么、胜任力模型是什么、企业为什么要建胜任力模型、胜任力模型构建的整体思路和方法论。了解了这四件事能够帮助大家理解胜任力建模的道法术，也为中篇建模篇的具体实操打下理论基础。

第一章
胜任力是什么

第一节　胜任力的起源

一、胜任力起源的背景

胜任力（Competency）一词来自拉丁语 Competere，这一概念最早可以追溯到古罗马时代。当时人们为了弄清楚什么样的战士才是一名优秀的罗马战士，就构建了一个胜任力剖面图来说明一名优秀的罗马战士需要具备的特征，这可视为胜任力的雏形。20 世纪初，以“科学管理之父”弗雷德里克·泰勒为代表的管理学家开展了“时间 - 动作”研究，发现优秀工人和一般工人在完成工作时存在差异，并建议管理者使用时间和动作分析方法界定工人的胜任特征是哪些因素构成的。同时通过培训或发展活动去提高工人的胜任力，进而提高组织效能，可看作胜任力建模的启蒙。

上述思想在工业化初期以福特汽车为代表的大规模生产中发挥了重要作用，使工人的生产效率得到了极大的提高。“二战”以后，美国率先进入后工业化时代，一方面服务业的快速兴起打破了流水线式的生产组织形式；另一方面随着组织日益庞大，大量专业岗位和管理岗位出现，“白领”队伍不断壮大，员工的工作性质发生了根本性转变，将其看作“人肉机器”的时代一去不复返，岗位的工作职责也不再单一，越来越显示出复杂化、多样化和团队化特征。因此，20 世纪 50 年代后，泰勒的“时间 - 动作”分析方法逐渐被放弃，以智力测评为核心的人才测评理论在预测工作绩效方面也越来越无力，不断受到人们的质疑。在这样的历史洪流下，行为学家被推到聚光灯下。

20 世纪 60 年代，美国国务院深感传统的外交官选拔方式效果不理想，许多在智力测试中成绩优秀的人才在实际工作中的表现令人非常失望，随即邀请哈佛大学著名行为心理学家麦克利兰（McClelland）博士帮助设计一种能够有效预测外事情报官员实际工作业绩的选拔方法。麦克利兰对美国国务院过去的选拔方法进行研究后发现，传统的智力、知识技能和人格测评对个体的工作绩效和职业生涯的成功并没有预测作用，那么绩优的外事情报官员和业绩平平的外事情报官员之间的差异究竟在哪里呢？

为了解答这一问题，麦克利兰化繁为简，把视野聚焦到了最直观的工作行为上，发展出了一种行为事件访谈法（Behavioral Event Interview，简称 BEI），希望通过对表现优秀和表现一般的外事情报官员的实际职业行为特征的深度访谈分析，识别出能真正影响外事情报官员工作绩效的因素，或者说能真正区分出优秀和一般的个人行为特征。为此，他选取了 50 位外事情报官员，其中一半为绩优样本，一半为业绩平平者，让他们描述三个自己表现出色的成功事件，以及另外三个他们觉得自己做得一团糟的事件。在此过程中，麦克利兰不断追问其中的细节，尽可能清楚地掌握事件产生的背景及当事人做了哪些事、说了什么话、是如何考虑的，这样就能找出绩效优劣者具有的差异化行为模式。他将访谈的结果进行对比分析后发现，业绩优秀的外事情报官员身上所具备的一些素质是业绩平平者没有的，通过对这些核心素质的准确把握，大大提高了外事情报官员选拔的准确性和有效性。

二、麦克利兰提出胜任力的概念

经过长期的研究，麦克利兰提出了胜任力思想及其分析方法，建立了一家咨询公司专门承担美国政府外事情报员选拔的任务。他运用大量的研究结果说明滥用智力测验来判断人的能力的不合理性，并强调应该离开被实践证明无法成立的理论假设和主观判断，回归现实，从第一手材料入手，直接发掘那些能真正影响工作业绩的个人条件和行为特征。

麦克利兰于 1973 年在《美国心理学家》杂志上发表了一篇具有颠覆性价值的论文——《测量胜任力而不是智力》（Testing for Competence Rather Than for Intelligence），正式将“胜任力”这一概念引入学术研究领域。在这篇划时代的论文中，麦克利兰提出，传统上人们认为能够决定工作结果的因素，如人格、智力等，对绩效其实并没有令人信服的预测作用。他写道：“我们在选拔一名警察时考察其是否能够找出单词间的相似之处，到底有何必要。”而这恰恰是传统智力测验的常见题型。相反，他认为：“如果你想测试谁有可能成为一名好警察，那么就去看看好警察到底都在做什么，然后以此为样本来筛选候选人。”也就是说，真正具有鉴别性的是员工的高绩效行为特征，麦克利兰将此称为胜任力。

三、当今胜任力的发展

麦克利兰这一突破性创见很快得到了学术界的普遍认可，成为心理学、人力资源管理、教育学等领域的研究热点之一。与此同时，胜任力也逐渐风靡整个企业界，在美国掀起一场“胜任力运动”，并迅速扩展到全世界。很多国家开始了胜任力研究和应用方面的探索，并建立了一系列的胜任力模型库和测量表。1982 年，理查德·博亚兹出版了《胜任的经理：一个高效的绩效模型》一书，胜任力模型开始真正用于企业领域，并取得了很好的效果。

如今，胜任力模型在人力资源领域起着基础性和决定性的作用。企业可以利用胜任力模型的可衡量性来评价其领导者及各层级员工目前在胜任力方面存在的差距，以及未来需要改进的方向和程度。以此拓展，胜任力模型现在正越来越多地应用于人力资源的各个领域，成为组织提升管理效率、优化管理成本的必要工具。

第二节　胜任力的基本概念

自麦克利兰提出“胜任力”概念以后，他在自己的分析框架中，将胜任力视为一个统合的概念，他对胜任力的定义是“与工作、工作绩效或生活中其他重要成果直接相似或相联系的知识、技能、能力、特质或动机，可区分卓越绩效者和一般绩效者”。

同时，自他提出胜任力概念后，出现了大量相关研究，研究者们纷纷对胜任力进行界定。不同的研究者对胜任力的定义有所不同，如下：

- 美国著名管理专家克莱姆普认为，胜任力就是一个人能够有效地或者出色地完成工作所具有的内在基本特点。
- 美国心理学家斯宾赛于 1993 年提出，胜任力是指能够将某一岗位（或组织、文化）上表现优异者与表现平平者区分开来的潜在的、深层次的个人特征，它可以是动机、特质、自我形象、态度或价值观、某领域的知识、认知或行为技能中任何可以被可靠测量或计数的，并且能显著区分工作中优秀绩效和一般绩效的个性特征。
- 1995 年，弗莱什曼认为，胜任力是知识、技能、能力、动机、信仰、价值观和兴趣的混合体。
- 1996 年，曼斯菲尔德认为，胜任力是个体在工作中取得高绩效所需要的知识、技能、能力及其他特征的组合。
- 1998 年，美国企业管理专家史考特·派瑞提出关于胜任力的定义，他认为胜任力主要包含四个方面的含义：

➢胜任力是知识、能力及职业素养的整合；

➢这些因素的整合引出的是可观察的和可测量的行为；

➢胜任力与绩效有直接的关联；

➢胜任力可以通过培训等手段得以提高。

在以上胜任力的定义中，目前普遍使用的是斯宾赛提出的胜任力概念。他还提出了有关胜任力重要的冰山模型，可以说是为胜任力的特质研究奠定了理论基石。

第三节 胜任力的冰山模型

如果把“特质观”看作是深入探究胜任力内在机理的一把钥匙，那么美国学者斯宾塞提出的冰山模型可以说是为胜任力的特质研究奠定了理论基石，如图1－1所示。

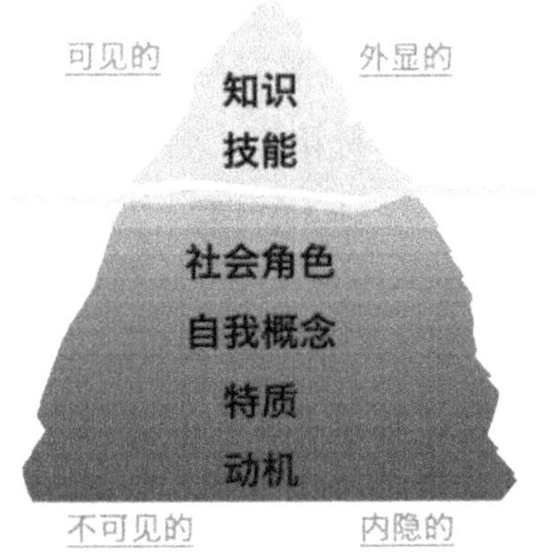

图1－1 胜任力的冰山模型

在冰山模型中，斯宾塞把个体特征区分为水上冰山和水下冰山，即外显的和内隐的、可见的和不可见的，形象地说明了对人们工作绩效有预测作用的个体特征中，除了可见的、外显的知识和技能，更重要的是深层的、不可见的、内隐的、核心的动机、特质、自我概念及社会角色。其中，知识和技能最容易观察到，是任职者工作所需的最低程度的门槛性要求，无法区分卓越绩效者与一般绩效者，但容易通过教育和培训加以改变。动机、特质、自我概念及社会角色，其特点是能够区分绩效一般者与绩效优异者，且在短期内较难改变和发展，是胜任力的核心特质。其中，特质和动机处在最深层次，也最难改变。对于企业组织而言，用甄选的方式选择具有所需要特质的员工比较合乎成本效益；自我概念和社会角色则处于中间层次，通过适当的培训或者成长性的经历是可以改变的，但需要长时间的持续投入。

总结一下，胜任力的概念包含以下三个要点：

• 胜任力是个体特征的组合。这种组合不仅包括知识、技能等外显部分，还包括不易察觉的价值观、个性特质、动机等。

• 胜任力与绩效密切相关。胜任力的高低最终体现在员工工作绩效水平的差异上，只有那些能够对绩效产生预测作用的个体特征才属于胜任力。

• 胜任力是可衡量的、可分级的。即使是水面以下部分的个体特征，也可以利用多种方法对其进行衡量与评估。

第二章
胜任力模型是什么

第一节　胜任力模型的定义

前面介绍了胜任力的起源和概念，但在实际工作中我们用到的却是胜任力模型（Competency Model），胜任力和胜任力模型这两个概念应该被严格区分开，否则会引起很多误解。

在一个组织中，不同的岗位要求员工具备的胜任力知识和水平是不同的；即便是同一岗位，在不同组织和不同行业中，对员工的胜任力要求也可能不同。我们把驱动个体在某情境中产生优秀工作绩效的个性特征的集合称为胜任力模型。

简单来说，胜任力模型就是某一类特定工作所需胜任力的有机组合。在实操中，每个模型一般会包含 7 ±2 项（即 5 ~9 项）核心胜任力指标，并通过行为化的方式加以展示，从而达到将抽象的胜任力具象化表述的目的，以便理解及应用。

第二节　胜任力模型的构成要素

胜任力模型的构成与表现形式往往受到建模预算、建模目的、建模人员习惯的影响。一套完整的胜任力模型应该包含：指标名称、指标定义、行为描述、行为等级、模型结构等部分，而简单的胜任力模型可以没有模型结构或行为等级。

我们先来看一下胜任力模型的完整构成要素有哪些？如图 2－1 所示。

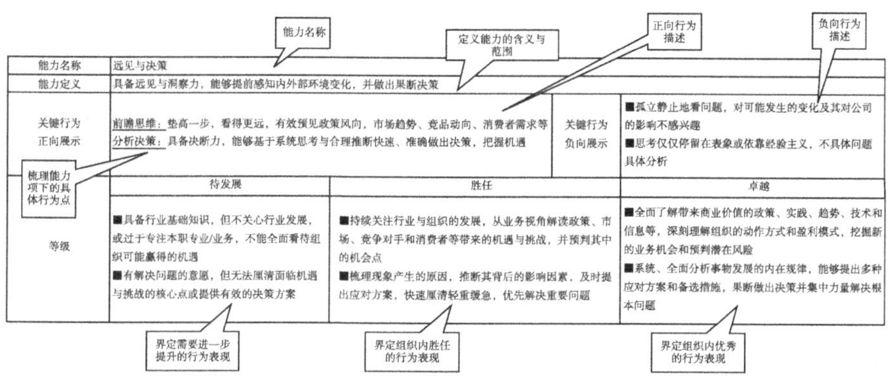

能力名称	远见与决策		
能力定义	具备远见与洞察力，能够提前感知内外部环境变化，并做出果断决策		
关键行为正向展示	前瞻思维：垫高一步，看得更远，有效预见政策风向，市场趋势、竞品动向、消费者需求等 分析决策：具备决断力，能够基于系统思考与合理推断快速、准确做出决策，把握机遇	关键行为负向展示	■孤立静止地看问题，对可能发生的变化及其对公司的影响不感兴趣 ■思考仅仅停留在表象或依靠经验主义，不具体问题具体分析
等级	待发展	胜任	卓越
	■具备行业基础知识，但不关心行业发展，或过于专注本职专业/业务，不能全面看待组织可能赢得的机遇 ■有解决问题的意愿，但无法厘清面临机遇与挑战的核心点或提供有效的决策方案	■持续关注行业与组织的发展，从业务视角解读政策、市场、竞争对手和消费者等带来的机遇与挑战，并预判其中的机会点 ■梳理现象产生的原因，推断其背后的影响因素，及时提出应对方案，快速厘清轻重缓急，优先解决重要问题	■全面了解带来商业价值的政策、实践、趋势、技术和信息等，深刻理解组织的动作方式和盈利模式，挖掘新的业务机会和预判潜在风险 ■系统、全面分析事物发展的内在规律，能够提出多种应对方案和备选措施，果断做出决策并集中力量解决根本问题

图 2－1　胜任力模型的构成要素

胜任力模型的完整构成要素应该包含：

• 指标名称：这里称之为“能力名称”，指的是每一项胜任力指标的名称，如“远见与决策”。

指标名称对胜任力模型非常重要，名不正则言不顺，指标名称取得不合适，就会使人们对指标的理解产生歧义，一个好的指标名称，能使模型更好地宣传和推广应用。判断指标名称好坏的标准主要有：一是能准确地概括指标的内涵，不产生歧义；二是能够体现企业和岗位的特色；三是名称通俗易懂，容易理解和记忆；四是指标名称的字数比较统一，如都采用四个字或五个字。

• 指标定义：这里称之为“能力定义”，指的是这项胜任力指标“远见与决策”的含义与范围。

指标定义，是对指标内涵的详细、准确说明。指标定义要求准确地表达指标的内涵，且与指标名称、维度相互呼应，保持一致；同时要求简洁明了、通俗易懂，让人一看就能明白指标的内涵。

- 行为描述：每个胜任力指标都应该有行为描述，即我们能观察到的这个胜任能力的一些关键行为。这里有“正向行为”和“负向行为”两种行为描述，指的是能力项表现出的具体行为点有哪些，有正向的，也有负向的，我们称之为“行为描述”或是“行为解读”。注意：在建模实操中，大部分企业需要的是“正向行为”的行为描述，而需要“负向行为”的行为描述的情况比较少；如果要做，通常还会把企业价值观中“不提倡的行为”考虑进去（关于“负向行为”，在中篇建模篇中详细阐述）。

- 行为等级：是指指标按不同的行为模式分为几个等级。行为等级的划分有利于量化评价，也使培养发展具有导向性。图2－1胜任力指标的行为描述分为三个等级：待发展、胜任和卓越。具体每一个行为等级叫什么名字，可以按照公司的语言习惯来定，有的公司三个行为等级叫“未达标、达标、超越期望”也是可以的。

一个指标的行为等级分为三级、四级较为常见。行为等级的描述不能使用“不能”“能够”“善于”“非常”“比较”等程度副词，行为等级之间必须要有明显的递进关系，用明确清晰的行为模式将其描述出来，且行为等级越高，对高绩效的支撑作用越强。除了分为三四个等级外，还有一种敏捷做法，就是不分等级，只有每个胜任力指标的关键行为描述。（关于行为等级怎么分或不分等级，在中篇建模篇中有详细阐述）

- 指标维度：又叫二级指标，是指标之下构成一个指标完整内涵的几个要素。如果指标是分子，维度就是原子，不同的原子构成不同的分子。比如沟通能力是一个指标，它可分为四个维度：沟通意识、倾听反馈、有效表达、人际洞察。设置维度的目的，是为了更加清晰、具体地把胜任力指标的内涵呈现出来。每个指标的维度数量一般在2~5个，维度不宜过多过细，否则就太复杂了。应该说，指标维度不一定要有，根据具体建模的情况而定。

- 模型结构：模型结构就是将模型的指标进行归类，是模型的一种结构化表达，比如有的企业将指标分为管理自我、管理他人、管理任务、管理战略等，它的作用就像一张能力素质的“地图”，帮助我们一目了然地看到要达到高绩效应当努力的方向和重点。一个好的模型结构，更能体现出企业的特色，使模型内容变得“高大上”，更加易懂、易记，有利于宣传和推广应用。具体示例，如图2－2所示。

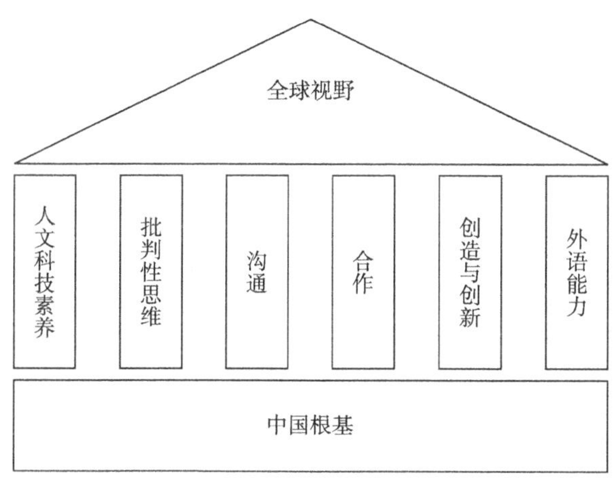

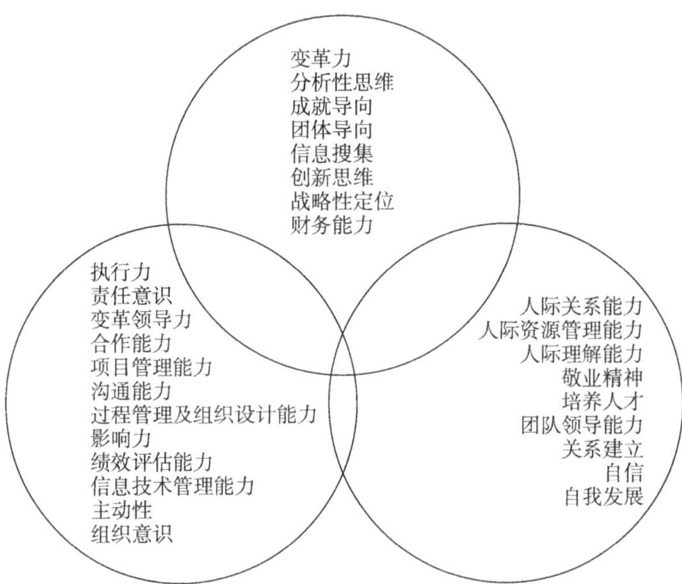

图 2－2　胜任力模型的模型结构范式

所以，选择一个好的模型结构可以帮助胜任力模型落地。大家可以根据自身企业的特点和习惯偏好设计又美观又实用的模型，它也是建模项目成功的一张名片。

值得一提的是，不是所有的胜任力模型都包含这么多要素，有些企业的胜任力模型比较简单，只包含胜任力指标名称和关键行为解读。

第三节　胜任力模型长什么样子

具体胜任力模型长什么样子呢？我们来看三个胜任力模型的例子。

一、华润集团领导力素质模型

华润集团领导力素质模型如图 2 –3 所示。

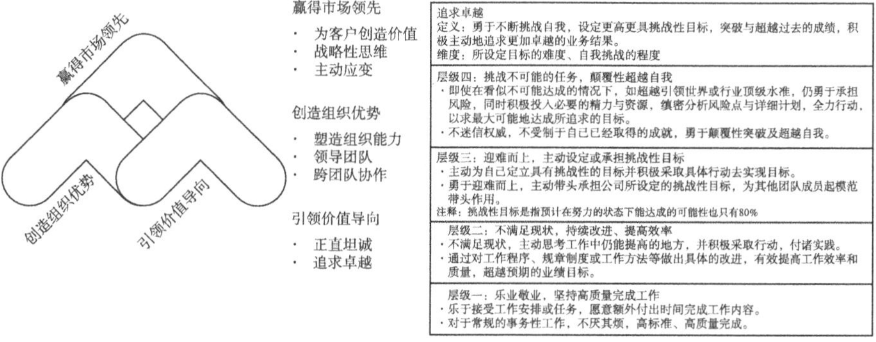

图 2 –3　华润集团领导力素质模型

我们详细拆解一下华润集团的这个领导力素质模型，首先来看这个模型是怎么构成的：最左边的是一个模型的构图形状，是一个“众”字；中间是所有的胜任力指标集合，由三大类八大项指标组成；最右边是其中一个指标“追求卓越”的行为解读，包含指标名称、指标定义，指标维度、四级行为分级，以及每一个行为等级具体的行为描述。

（一）模型的构图形状：“众”字

左边的模型构图——“众”字，体现了华润集团领导力不仅是指个人领导力，还强调团队领导力、组织领导力；三个“人”字构成了一个朝上的“↑”形状，体现了积极向上、动态活力的精神内涵；三个“人”字体现了华润集团人力资源核心价值观：尊重人的价值、开发人的潜能、升华人的心灵。

“创造组织优势”及“引领价值导向”置于图形底部，分别代表企业内部硬性能力和软性能力，是企业生存及发展的根基；“赢得市场领先”置于图形顶部，是企业努力的方向，是企业的战略目标。

（二）模型的构图色系：由三种颜色组成

琥珀黄——赢得市场领先：琥珀黄代表朝气、积极、领先，代表收获和成果；蓝色——创造组织优势：代表规则和程序，组织优势是指企业的战略、文化、制度、流程、机制；绿色——引领价值导向：绿色代表生命和生机，价值导向是领导人的生命之本，是华润基业常青的根基。

（三）胜任力指标集合：由三大类八大项指标组成

第一类：赢得市场领先。

- 为客户创造价值。
- 战略性思维。
- 主动应变。

第二类：创造组织优势。

- 塑造组织能力。
- 领导团队。
- 跨团队协作。

第三类：引领价值导向

- 正直坦诚。
- 追求卓越。

（四）单个指标的具体构成

以图 2－3 第三类指标中的一项胜任力指标“追求卓越”为例，我们来看一下这项胜任力指标的具体构成。

定义：勇于不断挑战自我，设定更高更有挑战性的目标，突破与超越过去的成绩，积极主动地追求更加卓越的业务结果。

维度：设定目标的难度、自我挑战的程度。

层级一：乐业敬业，坚持高质量完成工作。

■乐于接受工作安排或任务，愿意额外付出时间完成工作内容。

■对于常规的事务性工作，不厌其烦，高标准、高质量完成。

层级二：不满足现状，持续改进、提高效率。

■不满足现状，主动思考工作中仍能提高的地方，并积极采取行动，付诸实践。

■通过对工作程序、规章制度或工作方法等做出具体的改进，有效提高工作效率和质量，超越预期的业绩目标。

层级三：迎难而上，主动设定或承担挑战性目标。

■主动为自己定立具有挑战性的目标并积极采取具体行动实现目标。

■勇于迎难而上，主动带头承担公司所设定的挑战性目标，为其他团队成员起模范带头作用。

注释：挑战性目标是指预计在努力的状态下能达成的可能性也只有80%。

层级四：挑战不可能的任务，颠覆性超越自我。

■即使在看似不可能达成的情况下，如超越或引领世界或行业顶级水准，仍勇于承担风险，同时积极投入必要的精力与资源，缜密分析风险点与详细计划，全力行动，以求最大可能地达成所追求的目标。

■不迷信权威，不受制于自己已经取得的成就，勇于颠覆性突破及超越自我。

具体构成如下：

• 指标名称。

• 指标定义。

• 指标维度：指的是“追求卓越”这个指标是从“设定目标的难度”和“自我挑战的程度”这两个维度具体展开的。

• 行为描述（或称为行为解读）：每个行为等级由两项具体的行为描述构成。

• 行为等级：总共分为四个行为等级，从层级一到层级四，行为等级从易到难。

总结一下，华润集团的领导力素质模型是做得系统完整的一个模型，除了模型结构完整清晰外，从构图形状和构图颜色都深入地诠释了公司战略、文化及机制的内涵，即完整清晰又突出企业特点，实为建模的一个标杆。

二、某上市集团公司高管层胜任力素质模型

某上市集团公司高管层胜任力素质模型如图 2－4 所示。

我们再来分析一下胜任力素质模型的构成：

上面的构图是一个同心圆的形状，由三圈圆组成一个同心圆。最内圈是“高管层”，指明这个模型是用在高管层级的；往外第二圈是胜任力指标的三大类（即指标维度）：洞察力、影响力、执行力；往外第三圈是胜任力的八个指标，涵盖了对高层的八个能力要求，分别是财务敏感、战略思维、吸引优秀人才、组建高效团队、有效沟通、建立信任、追求结果、管理复杂情况；这八个能力对应着第二圈的三个指标维度：洞察力、影响力和执行力；其实还有一圈，在同心圆以外，是创造长期价值、实现和谐共赢、达成短期目标。洞察力维度的能力要求是为了创造长期价值，影响力维度的能力要求是为了实现和谐共赢，执行力维度的能力要求是为了达成短期目标。

下面的表是具体的行为描述和行为等级，以洞察力这个维度的三个能力为例，如“战略思维”，包含这个能力指标的定义，能力指标的四个关

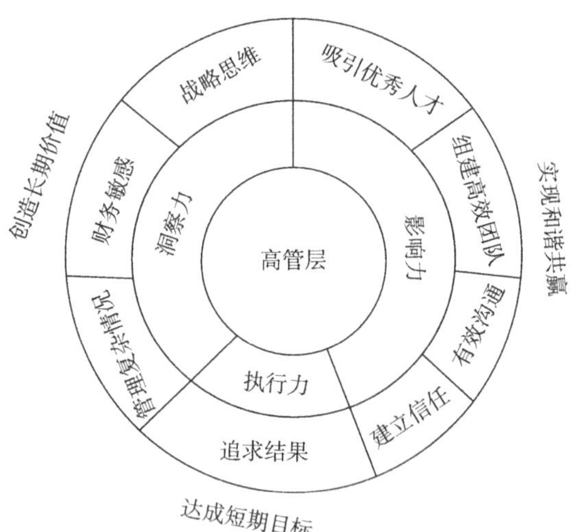

指标大类	指标名称	指标定义	关键行为	C需要提高	B满足期望	A超出期望
洞察力	战略思维	预见未来的可能性，并将其转化为突破性的战略	行为1－利用组织的差异性竞争力制定可行的长期战略	制定战略时，常常忽视或轻视组织重要的差异性竞争因素	制定一项能充分利用组织在市场中的关键差异性竞争力的长期战略	能清晰识别和利用组织的重要差异性竞争优势，将它们融入可靠的长期策略
			行为2－探索未来情景和可能性，帮助组织应对变革及改变未来	没有充分考虑事情在未来会如何变化以及组织如何才能最好地应对这些事情	考虑多个情境，以便组织对潜在的改变和可能性做好充分的准备	高度警惕未来，分析多种情境，让组织具备应对各种变化和挑战的能力，并影响新的可能性
			行为3－调整和更新业务战略，应对不断变化的市场动态和组织需求	很少回顾审视业务战略，导致战略过时并变得无足轻重	确保业务战略与时俱进，以应对不断变化的市场和组织动态	定期更新商业战略，对不断变化的市场动态和组织需求做出回应，然后清晰地沟通更新后的方向和优先次序
			行为4－制定和整合组织战略，发挥并维持竞争优势	容许不同单元的战略不一致，导致竞争劣势	确保不同单元的组织战略协调一致，从而获得最佳的竞争优势	整合所有部门的战略重点，协调业务、集中力量，并实现可持续的竞争优势
	财务敏感	解读关键财务指标，并利用对它们的理解做出更好的业务决策	行为1－预见并解决关键决策接下来潜在的财务影响	忽视或不顾关键决策所带来的财务影响	考虑并讨论关键决策接下来可能会产生的财务影响	准确地预测并主动应对主要决策的财务影响
			行为2－确保分析和准确理解会影响业务的财务指标	没有充分考虑财务指标	确保运用合理的数据、分析和见解来衡量组织绩效	构建能让组织清晰、准确了解所有关键绩效指标的系统
			行为3－基于预期的回报和风险进行投资	制定投资决策，却没有考虑或准确预测回报和风险	当确定投资决策时，考虑预期回报和风险	运用复杂的分析与建模，确定与投资相关的回报和风险；始终在此领域做出明智的选择
			行为4－在当前财务绩效和具有长期潜力的投资之间做出适当的折中选择	制定的决策没有恰当地权衡考虑当前财务绩效和长期潜力，导致牺牲其中一项以实现另一项	做出财务决策时既考虑短期绩效，又考虑长期投资；寻求两者之间的适当平衡	优化当前财务绩效与长期潜力投资之间的权衡
	管理复杂情况	领会复杂的、大量的，有时甚至是相互矛盾的信息，以有效地解决问题	行为1－从系统层面处理问题，确定关联、联系和互赖性	只看到显而易见的问题，却没有确定这些问题与其他问题之间的关联、联系或互赖性	了解问题的系统要素；看到问题之间的主要关联、联系和互赖性	从系统层面审查问题；找到细微的关联、联系和互赖性，一次性解决多个问题
			行为2－获取资源，并建立能有效收集信息的组织流程	提供低效，无效或少量资源或流程来支持有效信息的收集	采取行动，确保组织具备适当的资源和流程来收集所需的信息	部署高效流程，分配恰当的资源、快速、有效地收集信息
			行为3－预见组织未来可能会面临的复杂挑战	表现得好像当前条件将会持久存在，未能预测未来的挑战	考虑组织的未来，并确定前进道路上的长期挑战	认真考虑组织将来要面临的挑战，积极地确定一些可行的备选方案
			行为4－综合多个来源的信息，进而广泛且深入地了解复杂问题	没有寻求多个来源或将各类信息汇集整理，仅笼统地或不全面地理解问题	整合各类相关信息，以获得对问题的充分理解	收集多类信息，以对复杂问题有一个完整和更成熟的理解

图2－4　某上市集团公司高管层胜任力素质模型

键行为描述，能力指标分为了三个行为等级，从“需要提高”到“满足期望”到“超出期望”，这样的行为等级便于我们在评估的时候评出每个被评价者的能力水平高低。

在胜任力模型的应用中，我们通常会用5分制或10分制来评价每个能力指标的三个行为等级：如“需要提高”是1～3分（不含3分），“满足期望”是3～4分（不含4分），“超出期望”是4～5分（含4分）。有的企业用10分制评分则是：“需要提高”1～6分（不含6分），“满足期望”6～8分（不含8分），“超出期望”8～10分（含8分）；最小评分的颗粒度一般设定为0.5分。也就是说，评价者可以打3.5分、4.5分这样的分数（10分制和5分制同理）。关于胜任力模型用于具体的评价，我们在下篇应用篇详细介绍。

三、某企业销售职位胜任力模型

以上两个胜任力模型的样例都是比较完整的模型，我们再来看一个敏捷建模做出来的比较简单的胜任力模型，如表2－1某企业销售职位胜任力模型示例。

表2－1 某企业销售职位胜任力模型示例

胜任力指标	行为描述
分析判断	熟悉客户、竞争对手的情况，能够准确分析并预见其发展动态，预判可能出现的业务机会 能够准确分析并预见业务计划实施过程中的难点和可能出现的问题及造成的影响 能够有效分析、了解客户的决策过程、影响决策的因素及关键决策人 能够准确地判断客户及客户相关决策人的关键需求

前面说过，不是所有的模型都做得很完整，包含很多构成要素的。表2－1的模型就很简单，只包含胜任力指标和行为描述两个构成要素。这种模型一般是快速发展的企业，如互联网公司，希望通过敏捷建模对某一个岗位序列（如销售）或是某一个层级（如基层管理者）先从0到1做出一个能够用于简单评价的敏捷模型，后面再根据实际情况不断迭代完善。

因为这样的模型没有行为等级，所以在评价时，一般用于能力“胜任”或“不胜任”的评价比较客观直接。这时，细心的读者会问：“没有行为等级就无法评估出如‘及格、良好、优秀’这样的能力差距了吗?”答案是可以评出差距，但是由于没有三个行为等级的标准，我们用 5 分制或 10 分制来评相对还是主观的。所以，这样的模型虽耗费较低，但由于模型内容不够全面，所以应用时有一定的局限性。但对于快速发展的公司想启用胜任力模型用于简单评价还是有好处的，毕竟时间成本投入少、高效能用。关于敏捷建模的做法，我们在中篇建模篇详细介绍。

总结一下，从以上三个模型样例可以看出，放之四海而皆准的“通用模型”是不存在的，胜任力模型一定是根据企业的情况建立的，也要根据企业的实用需求和迭代要求来决定建得完整还是敏捷。这也是对建模的人员提出了比较高的要求，需要他们懂业务、专业，最重要的是务实灵活。

第四节 胜任力模型的分类

在企业中，根据建模对象的不同，我们可以将胜任力模型分为三种类型，如图 2 –5 所示。

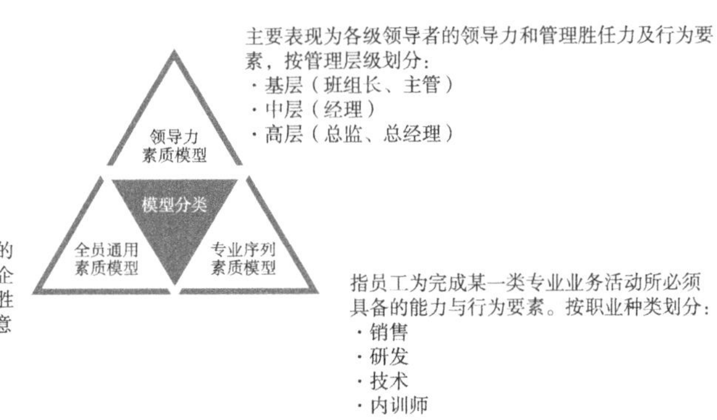

图 2 –5 胜任力模型的三种类型

一、领导力素质模型

这是企业需求建模最多的类型，华润集团领导力素质模型和某上市集团高管层的胜任力模型都属于这一类。简单来说，领导力素质模型就是指管理者在给定的资源条件下，带领团队取得高绩效所表现出来的一系列行为特征。在实操中，领导力素质模型一般是根据管理层级来构建的，这样既能关注同一层级管理者在领导力方面的共性要求，也能够体现不同管理层级的领导力差异。还有很重要的一点，三个层级的领导力素质模型是可以有层级递进和延续性的。

通常企业构建领导力素质模型会分为三个层级：基层、中层、高层。每个层级的称谓在每个企业可能不同，但是层级的角色定位和关键工作任务基本一致。我们通常先锚定中层管理者，中层的角色定位一般是部门负责人（Department Head），有叫经理的，也有叫总监的；锚定了中层后，基层的角色定位基本就是部门负责人以下的主管、小组长、职能负责人等（即 Team Leader）；高层的角色定位就是在部门负责人以上，通常是分管了一个中心，包含几个部门或是负责一个业务线、事业群等；有的是总监及以上，有的是总经理及以上，也包括公司的一把手、二把手等。

所以，我们在构建管理层级的领导力素质模型之前，需要明确这家企业有几个管理层级，需要建模的这些管理层级的角色定位和关键工作任务是否基本一致。如果基本一致就可以放在一起建模，如果不一致就得分层级建模。我们来看一个三层级领导力素质模型的样例，如图 2－6 所示。

某集团领导力素质模型

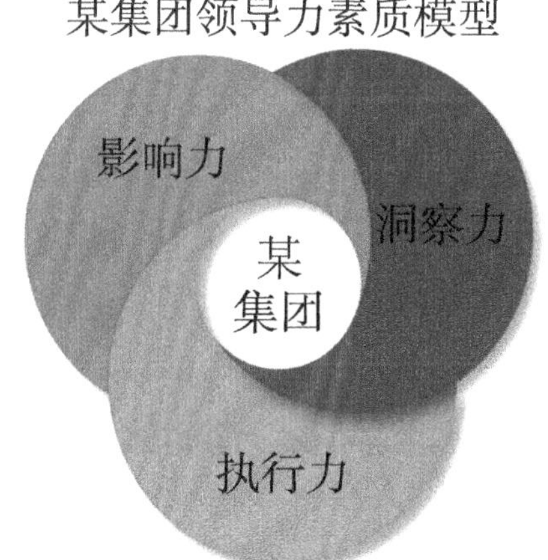

创造长期价值、达成短期目标、实现和谐共赢

洞察力－创造长期价值	
·商业头脑	★ ★ ★
·财务敏感	★ ★ ★
·管理复杂情况	★ ★ ★
·战略思维	★ ★ ★ ★ ★

执行力－达成短期目标	
·优化工作流程	★ ★ ★
·追求结果	★

影响力－实现和谐共赢	
·吸引优秀人才	★ ★ ★
·组建高效团队	★ ★ ★ ★ ★
·有效沟通	★ ★
·建立信任	★

★ 发展难易度

	经理层	总监层	高管层
洞察力 创造长期价值	商业头脑 **管理复杂情况** **财务敏感**	商业头脑 **管理复杂情况** **财务敏感** 战略思维	战略思维 **管理复杂情况** **财务敏感**
执行力 达成短期目标	**追求结果** 优化工作流程	**追求结果** 优化工作流程	**追求结果**
影响力 实现和谐共赢	**有效沟通** **建立信任**	吸引优秀人才 组建高效团队 **有效沟通** **建立信任**	吸引优秀人才 组建高效团队 **有效沟通** **建立信任**

图 2－6　某集团领导力素质模型

我们可以看到这个集团对三个管理层级：经理层（即基层）、总监层（即中层）和高管层的能力要求分为三个维度：洞察力、执行力、影响力，总共对应10项能力要求。每个层级有相同的能力要求，也有不同的能力要求，且图中标注黑色字体的能力为三个层级都需要的通用能力。值得一提的是，三个层级虽有相同的、都需要的能力项，但对这些相同能力项的行为要求却是不同的。如“追求结果”这项指标，虽然三个层级都有这个能力项，但是对经理层、总监层和高管层的“追求结果”的行为描述和行为等级却是不同的。所以，这种胜任力模型的好处是三个层级的能力要求有递进性、延续性。

二、专业序列素质模型

专业序列素质模型，是指在特定岗位上创造高绩效所需胜任力的有机组合，与传统基于工作分析的任职资格不同，专业序列素质模型关注的是个体在工作中表现出来的高绩效行为，而不是某种专业知识或专业技能。前面说到的领导力素质模型更多聚焦管理者的管理动作和领导行为，而专业序列素质模型在指标的设定上则更偏向个体的行为特征。

然而，在实际工作中由于资源的限制，我们不可能针对每一个专业序列岗位都专门构建一个胜任力模型。很多时候，我们会采取一种变通的方式，将一些工作性质比较类似的岗位组合在一起，针对某一岗位序列进行建模。在针对专业序列岗位建模的时候，我们通常会采取“N＋X”的方式，即先行确定多个专业序列岗位的共性胜任力要素（N），然后确定某个专业序列的差异化胜任力要素（X）。这种建模方式及其产出的结果既能满足基于企业文化、价值观、战略要求及岗位要求形成的共性胜任力要求，又能体现不同专业序列岗位的差异化要求，可谓“统－分”结合。我们来看一个具体样例，请见表2－2。

表 2－2　某公司产品经理能力素质模型

能力项			评估要素		P1（初作者）			P2（有经验者）			P3（骨干）			P4（专家）			P5（资深专家）		
					基础等级	普通等级	专业等级	基础等级	普通等级	专业等级	基础等级	普通等级	专业等级	基础等级	普通等级	专业等级	基础等级	普通等级	专业等级
共性能力	素质	基本素质	1	学习/提炼能力															
			2	办公技能															
			3	执行力/IQ															
			4	关联专业知识															
		关键素质	5	沟通能力/trade off															
			6	行业融入感/ownership															
			7	技术理解															
			8	AQ/EQ（心态/胸怀）															
差异化能力	知识技能	市场能力	9	对外商务沟通（BD/P3 以上）															
		产品能力	10	行业认知															
			11	专业设计能力															
			12	运营数据分析															
			13	营销与推广策略															

续表

能力项			评估要素		P1（初作者）			P2（有经验者）			P3（骨干）			P4（专家）			P5（资深专家）		
					基础等级	普通等级	专业等级	基础等级	普通等级	专业等级	基础等级	普通等级	专业等级	基础等级	普通等级	专业等级	基础等级	普通等级	专业等级
差异化能力	知识技能	运营能力	14	危机预测与控制/预见性															
	客户导向	市场能力	15	市场/用户的调研与分析															
		产品能力	16	用户需求理解/80/20 细节															
			17	产品规划（版本计划/节奏）															
		运营能力	18	渠道管理															
	领导力	领导能力	19	项目管理															
			20	带人的能力/知识传递															
能力总分																			

这是一个将“N + X”结合起来的专业序列素质模型，“N”是共性能力，有1类能力类别“素质”，2项能力要求，分为“基本素质”和“关键素质”；这个称为“素质”的共性能力要求被认为是多个工作性质类似的专业序列人员大家都需具备的共性能力；“X”是差异化能力，共有3类能力类别：“知识技能”“客户导向”“领导力”，7项能力要求；加起来共4类9项的能力指标要求。而对应的每项能力要求后面都有不同的评估要素，对应到P1到P5不同等级的专业人员在评估要素上的指标数量和分数的要求也是不同的。当然，对应每一项评估要素应该有一个具体的行为解读，才能用于专业人员的能力评估。细心的读者会问：“有了行为解读以后，是否还要行为分级呢?”第三节已经介绍了，我的建议是要根据企业的业务特点和模型应用的目的来综合考虑是否还要做行为分级。

三、全员通用素质模型

全员通用素质模型是指全体员工都必须具备的核心素质，集中反映了企业战略、文化及核心价值观对员工的行为要求，这就像组织的DNA一样，具有强烈的独特性和排他性。需要指出的是，全员通用素质模型并不只是针对普通员工而言的，上到企业高管，下到基层员工，都必须以全员模型的要求作为自身的行为指南，这一点在实操中经常容易被忽略或误解。还是来看一个具体样例，请见图2－7。

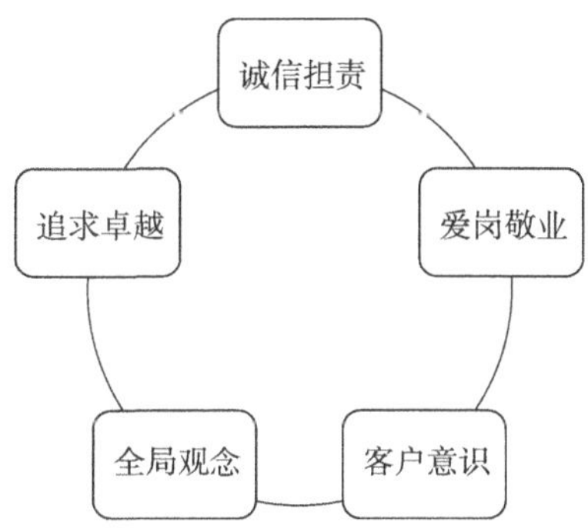

能力项	关键行为标准
诚信担责	能够以诚实正直的心态行使权利、履行义务，并坚守对企业的承诺 面对工作中出现的问题，勇于承担责任 能够从企业利益出发，自觉承担责任和履行义务，并监督和指导下属完成工作
爱岗敬业	有非常丰富的专业知识，热爱本职工作，有进取精神，能够利用各种资源使工作成果最大化 能够以企业的利益及整体利益为标准，不断调整自己的行为
客户意识	能够对客户的各项行为做出反应，与其坦诚交流 能够主动了解客户的期望和要求，鼓励客户参与相关活动 能够与客户共同寻求继续合作的战略规划，使双方实现共赢
全局观念	不计较个人得失，服从整体 清楚企业各部门或人员的关联性及其他部门的职能 能够与其他部门或人员求同存异，积极开展合作 能够从全局出发，积极协助其他部门或人员完成工作
追求卓越	有挑战的目标，并能够通过不断学习或请教同事以高标准来完成工作任务 能够在工作中不断总结创新，并将其应用于以后的工作中 不满足平均业绩，追求卓越

图 2－7　某企业全员通用素质模型

一个胜任力模型包含的指标建议在“7±2 项”（即 5～9 项），但全员通用素质模型的指标个数比这个数量少一些，一般会在 5～7 个。

细心的读者会问：“我们公司有了全员通用素质模型，还要建立管理层级的领导力素质模型或是专业序列素质模型，该怎么整合呢?”原则上，我们建议把全员通用素质模型的能力指标和将要建立的模型先做一个研究，求同存异，这样建出来的几种模型就可以互相兼容。但有一点要注意，如果“全员通用＋领导力模型”或是“全员通用＋专业序列模型”整合起来以后，有可能能力指标项过多，这个请读者实操时根据企业的实际情况来把握。

总结一下，我们用图 2－8 胜任力模型的三个分类汇总来形象地展示三种模型分类的不同对象及相互间的内在联系。

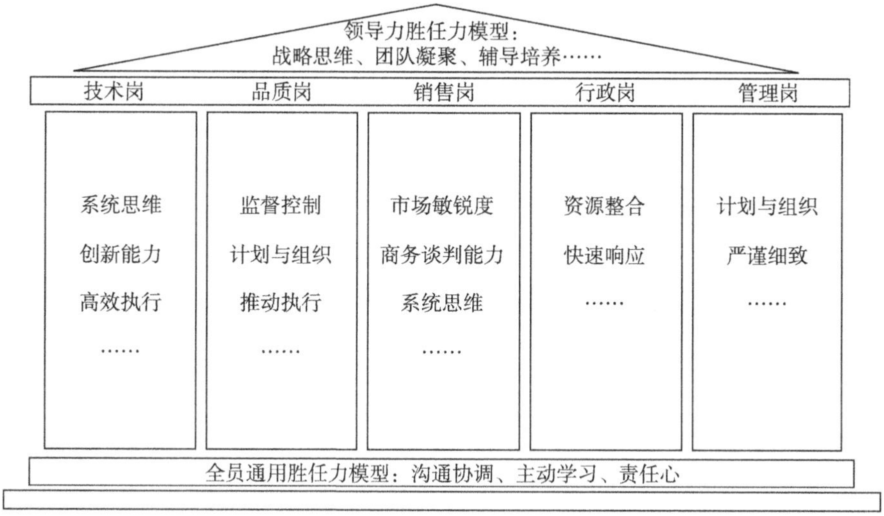

领导力胜任力模型：
战略思维、团队凝聚、辅导培养……

技术岗	品质岗	销售岗	行政岗	管理岗
系统思维	监督控制	市场敏锐度	资源整合	计划与组织
创新能力	计划与组织	商务谈判能力	快速响应	严谨细致
高效执行	推动执行	系统思维	……	……
……	……	……		

全员通用胜任力模型：沟通协调、主动学习、责任心

图2－8　胜任力模型的三个分类汇总

第三章
企业为什么要建胜任力模型

20 世纪 90 年代，胜任力模型作为一个管理工具的“舶来品”传入中国，受到许多企业的大力追捧。在中国的应用最早是从一些在华投资的外资企业开始，后来一些具有前瞻性眼光和经济实力的国内企业也开始效仿，在自己企业建立起胜任力模型。如今，胜任力模型在各国企业中已经得到广泛应用，《财富》500 强中超半数的公司应用胜任力模型。在一项基于全球 426 家公司的调查中，有 80% 的公司在人力资源管理实践中应用了胜任力模型，他们先后在专业机构的帮助下建立了胜任力模型，用于指导人才管理的选用育留工作。

随着国内企业界和学术界对胜任力模型认识的深入，很多企业已经不满足仅仅构建胜任力模型，胜任力模型的应用也越来越受到重视，以应用为导向的胜任力模型逐渐成为国内胜任力模型构建的主流思路。以应用为导向的胜任力模型构建思路不仅将胜任力作为一种区别绩优员工与普通员工的标准，更关注如何将这一标准与企业的经营发展、战略、文化及人力资源规划相结合。

第一节　胜任力模型与企业战略、企业文化

一、胜任力模型与企业战略

企业战略是指企业根据环境的变化整合自身的资源，选择合适的经营领域和产品，形成自身的核心竞争力，帮助企业在竞争中脱颖而出。企业战略定好后，需要落实为行动才能切实发挥作用。胜任力模型采用行为的方式描述绩优员工所需具备的关键能力。在构建胜任力模型时，可以将企业的战略通过演绎法融入胜任力模型，将企业的战略落实到具体的行为中，防止企业的战略沦为空中楼阁。

二、胜任力模型与企业文化

企业文化是在一个企业中形成的特有文化形象，包括企业的价值观、

仪式、信息传递的方式等。企业文化对企业的生存发展有着重要作用，是企业的“基因”。但是，有的企业虽然切实感受到了企业文化的存在，但却不能清晰地描述或者概括自身企业文化的核心内涵；有的企业虽然将企业文化的标语挂在工作场所，却没有得到员工的认同；有的企业宣传的企业文化与企业的实际文化不相符。

胜任力模型在构建的过程中通过项目调研，对企业文化进行研究，帮助企业对文化进行梳理。另外，胜任力模型将企业文化落实为一种行为标准，结合具体的考核制度，引导员工的行为，起到宣传贯彻企业文化的作用。

三、胜任力模型与两者的内在关系

正是因为胜任力模型能够把企业战略与企业文化显性化，落实到具体的行为中，所以在建模开始就要把战略因素和文化因素考虑在内，请见图3－1胜任力模型与企业战略和文化的关系。

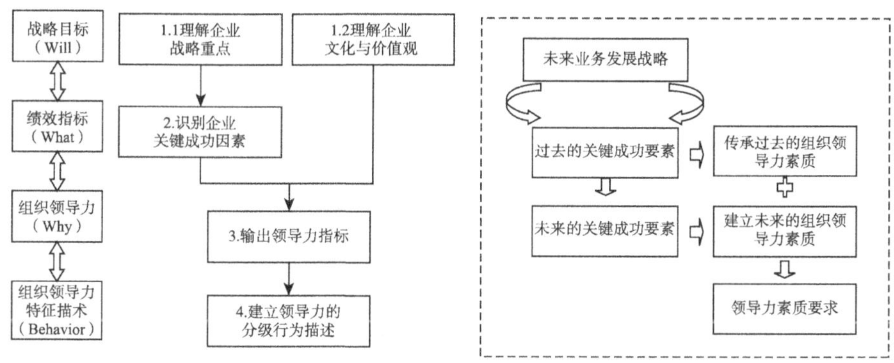

图3－1　胜任力模型与企业战略和文化的关系

第二节　胜任力模型与人才战略

胜任力模型对人才战略有什么影响，我们用图3－2基于胜任力模型的企业人才战略来详细说明。

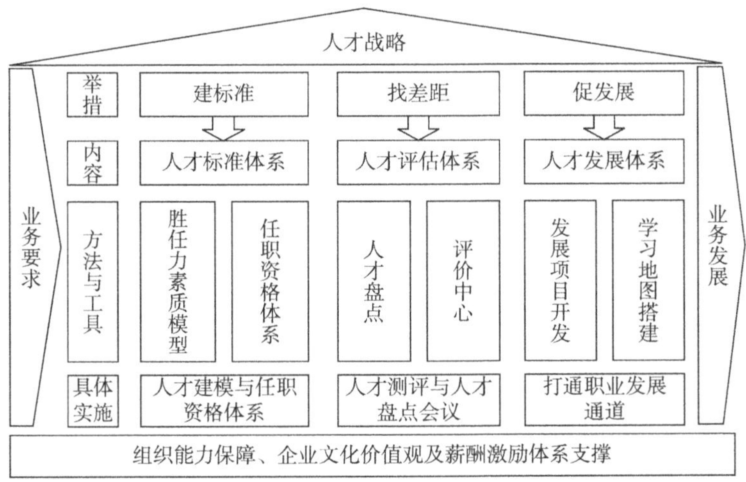

图3－2　基于胜任力模型的企业人才战略

一、人才标准体系

企业要建立人才战略，首先要明确企业的人才标准是什么？我经常用的一个比喻是，人才标准好比人才模子，每个企业都应该有自己的人才模子，有的是方的、有的是圆的、有的是五角星的、有的是三角形的，不同的企业有不同的人才模子，因此每个企业对人才的标准是不一样的，各有特点。

所以，在人才战略之初，第一步要做的不是马上发展人才，给人才上很多的培训课程或是培养项目，而是做出第一步的举措——“建标准”；举措的内容就是人才标准体系，用到的方法与工具可以是胜任力素质模型，也可以是任职资格体系。

二、人才评估体系

（一）评价中心

有了这些人才标准体系后，第二步要做的举措是“找差距”，就是评估现有的人才，或是评估要招进来的人才，所以举措的内容是建立人才评估体系。我们可以用到的方法与工具是所有的人才测评手段，我把它用评价中心（Assessment Center）来归纳，这里的评价中心不用于“评价中心技术”。（注释：评价中心技术是一种程序而不是一种具体的方法；是组织选拔管理人员的一个人事评价过程，不是空间场所、地点。它由多个评价人员，针对特定的目的与标准，使用多种主客观人事评价方法，对被试者的各种能力进行评价，为组织选拔、提升、鉴别、发展和训练个人服务。评价中心技术的最大特点是注重情景模拟，在一次评价中心中包含多个情景模拟测验，可以说评价中心技术既源于情景模拟，又不同于简单的情景模拟，是多种测评方法的有机结合。评价中心技术具有较高的信度和效度，得出的结论质量较高，但与其他测评方法比较，评价中心技术需投入很多的人力、物力，且时间较长，操作难度大，对测试者的要求很高。）

这里讲的评价中心是将企业需要用到的各种人才测评手段和工具集中到评价中心，就像很多企业有培训学院、企业大学一样，把所有的培训、培养项目放到专门的一个中心运作。评价中心作为一个所有测评手段的集合，会有很多不同的测评方式和工具，有的企业还会培养自己的测评师。

我将评价中心里所有的测评手段归纳为三个维度：能不能（能力因素）、合不合（适配因素）、愿不愿（动力因素），如图 3 – 3 所示。

（1）第一个维度：能不能

主要包含能力和潜力，能力里面又分为管理能力和专业能力，管理能力比如我们经常说的领导力，通用的管理技能、管理经验等；专业能力比如每个岗位序列的专业技术能力、专业/项目经验等。潜力，比如学习潜力、分析判断、人际沟通、创新思维等，我们把这些叫作基本潜能。

潜力是一个比较大的范畴，而潜力的评估更是业界很多人讨论的热门话题，市面上用得比较多的评价潜力的工具是“学习敏锐度”（注释：“学

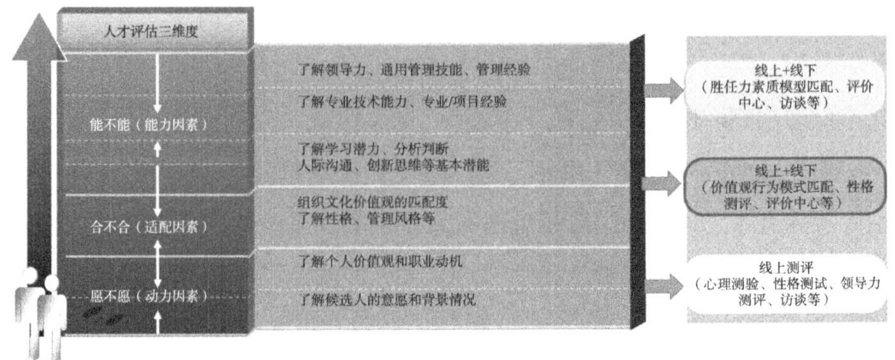

图 3-3　人才评估三维度

习敏锐度”，Learning Agility，来自国际大咨询机构光辉国际的产品），我认为它是评估潜力比较有效的工具。学习敏锐度分为四个维度：心智敏锐度、人际敏锐度、结果敏锐度和变革敏锐度，对此感兴趣的读者，可以去光辉国际的官网了解。

（2）第二个维度：合不合

主要是组织文化价值观的匹配度，这里说的是组织文化价值观，而不是个人价值观，更多的是看每个人在组织里和组织文化价值观的匹配程度。另外，性格、管理风格等也是合不合的重要因素。关于管理风格，我们在企业里重点关注管理情境，比如团队里来了一个新领导，我们会关注这个新领导的管理风格和已有团队的融合度，他的管理风格是让团队士气变好了还是变差了；比如要给一位领导配副手，或是给领导配政委，我们通常会关注这两个人的管理风格是否匹配，这时候说的也是合不合的问题。

员工的性格与所安排的工作是否匹配，比如销售员这个岗位很多企业都会倾向挑选性格外向、人际能力更强的员工，按照 MBTI 性格测评就是“E/I 维度”中偏“E（外倾）”的员工，所以性格与工作任务合不合也是我们在测评中关注的因素。对 MBTI 感兴趣的读者可以上网了解。

（3）第三个维度：愿不愿

主要看个人的价值观及职业动机，这决定了他的意愿度有多高，每个人的个人价值观都不一样，那是否和组织文化价值观一致呢？如果一致，他的意愿度会更高。

另外，职业动机也是一个员工在工作中愿不愿的主要因素。总体来讲，职业动机可以分为四类：权力动机、成就动机、亲和动机和能力动机。

- 权力动机：是指试图影响他人和改变环境的驱力。具有权力动机的人希望制造对组织的影响，并且愿意为此承担风险。一旦得到这一权力，他们可能会建设性或破坏性地使用它。

如果权力动机的人其驱力是为了获得机构权力，而不是个人权力，他们会成为优秀的管理者。机构权力是为了整个组织的好处而影响他人行为的需要。具有这种需要的人通过正常手段获取权力，通过成功的表现提升到领导岗位。于是，他们就能够得到别人的认可。但是，如果员工的驱力是个人权力，这个人往往会成为不成功的组织领导者。

- 成就动机：是指一些人具有的试图追求和达到目标的驱力。一个拥有这种驱力的个体希望能够达到目标，并且向着成功前进。成功对于个体的重要性主要在于其本身的原因，而不是随之而来的报酬。当成就动机的人觉察到付出的努力所带来的个人荣誉和失败的风险只是一般水平，并且可以获得关于过去绩效的反馈，那么，他们将会更加努力地工作。

作为管理者，他们往往希望员工也是成就取向的。有时，这些较高的期望会使得成就动机的管理者很难有效地分配工作；一般水平的员工难以满足管理者的需要。

- 亲和动机：是指争取在社会基础上与人交往的驱力。比较具有成就动机的员工和具有亲和动机的员工，可以展示出两种模式是如何影响行为的。成就动机的员工会在主管为工作行为提供了详细的评价时更加努力地工作；而具有亲和动机的员工则会在他们因良好的态度和合作得到赞扬时更加努力工作。

成就动机的人选择助手时，更多地考虑这些助手技术上的能力，而较少考虑他们对人的感觉；亲和动机的人则倾向选择周围的朋友。他们由于能够与朋友们相处而得到满足，并且需要工作自由来发展这些关系。

- 能力动机：是指争取在某些方面有所专长，使得个体能完成高质量工作的驱力。具有能力动机的员工寻求工作熟练，以发展和运用他们解决问题的能力为荣，在工作中面临困难时努力创新。他们从过去的经验中受益，并且持续不断地提高个人能力。

能力动机不同于成就动机。成就动机的个体喜欢完成工作，并且转移到下一个目标。他们更加关注可以用数量衡量的目标，因为可以作为衡量成功的标尺。能力动机的员工则认为自己的能力是更有价值的，他们更加关注产品和服务的质量取向型目标。

我们会发现，在企业里成就动机高的员工在接受一个挑战性任务的时候的投入度是很高的，而一位权力动机强的员工更希望挑战更高的职位，亲和动机的员工希望组织里人际氛围比较好，而能力动机的员工希望所从事的工作能让自己有机会提升专业技能。所以，职业动机决定了组织里的人愿不愿的问题。职业动机也是一个比较大的话题，感兴趣的读者可以深入学习。

（二）人才盘点

除了可以把所有的测评手段放到评价中心，我们还可以开展人才盘点项目来对组织和人做整体的评估。

人才盘点到底有多重要呢？企业经营中最重要的三件事：人、财、物。财，每年年底企业都会做财务结算，也会做第二年的财务预算；物，每年企业会对所有的物品，不管是仓库里的还是办公室的固定资产做总体盘点；人，更不用说要做盘点了，人才的数量、质量、整体情况都是决定业务成败的关键。我们以图3－4人才盘点盘什么来详细说明。人才盘点也是人才评估体系很重要的方法，在很多公司，人才盘点项目是每年人才战略的常规项目。具体盘什么呢？图3－4有对于组织、岗位、人才具体盘点内容的说明。我们重点说一下，盘人才盘什么：盘人才的结构、数量和质量，以及人才的准备度。

首先，人才的结构是什么？在人才盘点中我们通常会关注以下几个类别的结构：

一是年龄结构：可以看一下这家企业的平均年龄是几岁，我们会看到互联网公司平均年龄比较小，有很多企业都在30岁以内，而传统企业一般平均年龄会大一些。我们还要看一下管理人员的平均年龄是几岁，因为企业的

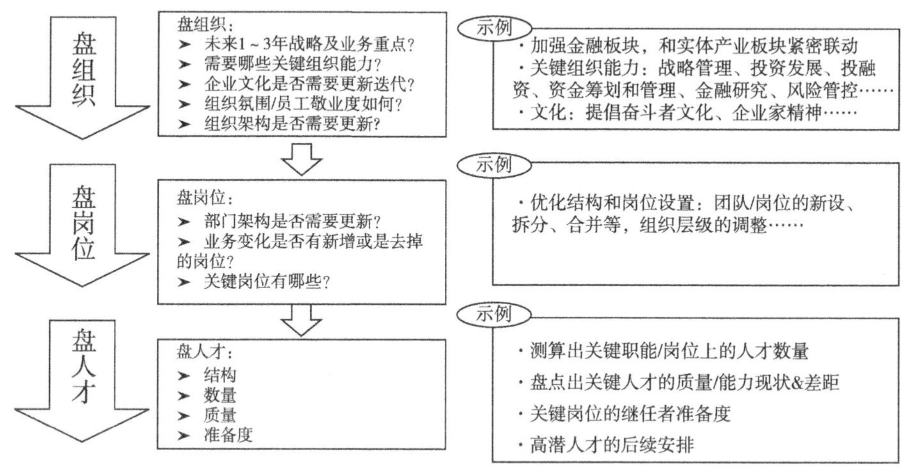

图3－4　人才盘点盘什么

重要决策来自这些管理人员，而管理人员的年龄也会决定未来他会做出什么样的决策。过去我们看到一些传统企业管理人员的平均年龄在40～50岁，这样的企业相对保守，要做创新和变革有更大的阻力。我们来看一个样例，请见图3－5某集团人才盘点结果汇报－年龄结构分布图。

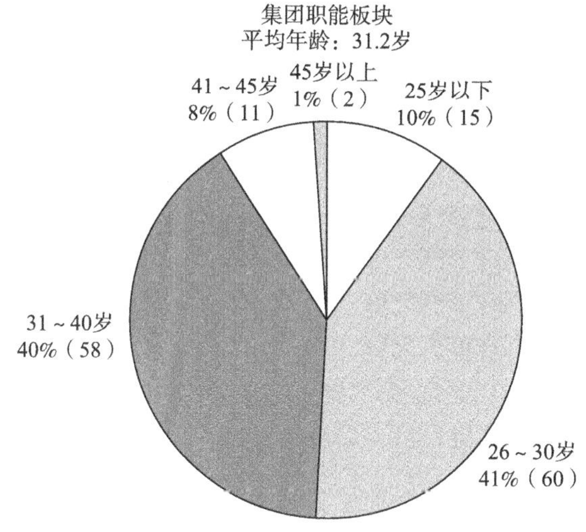

图3－5　某集团人才盘点结果汇报－年龄结构分布图

从图3－5可以看出，这家集团企业总体的平均年龄是31.2岁，但是集团职能板块（主要是管理人员）的年龄在31～40岁、41～45岁和45岁以上这三个年龄层次加起来的占比是49%，说明管理人员的年龄比较大。

当然，也可以看一下专业技术人员或各个层级及重要岗位的年龄结构。所以，在人才盘点结果汇报中呈现这样的信息可以给未来关键人才的招聘和选拔以一定的参考。

二是学历结构：可以看一下每个学历层次的人员占比，如大专、本科、硕士、博士。学历结构通常可以反映出一家公司的整体人员素质水平。在一些高科技企业中，高学历人才占比比较高，因为在人员招募时会有对候选人学历的门槛条件。我们来看一个样例，请见图3－6某企业生产制造板块的学历分布图。

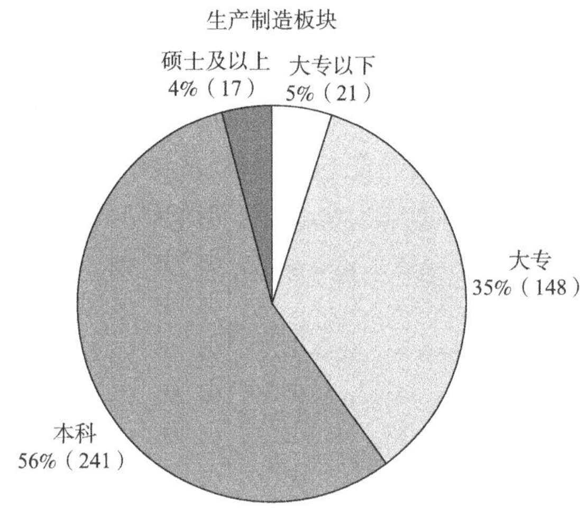

图3－6　某企业生产制造板块的学历分布图

这家企业生产制造板块本科及硕士以上学历占比60%，在生产制造企业中是学历比较高的分布状况。

三是服务年限结构：通常会看1年以内，1～3年、3～5年、5～10年、10年以上的人员占比。这个数据很有意义，能够帮助我们看到人员是来了公司多久后流失的。如果很多人员流失都集中在1年以内，可以看出这家公司存在不少管理或业务问题，可能是公司发展前景不理想、培训不到位、企业文化问题、管理风格问题等。

所以，我们在盘点报告中展现这样的信息对企业加强内部管理、堵住漏洞、保留人才有非常重要的帮助。

四是性别结构：在人才结构中也可以看一下男女比例，通常在电子、半导体行业女性占比高于男性，而在汽车、电商等行业男性占比高过女性。在盘点中关注性别结构可以帮助我们在激励及保留人才、制订员工关怀计划等方面兼顾不同性别员工的不同诉求。

以上四种结构的对比是比较常见的，读者还可以根据自己企业的特点，在盘点中关注不同类别的结构信息。图3－7是人才基础数据画像——电子商务行业，对性别、学历、年龄、服务年限等人才结构的基础数据做了汇总，一目了然。所以，大家不妨在盘点报告中展现这些人才结构的信息给管理层提供决策参考。

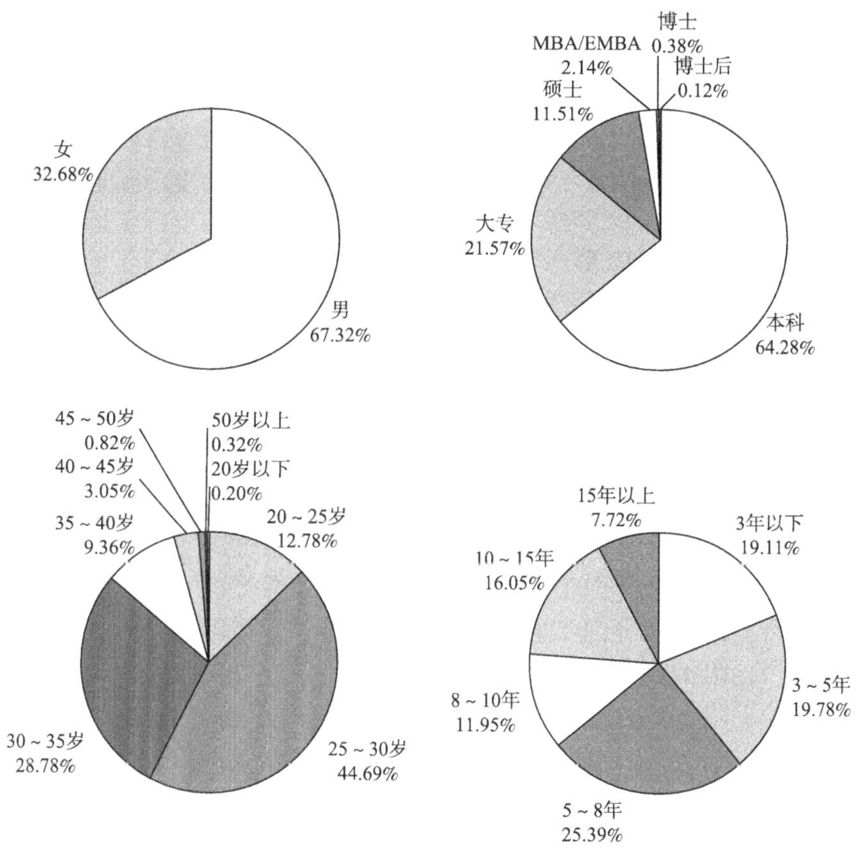

图3－7　人才基础数据画像——电子商务行业

其次，盘点人才的数量。我们在盘点中也要关注人才的数量，尤其是年初盘点时，我们需要预估出当年度的人才数量，之后就会制订人才配置计划及人力成本预算。关于当年度如何计算实际人数与需求人数的人才数量差距，大家可以根据人才数量差距计算公式来测算。

人才数量差距 = 目标人数 - 现有人数 - 外部招聘人数 + 离职人数 - 下层晋升人数 + 晋升到上层人数

最后，就是盘点人才质量和人才准备度。对人才质量的盘点通常会引入很多测评工具或是应用很多测评手段来对人才进行评估，前面说的评价中心的测评手段在企业实际工作场景中通常会和人才盘点项目一起运用。在盘点高潜人才（或是继任者）的人才质量时，我们还会特别关注人才的准备度如何，需要培养多久，是 Ready Now（已经准备好），还是 0 ~ 1 年准备、1 ~ 3 年准备等。

另外，他和继任岗位的能力差距有多大，这些和胜任力模型应用于人才盘点中的评价密切相关。人才质量的盘点将在下篇应用篇详细介绍。

三、人才发展体系

有了人才标准体系，也进行了科学的人才评估后，选拔出来的人才就要对其进行发展，以适应企业的发展需求，另外也是满足员工自我发展的需求，为员工打通职业上升的通道。

人才发展项目的设计和学习地图的搭建是现在企业常用的人才发展体系设计的方式。人才发展项目的设计有哪些呢？比如很多企业会给各个层级的员工设计不同的训练营、领导力发展项目、专业技能提升项目等；大一些的企业通常还有企业大学或是培训学院来专门实施所有的人才发展项目设计、实施和落地及建立完善的课程体系。

搭建学习地图也是人才发展体系的一种很好的手段，学习地图是员工在企业中学习发展的导航系统。学习地图能清晰地告诉员工，在能力发展的每个阶段应该学习什么内容，努力的方向和目标是什么，晋级和轮岗应具备什么样的能力。所以，通常学习地图搭建和打通职业发展通道是一体的，单单给员工搭建了学习地图，没有打通职业发展通道，员工学习是没有目标和方向的；单单打通了职业发展通道，没有学习地图的搭建，员工的成长是没有体系和较慢的。

学习地图搭建通常有三个步骤：能力分析、学习内容设计及体系建立。关于胜任力模型如何应用到学习地图搭建里，我们在下篇应用篇中详细介绍。

总结一下，我们已经把基于胜任力的企业人才战略的三个体系讲清楚了，但是大家不要忘记三个体系下面还有一个基座，就是组织能力保障、企业文化价值观和薪酬激励体系支撑。这三个方面的保障决定了整个人才战略是否成功，组织能力不到位、文化价值观不匹配，以及薪酬激励体系脱离公平性和竞争性，以上三个体系做得再好，企业都不能保留和激励关键人才，反而是帮竞争对手培养和输送了人才。

第三节 胜任力模型与任职资格体系有何不同

胜任力模型与任职资格体系都是建立人才标准的有效工具，它们究竟有何不同呢?

一、了解任职资格与任职资格体系

这个问题我被很多人问过，也是一个关于这个主题的重要问题。胜任力和任职资格到底有何不同?在了解二者的区别之前，我们先来了解一下任职资格和任职资格体系。

（一）任职资格和任职资格体系的定义

任职资格，最早是华为引进的。1998 年，华为开始在英国专家的帮助下建立任职资格管理体系，经过五年持续不断地投入和努力，取得了成功，为华为培养了一批又一批优秀人才，提高了公司员工的整体职业化水平，形成了公司内部人才持续发展的良性机制。

任职资格的核心思想源于英国国家职业资格模式，是指为了完成某个岗位的工作个人必须具备的知识、技能、能力和素质等方面的要求，常常以从事该工作所需的学历、专业知识、工作经验、工作技能、能力等来表达。包含如下：

K（Knowledge)：是指执行某项工作任务需要的专业知识。

S（Skill)：是指在工作中运用某种工具或操作某种设备，以及完成某项具体工作任务的熟练程度，包括实际的工作技巧和经验。

A（Ability)：是指个人内在的基本能力，如空间感、反应速度、耐久力、逻辑思维能力、学习能力、观察能力、解决问题的能力等。

O（Others)：主要是指有效完成某一工作需要的其他个性特质（Attribute)，它包括对员工的工作要求、工作态度、人格特质及其他特殊要求。

而任职资格体系不同于任职资格，它指的是从员工履行工作职责需要具备的基本胜任能力或称职的角度出发，梳理出能够创造关键绩效的行为导向或结果导向的，定性的各项职责或者定量的可以衡量的工作标准、工作规范、考核标准的系统。简单来说，任职资格是一系列的条件，而任职资格体系是评估这一系列的条件的系统。

（二）任职资格体系的构成

任职资格体系由三方面构成：任职资格框架、任职资格标准和任职资格管理流程，如图3－8所示。

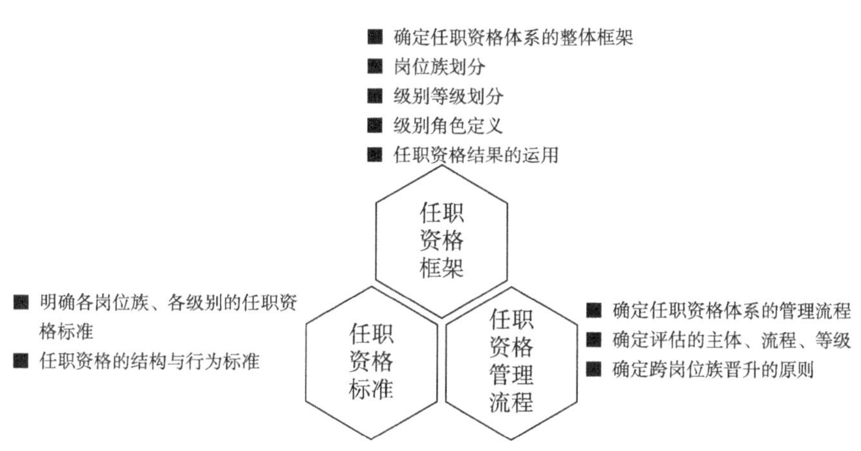

图3－8　任职资格体系的构成

在构建任职资格体系的实操中，它和岗位体系及职业发展通道是紧密联系的。图3－8中，在确定任职资格体系的整体框架后，要明确职位族的划分（即职位、职类和职族，如图3－9职位族的划分），接着再来明确级别等级的划分（即职级职等的划分）及级别对应的角色定义。

只有把对应的职位体系梳理清楚，才能明确各岗位族、各级别的任职资格标准。当然，有的企业职位体系已经很系统完善了，不需要再梳理了，可以直接构建任职资格体系。最后，在任职资格管理流程中，可以评定每个岗位是否符合任职资格标准，以及打通这些岗位的职业发展通道。

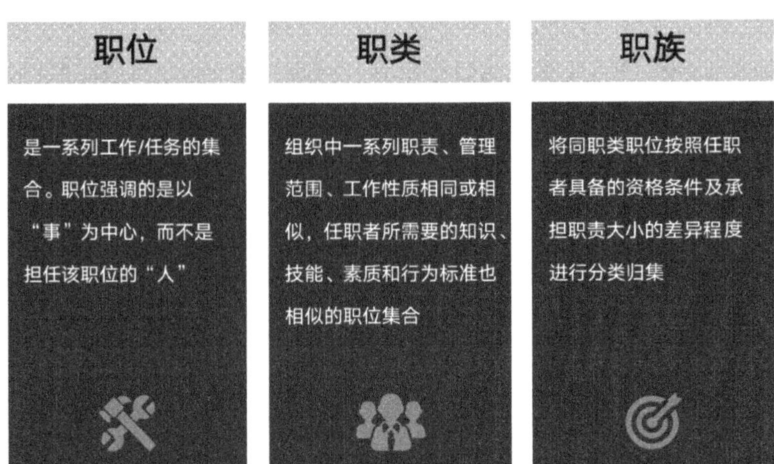

图3－9 职位族的划分

（三）任职资格体系的实施流程

任职资格体系的建立是一个系统工程，从组建项目小组的准备工作开始，涉及业务分析、组织结构、管理流程、业务活动、行为分析、审核评估、管理制度、宣导培训等相关人员和相关活动。任职资格体系的建立必须遵循一定的步骤和顺序，如图3－10所示。

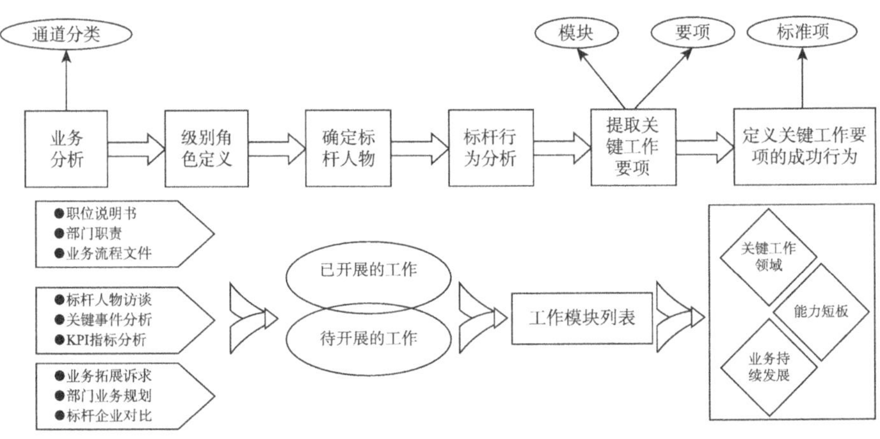

图3－10 任职资格体系的实施流程

（四）任职资格的样例

以上介绍了任职资格体系的构成和实施流程，我们还是要把任职资格和任职资格体系区分清楚，以免混淆概念。这就好比“胜任力”和“胜任力建模”是两个不同的概念一样。我们来看一下，任职资格长什么样子，表3－1质量序列的任职资格样例是一份很完整的专业序列的任职资格，可以看出这家企业对质量序列人员的任职资格要求还是比较高的，包含基础条件（学历/工作年限/所学专业）、专业经验（内容）、知识技能（行业知识、公司知识、专业知识和通用技能）及专业行为（诸如开发创新、沟通影响、勇担责任、质量导向这些能力素质的行为要求）等，我们说的冰山上和冰山下的要求总和。

二、胜任力和任职资格的区别

了解任职资格以后，它和胜任力有什么区别呢？

想要弄清楚胜任力和任职资格之间的区别，我们首先来明确一下关于胜任力的观点在学术界和企业界存在两种不同的观点。

第一种是狭义的观点：任职资格是指冰山上的部分，即任职的知识、经验、技能、学历等资格的要求；胜任力多是特指冰山下的部分，即很多人经常说的冰山下的能力素质部分。

第二种是广义的观点：胜任力不仅包括冰山上可见的知识、经验部分，还涵盖了冰山下不可见的能力、个性、动机。

这两种观点的区别在于胜任力是否涵盖了冰山以上的素质。这两种观点各有优缺点：如果把胜任能力定义为一个大能力（包括知识、技能、态度、动机等整个冰山的全部内容），就可能模糊了决定工作绩效的关键因素；如果把胜任能力定义为一个小能力（排除岗位知识和技能，只包括冰山下的内容），就有可能丧失与岗位工作直接相关的特性。

从什么角度建立胜任能力同样面临这种问题，究竟使用哪种外延的定义更合适，答案就在于企业引入胜任能力的应用目的：

一是如果公司没有定义清晰、完善的岗位说明，则可以借助胜任能力，从另一个角度界定和完善岗位的工作要求。这时就可以做一个大而全的胜任能力，包含与工作绩效相关的关键内容。

表 3-1 质量序列的任职资格样例

质量序列任职资格					
序列综述	对接公司各部门的项目建设及上线需求，职责包括测试开发、功能测试、性能测试、配置管理、质量管理等，保证公司产品的整体质量，达成公司的战略目标				
层级	入门	初级	中级	高级	专家
本专业工作年限	0～2 年	2～5 年	4～8 年	6～10 年	10 年以上
学历及专业	本科及以上，计算机或软件相关专业				
层级特征	在他人指导下进行项目的开发测试的日常操作（如业务开发测试、系统配置等） 通常会以一种熟悉的计算机语言进行项目范围内的主要操作	能基于既有的研发和测试要求，独立完成测试工作的简单开发，自动化用例的设计及运行，并能解决常见的技术及配置问题。配合项目进度进行性能调优等支持工作 通常会以参与或主要参与的角色，进行部门级或公司级产品的测试开发或测试工具配置工作	能够独立创建和配置工作任务，并且可以在上线过程中执行数据库的操作任务等工作，组织并指导员工在测试框架下进行测试工具开发、性能调优、自动化测试及质量管理等工作 通常会以组织为主要参与角色，进行公司级产品的测试开发及测试工作，且持续指导下属进行测试工作研发，并在关键节点给予思路或理念等指导，确保测试质量	能够指导和组织公司 IT 建设及质量中心测试工作的全年规划，精通多项系统测试工具开发、测试性能、系统配置、资源调配等内容，并组织和培训员工进行产品测试运营等工作；通常会以牵头或组织的角色，进行公司级产品的测试工作，并在持续指导下属进行测试工具开发及迭代，并在关键节点给予思路或理念等指导，确保测试质量	能够从全行业发展的角度及公司业务发展的方向了解测试技术的前沿趋势和应用，运筹公司整体产品和系统测试工具开发的策略、理念、实施路径；通常会以牵头的角色，运行公司级产品的测试方案制定和技术指导，并在技术难点和关键节点给予思路或理念等指导，确保测试质量

续表

专业经验	核心职责	测试开发	在他人的指导下，能够操作和使用相关工具 协助软件测试团队建设自动化测试框架及进行自动化测试 协助进行接口测试框架、自动化测试框架的维护工作	主要参与引入、研发自动化测试工作和框架工作；参与接口测试框架、功能自动化测试框架及测试工具的研发维护工作 参与实现自动化测试用例，并进行推广和使用	负责引入、研发自动化测试工作和框架工作；参与接口测试框架、功能自动化测试框架及测试工具的研发维护工作；实现自动化测试用例，并负责自动化工作的落地和使用效果	牵头和指导测试团队引入、研发自动化测试工具和框架，牵头和指导搭建公司级持续集成质量管理平台，并负责后续优化和维护	了解测试行业的发展趋势和前沿技术，并有实际参与行业和集团内的有影响大型项目的经验，能构建可持续集成的质量管理体系，有 AI、大数据、区块链、云计算等领域的相关经验
		性能测试	掌握性能测试基本方法和使用工具，协助进行测试执行和结果调优	独立执行测试，对结果提出优化建议，并进行调优	指导团队进行性能测试，熟悉主流框架下的常见性能问题，并给予优化建议	精通性能调优方法，熟悉主流框架下的常见性能问题，并能指导项目组进行优化改进	主导或参与过大规模系统的性能优化工作，对系统上线后可能存在的性能风险有强烈的预判 能快速应对线上遇到的各类性能问题，并提供有效的解决方案
		功能测试	能够在指导下，根据项目需求编写和执行测试用例，了解测试基础知识和基本测试流程	独立完成测试需求分析，设计并执行测试用例 能够对测试环境进行日常维护，独立完成标准测试文档并评审通过 熟悉测试知识和常用测试工具	负责对产品需求和技术方案提出评审意见，进行项目测试方案设计和计划制订，把控项目整体进程；负责审核测试用例，并对测试流程进行改进；精通常用测试工具，熟悉接口测试，并能指导他人完成相应的测试工作	牵头并带领测试团队完成测试工作 熟悉常用测试框架 对测试方法和流程有建设性的方法和建议，引入新的测试方法提高测试效率 制定测试规范及流程改进方案	熟悉产品架构，了解主流技术架构，能够识别出架构风险和问题，提出解决方案或建议；对测试行业的发展趋势和前沿技术有前瞻的洞见，能够引领功能测试的创新和发展

续表

专业经验	核心职责	配置管理	根据指导，协助完成日常的配置管理工作	根据指导，参与完成软件配置管理，并为软件研发过程提供简单的支持服务 参与公司的重点项目版本管控工作，优化版本管控流程	独立进行软件的配置管理，为软件测试活动提供常规技术支持服务、配置管理流程及工具咨询；负责搭建公司持续集成平台，并负责后续优化，为异地开发提供必要的配置管理支撑；能够开发简单程序提升效率	负责为软件配置管理和软件测试活动提供复杂的技术支持服务、主动发现配置错误，解决发布过程中的异常问题 牵头搭建公司持续集成平台，并负责后续优化，为异地开发提供必要的配置管理支撑 为公司级项目提供配置管理流程、工具方面的咨询、培训和支持服务；负责公司配置管理工作，优化配置管理流程	熟悉和掌握主流的构建发布技术、方法、架构体系和敏捷开发方法论，对前瞻性技术模型和方法有深入的理解，并配合公司战略发展规划，与实际工作有效结合，进行实践性的转化； 对配置管理相关系统进行整体架构和模型设计
		质量管理	–	–	熟悉公司质量管理体系规范，并根据公司要求监督和管理软件项目建设过程 定期收集和分析质量数据，并形成质量分析报告，提供改进建议	协助推进质量管理体系的建设并协助制定 IT 质量管理相关规范 协助推进全员质量意识的提升工作 组织和实施质量改进方案的执行和落地	主导并负责质量管理体系的建设，并根据公司战略发展实际情况，提出有效的质量改进优化方案 能推动公司级的持续过程改进优化方案；能推动公司级的持续过程改进方案的实施；保证质量管理体系的充分性、有效性、适应性

续表

专业贡献	专业精深度	经验推广	–	在团队内部开展过实践总结	能够根据日常工作内容，运行一定程度的经验总结，并在部门内部进行分享	具备创新性的专业贡献或承担公司层面的课题研究工作	具备创新性的专业贡献或能够引领行业发展，或承担集团层面的课题研究工作
		专业授能	–	在团队内部在辅导新员工方面承担了一定责任	能够在部门内部承担新员工辅导责任	能够在公司层面开展集体授课、公开报告等形式的集体培训	能够在行业或集团层面开展集体授课、公开报告等形式的集体培训
知识技能	1	支付行业知识	掌握金融、科技、互联网行业基础知识	掌握金融、科技、互联网行业基础知识 了解行业发展现状和格局及竞争对手发展状况	掌握金融、科技、互联网行业基础知识 通晓行业发展现状和格局及竞争对手发展状况	掌握金融、科技、互联网行业基础知识 熟悉行业发展现状和格局及竞争对手发展状况	精通金融、科技、互联网行业基础知识 精通行业发展现状和格局及竞争对手发展状况
	2	公司内部知识	战略目标和战略定位 企业文化知识 基本规章制度 组织架构、部门设置和主要职责等 核心管理流程 了解常用系统、各部门主要对接人等	战略目标和战略定位 企业文化知识 基本规章制定 组织架构、部门设置和主要职责等 核心管理流程 熟悉常用系统、各部门主要对接人等	战略目标和战略定位 企业文化知识 基本规章制度 组织架构、部门设置和主要职责等 核心管理流程 掌握常用系统、各部门主要对接人等	战略目标和战略定位 企业文化知识 基本规章制度 组织架构、部门设置和主要职责等 核心管理流程 精通常用系统、各部门主要对接人等	战略目标和战略定位 企业文化知识 基本规章制度 组织架构、部门设置和主要职责等 核心管理流程 精通常用系统、各部门主要对接人等

续表

知识技能	3	专业知识	测试： 熟悉至少一种编程或脚本语言，如 java、go、python、c/c + + 等 对基础测试理论知识有一定的了解	测试： 熟悉至少一种编程或脚本语言、如 java、go、python、c/c + + 等 了解 sql 语言，熟悉 oracle、mysql 等常见数据库的操作 熟悉测试理论相关知识	测试： 熟悉至少一种编程或脚本语言，如 java、go、python、c/c + + 等 熟悉自动化测试框架和方法，如 selenium、appnium，并在工作中实际运用 了解 sql 语言，熟悉 oracle、mysql 等常见数据库的操作 熟悉性能测试方法和工具，如 jmeter、loadrunner 等 熟悉掌握和运用测试理论相关知识	测试： 精通至少一种编程或脚本语言，如 java、go、python、c/c + + 等 熟悉自动化测试框架和方法，如 selenium、appnium，并在工作中实际运用 了解 sql 语言，熟悉 oracle、mysql 等常见数据库的操作 熟悉性能测试方法和工具，如 jmeter、loadrunner 等 精通测试理论相关知识，并能熟练运用	测试： 精通至少一种编程或脚本语言，如 java、go、python、c/c + + 等，有测试架构设计能力 精通测试理论相关知识，根据 IT 技术发展趋势，对测试发展方向有较强的把控能力 在 ai、大数据、区块链、云计算等领域有实际参与经验者优先
	4	专业知识	配置： 了解配置库工具 SVN、GIT 等基本工作原理 使用批处理、shell 简单命令行操作	配置： 对于配置管理相关工作 SVN、GIT、Nexus、Maven、Jenkins、Jira 等，进行日常维护，可以处理常见问题 能够使用构建发布工具，阅读并理解简单构建脚本的功能和含义	配置： 熟练运用主流的构建发布工具，能够搭建自动构建和发布环境 具备批处理、shell 脚本编写能力，并可在日常维护性作业中使用，能够组合使用操作系统命令	配置： 掌握主流的构建发布技术，能够搭建分布式构建和发布环境，实现持续集成，持续支付 具备批处理、shell 脚本编写能力，并可在正式的构建发布中使用，能够执行复杂的操作系统命令	配置： 掌握主流的构建发布技术，能够搭建分布式构建和发布环境，实现持续集成，持续交付，具备 java、. net、python 等编码能力，能够开发程序以简化工作，提升效率，能够对开源软件进行必要的二次开发

续表

知识技能				使用批处理、shell 简单命令行操作，执行常用的操作系统命令	掌握 java、. net、python 等基本语言编码能力，能够开发简单程序应用日常工作	具备 java、. net、python 等编码能力，能够开发程序以简化工作，提升效率，能够对开源软件进行必要的二次开发 熟悉配置管理的理论、方法、架构体系及 cmmi、iso 等标准模型对于配置管理领域的具体要求和关键实践 了解敏捷开发方法论，掌握至少一种敏捷方法关键实践的具体做法	有意识有能力探索研究新技术新方法，并将其引入实施到实际工作中 熟悉配置管理的理论、方法、架构体系，及 cmmi、iso 等标准模型对于配置管理领域的具体要求和关键实践，并能够灵活运用，与实际工作有效结合 熟悉敏捷开发方法论，掌握至少 3 种敏捷方法关键实践的具体做法，具有敏捷开发具体实施经验 在 ai、大数据、区块链、云计算等领域有实际参与经验者优先
	5	专业知识	QA： 了解软件工程、软件质量保证等相关理论知识	QA： 熟悉软件工程、软件质量保证等相关理论知识	QA： 熟悉软件工程、软件质量保证等相关理论知识 熟悉软件质量评价相关方法及工具 熟悉常见的办公协同工具的使用，如 jira、conference 等	QA： 精通软件工程、CMMI、IPD、敏捷、软件质量保证等相关理论知识 熟悉软件质量评价相关方法及工具 熟悉常见的办公协同工具的使用，如 jira、conference 等	QA： 精通软件工程、CMMI、IPD、敏捷、软件质量保证等相关理论知识 精通软件质量评价相关方法及工具

续表

知识技能	6	Office办公软件	熟练使用 Office 办公软件	熟练使用 Office 办公软件；熟练操作 Axure、Mindjet、Visio、Photoshop 等软件	熟练使用 Office 办公软件；熟练操作 Axure、Mindjet、Visio、Photoshop 等软件；能理解 H5、IOS、安卓、Java 等基本概念	熟练使用 Office 办公软件；熟练操作 Axure、Mindjet、Visio、Photoshop 等软件；能做出 H5、IOS、安卓、Java 等技术优劣判断	熟练使用 Office 办公软件；熟练操作 Axure、Mindjet、Visio、Photoshop 等软件；能理解 H5、IOS、安卓、Java 等技术实现逻辑
专业行为	序号	专业行为项	定义	行为标签	分级描述		
					三级	二级	一级
	1	开放创新	提出构思完整的想法 了解如何将模型、理论、研究成果和新概念与未来的目标相结合，并制定有效的新策略	提出想法，鼓励创造 探讨可能性 制定策略	在提出有助于公司实现更高效的运作或提升产品和质量的解决方案时，能够考虑非常规的思路和方法 了解创新理论、概念或分析框架对于质量工作的影响，并能积极运用这些创新思路对发展趋势进行分析 协助设定明确的保证质量发展的策略，确保公司业务在市场上占据领先地位	为提升自己和团队的工作效率，能够提出一些完整的促进工作效率提升的思路或方法 了解新兴的行业或专业发展趋势对于部门工作的影响，能够掌握创新理论、概念或分析框架，并适当地运用 能够关注对团队成功有潜在影响的挑战或机遇，并能够制定有针对性的、有效的策略 经常关注大环境或行业的发展变化并预测长期的发展趋势	能够提出一些简单的创新思路，并乐于接受可以提升自己工作效率的新方法 通过把握基本的分析框架，能够对自己工作领域内的重要理论或工作方法有深刻的见解 确保能在自己的工作领域内妥善实施新思路或新策略；了解行业或专业发展趋势对于自己的工作内容的影响

续表

<table>
<tr><td rowspan="2">专业行为</td><td>2</td><td>沟通影响</td><td>能够倾听和理解他人的想法，能够清晰地阐述观点，并通过一定的沟通技巧促进与沟通对象之间达成共识</td><td>理解他人
清晰表达
促进共识</td><td>在沟通中能够理解他人的潜在想法，并有针对性地调整沟通策略
能够利用多样化的工具和沟通技巧更有效地表达复杂信息
面对双方的分歧和差异，能够有针对性地采取特殊方法来达成共识</td><td>能够适时运用倾听技巧，让他人愿意倾诉
能够向集体、外部个人或组织清晰地表达自己的观点
能够使用较为复杂的沟通技巧，能够通过间接的方式转变对方的态度或观点</td><td>愿意听取他人的意见，并能够准确地理解
与个人和团队沟通时，能够清楚、流利、有说服力地表达信息
能够在常规沟通中使用常见的沟通技巧以达成基本共识</td></tr>
<tr><td>3</td><td>勇担责任</td><td>在职责范围内做出决策，并为工作结果和质量承担相应的责任</td><td>承担责任
结果驱动
管理预期，克服困难</td><td>明确项目内团队既了解自己的责任，同时激励团队能积极与他人合作
根据目标衡量并跟进团队工作进程，确保每位同事都为工作目标达成而努力工作
当任务无法完成或可能延期完成的情况下，坦率面对并管理他人预期</td><td>在资源不足的情况下，仍能承担责任完成任务并达成工作目标
愿意适当超越自己的工作范围，确保完成工作任务或实现对他人的承诺
为自己和团队的失误承担责任，通过个人努力积极弥补过失并消除不良影响</td><td>学会为自己的决策、工作任务和工作结果承担责任
在自身工作/角色范畴内总能在事先确定的时间节点前完成工作任务；对自己的工作任务负责
勇于承认自身的失误或问题，不推卸责任或埋怨他人</td></tr>
</table>

续表

专业行为	4	质量导向	制定及执行产品和服务的优劣标准，确保一致性、准确性、可靠性和耐用性	理解质量标准相关知识；应用和坚持质量标准；衡量和追踪质量标准	制定产品和服务的优劣标准，倡导在部门/职能内实行质量保证项目 确保团队能够在工作中采取行动，承担质量责任 收集广泛的数据资料评估质量标准；衡量及追踪团队遵守质量标准和目标的表现	引导他人思考工作领域以外可能会影响产品质量的因素 发现任何质量问题立即采取行动更正；确保他人工作产出的准确性和完整性 对质量监测数据进行整合分析，用以指导产品、交付物和服务质量的提升和改进	在组织内制定产品和服务的优质标准 应用质量标准，确保个人工作产出的准确性和完整性 利用质量管理的工具和方法，始终关注和监测产品和服务的质量偏差情况

二是如果公司已有完善的岗位说明书，特别是对岗位所需的知识、技能要求都已有明确定义的情况下，这时引入胜任能力，更多的是需要界定工作要求的软性能力和态度等内容。因此，这时对于胜任能力的定位就较为狭窄，常常是只针对除岗位知识、经验、技能以外的冰山下的内容了。

关于任职资格，有的观点认为任职资格包含“胜任力”，除了强调“显性”的知识、经验、技能外，还包括胜任力模型的内容（能力素质）。

我的观点是：任职资格和胜任力都是建立人才标准非常有效的工具，各自完整独立，系统有效，不存在谁包含谁的问题；但是可以互相借鉴，相互融合共通。原因如下：

（1）从概念上追根溯源

关于胜任力的概念，我们在上篇明道篇里追溯了胜任力的起源及胜任力的概念，普遍认可的胜任力的概念是斯宾赛于1993年提出的。胜任力指能够将某一岗位（或组织、文化）上表现优异者与表现平平者区分开来的潜在的、深层次的个人特征，它可以是动机、特质、自我形象、态度或价值观、某领域的知识、认知或行为技能中任何可以被可靠测量或计数的，并且能显著区分工作中优秀绩效和一般绩效的个性特征。所以，从胜任力起源的概念来看，胜任力既包含冰山上又包含冰山下。

而关于任职资格的概念，前面说到任职资格的核心思想源于英国国家职业资格模式，是指为了完成某个岗位的工作个人必须具备的知识、技能、能力和素质等方面的要求，常常以从事该工作所需的学历、专业知识、工作经验、工作技能、能力等来表达。从表3－1质量序列的任职资格样例也可以看出，任职资格也是既包含冰山上又包含冰山下。

所以，从追溯二者的概念源头来看，不存在谁包含谁的问题；都包含了冰山上的知识、经验、技能等和冰山下的能力、个性动机、价值观等；所以我们认为任职资格和胜任力各自完整独立，系统有效。

（2）从应用范围和侧重点来看

国内很多企业构建任职资格体系是为了评定专业序列人员的资格条件及打通专业序列的职业发展通道，以期保留好的专业技术人才。当然，这不代表任职资格只能用在专业序列，很多企业建完专业序列的任职资格体系后也构建了管理序列、综合序列的任职资格体系。从应用范围看，我们看到的任职资格用在专业技术序列更多一些。

而胜任力，最多的建模需求来自管理通道，需要建立每一层级管理干部的能力模型，明确企业对每一层级管理干部的人才标准要求。当然，这不代表胜任力模型只能用在管理岗位的建模。前面说了，胜任力模型有三种分类：领导力素质模型、专业序列素质模型和全员通用素质模型；从应用范围看，我们看到的胜任力建模用在管理序列更多。

从侧重点来看，任职资格更侧重冰山上的知识、经验、技能等“硬性”条件，而胜任力更侧重冰山下的能力素质、个性特质等“软性”条件。

（3）从应用价值来看

我认为，工具只是工具，用得好才是最重要的。究竟使用哪一种工具更合适呢？答案就在于企业引入任职资格或胜任力的初衷和应用目的是什么。

另外，我认为一家企业用一种工具就可以了，不建议既用任职资格体系又用胜任力建模。从管理的角度来讲，每个企业是有自己的管理语言的，有的企业把人才标准叫“人才画像”，有的叫“人才观”，有的叫“人才模子”，我觉得都可以，只是人才标准最好指向一种工具，或是胜任力模型或是任职资格体系，这样可以降低管理和沟通的成本。

总结一下，我认为明确企业的痛点和需求，灵活应用好任何一种工具，帮助企业建立自己的人才标准才是根本。我想用好工具本身比讨论哪一种观点是对是错更有意义。以上观点是一家之言，仅供参考。

第四章
胜任力模型构建的整体思路和方法论

胜任力模型如何构建呢？这一章，我们先来介绍一下建模的整体思路和方法论，中篇建模篇将通过具体案例拆解来介绍每一步如何操作，这样就可以理论联系实际，手把手学会建模了。

第一节　胜任力模型构建的整体思路

我们在构建胜任力建模项目时首先要对建模项目有一个整体思路，即咨询顾问说的项目方案。一般而言，项目方案首先需要对项目的需求进行阐述，即回答“为什么做这个项目”的问题。

其次，项目方案需要对项目的思路、方法、操作流程等进行说明，即回答“怎么做这个项目”的问题。

最后，项目方案需要对项目的最终结果进行明确，即回答“项目做完什么样”的问题。当然，不同项目方案的具体结构不同，需要根据项目的实际情况进行调整，但项目方案的制定一定要科学严谨，前期要做充分的调研和准备，保证整个项目的质量。

项目方案的出发点必须是企业的需求，其他活动都围绕此展开。为了使项目活动能够紧密围绕需求展开，在构建胜任力模型时，可以通过以下五个问题来帮助我们理清思路：

- 企业构建胜任力模型的原因：企业为什么要构建胜任力模型？
- 企业构建胜任力模型的对象：企业针对哪些人群构建胜任力模型？
- 企业构建胜任力模型的目标：企业构建胜任力模型期待的结果是什么？希望拿到什么交付物？
- 企业构建胜任力模型的计划：企业构建胜任力模型具体的实施步骤是什么？
- 企业构建胜任力模型的结果应用：企业构建胜任力模型以后会用在哪些方面？打算怎么用？

上述五个问题很重要，是构建胜任力模型的整体思路，只有回答清楚这些问题才能着手建模，否则项目一定存在隐患。其实，这五个问题也不只是用在胜任力建模项目，很多的咨询项目在开始之前都要考虑清楚这五个问题，它是做项目通用的思维方法。

一、第一个问题：企业构建胜任力模型的原因

尽管胜任力建模的应用价值很高、应用范围很广，但只有和企业的实际情况紧密结合时，才能发挥应有的价值。因此，在构建胜任力模型前必须确定该模型的应用价值，这需要结合企业的规模、发展阶段和目前企业在人力资源管理过程中遇到的问题具体分析。

在咨询中，企业构建胜任力的模型的原因主要是快速发展的企业在业务发展的同时人才十分短缺，希望内部能够搭建起人才梯队，或是希望给好的人才做发展和培养计划，但是不知道企业中什么样的人算是人才；还有一些企业发展相对平稳以后，希望选拔出好的人才，淘汰不胜任的员工，但是不知道哪些人才是好的，哪些员工是胜任的，哪些员工是不胜任的。总之，这些企业要构建胜任力模型的原因归结为一点就是缺乏人才的标准，而胜任力模型就是帮助其建立人才标准的有效工具。

另外，明确构建胜任力模型的目标一方面有助于项目获得持续不断的支持；另一方面可以使得所有参与者的工作更集中，从而保证项目的顺利进行。

二、第二个问题：企业构建胜任力模型的对象

在确定了企业构建胜任力模型的原因后，需要围绕这一需求考虑到底对哪些工作、职能或者事业部进行建模，从而确定构建胜任力模型的对象。前面说过，胜任力模型分为三类：领导力素质模型、专业序列素质模型、全员通用素质模型。这三类模型对应着三种建模的对象：领导力素质模型是给管理层级，即管理序列构建的；专业序列素质模型是给不同的专业序列的人构建的；全员通用素质模型是给全体员工构建的。

构建胜任力模型的对象需要根据目标来确定，比如企业在宣传贯彻企业文化时，常会选择全员通用素质模型；在企业战略落地时，常会选择领导力素质模型；在培养企业的关键岗位上的核心人才时，常会选择专业序列素质模型。

三、第三个问题：企业构建胜任力模型的目标

确定企业构建胜任力模型的实施目标实际上是对构建模型的结果进行预期，并告诉我们该如何判断是否已经取得了这些成果。一个好的实施目标应具备以下特点：首先，它必须是清晰的，应当说明时间、对象和效果等信息；其次，它是现实可行的，标准的设定要符合企业的实际情况和构建模型的目标；最后，它是可以被衡量的。

在咨询中把实施目标和客户确认清楚后，还要确认项目交付物有什么？比如有的企业希望我们帮他们搭建出基层、中层、高层三个层级的领导力素质模型（或叫管理能力模型），又希望我们能够帮忙开发出这三个能力模型应用在人才选育用留方面的工具，那么这个项目的交付物就有：基层领导力素质模型一套、中层领导力素质模型一套、高层领导力素质模型一套；应用工具材料，如基于胜任力模型的招聘面试问题手册、基于胜任力模型的晋升测评工具等。具体交付物是什么？在中篇实操篇和下篇应用篇会有实际案例的详细介绍。

四、第四个问题：企业构建胜任力模型的计划

在确定了项目的目标和范围后，一般要按照项目管理的思路对执行过程中的各个环节进行细致的规划，即在有限的资源约束下，运用系统的观点、方法和理论，对项目设计的全部工作进行有效的管理。这需要制订详细的项目计划。计划是通过文字和指标等形式确定在项目周期中工作的内容、方式方法和时间安排的管理，是控制工作量、评估项目进度和项目相关人员沟通的主要工具。不同类型项目的项目计划不同。

就构建胜任力模型项目而言，模型的构建模型主要有两类：

第一类，从 0 到 1 搭建，这种方式比较常见，主要通过归纳法和演绎法来收集、分析企业内部高绩效员工的行为案例，精细加工汇编，为企业量身定制，形成符合企业特色的胜任力模型成果。

这种建模方式适用于企业内的任何工作、职能或者角色，且具有较高的针对性和企业自身特色，在后期的人力资源管理过程中的衍生价值更大，但是由于它的资料收集及分析过程较为复杂，因此需要耗费必要的人

力、物力，且对项目负责人的专业要求很高，所以一般企业会考虑找咨询顾问帮忙操作。

第二类，是在已有模型的基础上进行改造和调整的模式，即模型的更新和迭代。这种模式以经过验证的胜任力模型为基础，通过对企业的了解，在原有模型的基础上进行修改和完善。这种方式由于节省了大量的人力、物力和时间，因此效率高、成本低，但由于没有经过实际数据的收集、分析和论证，使得模型成果的针对性及组织特色不够鲜明，后期衍生的使用价值不高。

我们碰到第二种模式的情景一般有两种：一种是企业自己已经搭建了胜任力模型，但由于各种原因，发现模型不能落地应用，希望我们重新调整完善一下再落地使用；另一种是企业已经搭建了胜任力模型，也应用得不错，但是 1 ~3 年以后，随着企业的业务发展，模型需要随之更新迭代。这种情况下建模的工作量比较小，只需要对不符合因为发展和组织特点的一些指标进行局部更新和迭代。

顺便提一下，胜任力模型需要更新和迭代的周期是多久呢？快速发展的企业，我们建议是一年迭代一次；相对平稳的企业，我们建议 2 ~3 年迭代一次，但一般不超过 3 年。

这里，我们对第一种建模方式，从 0 到 1 如何建模做一个重点介绍。我们以一个三层级管理干部能力模型的构建为例，请见图 4 –1 胜任力建模的实施流程所示。

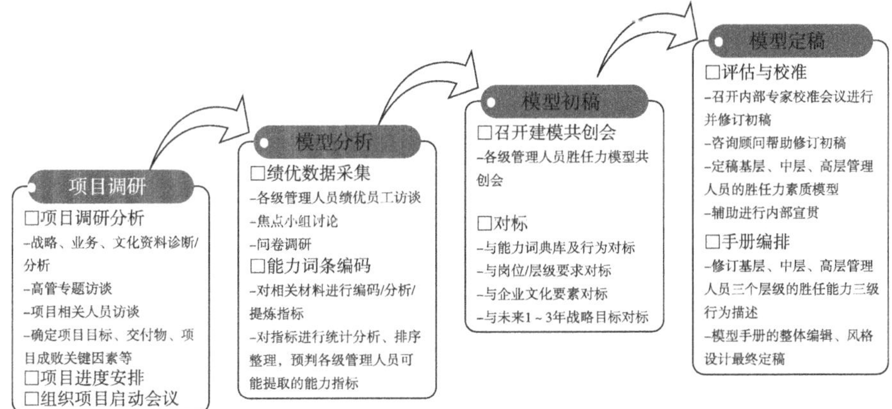

图 4 –1　胜任力建模的实施流程

胜任力建模的实施流程总共分四步。

（一）项目调研（即为构建模型做好准备工作）

这里有三项主要工作：

第一，项目调研分析。在调研分析阶段，我们首先会收集企业的战略资料、业务资料、文化资料、管理制度等和项目相关的资料并进行分析，这么做的目的是了解企业的战略、业务、文化情况、项目背景。细心的读者会问："给自己的企业做建模项目，对自己的企业很熟悉，还需要做调研分析吗？"我的建议是企业情况可以不用做调研，但是分析一下项目相关的资料建议，便于理解项目整体背景。

在调研分析资料后，我们通常还会用实施访谈的方式对高管和项目负责相关人员去了解他们对于项目的期待和希望产出的成果等。这里用到的方法主要是演绎法，通过资料分析和项目访谈可以概括出项目的轮廓、关键词和关键节点等信息。当然，演绎法也需要依靠建模人员的专业功力，在一大堆资料信息中能够敏锐地捕捉项目的关键信息。

第二，项目进度安排。从项目管理的角度，在项目调研后我们会出具一份项目进度表。项目进度表一般是以列表的形式呈现出来，清晰明了且方便查看项目的进度。一般而言，项目进度表的内容包含工作的具体步骤、每项工作的负责人、时间安排、工作产出等。我们来看一个项目进度表的样例，如表 4－1 所示。

表 4－1 某公司胜任力模型构建的项目进度表

项目任务		5 月	6 月					7 月			
		25 WK1	1 WK2	8 WK3	15 WK4	22 WK5	29 WK6	6 WK7	13 WK8	20 WK9	27 WK10
阶段一：共创能力模型											
模块	内容										
项目准备	项目前期资料收集整理										
	双方项目团队成员确认										
	双方项目团队负责人沟通会议										

续表

项目任务		5月	6月					7月			
		25 WK1	1 WK2	8 WK3	15 WK4	22 WK5	29 WK6	6 WK7	13 WK8	20 WK9	27 WK10
	启动会参加人员确认										
访谈分析	项目启动会										
	项目负责人访谈										
	高管访谈										
	高层管理干部绩优数据采集										
	中层管理干部绩优数据采集										
	基层管理干部绩优数据采集										
	数据分析、结果整理										
	向项目组汇报访谈结果及共创会方案										
共创建模	基层能力模型共创会										
	基层能力模型初稿确认										
	完善模型和行为描述，用共创会方式校准										
	中层能力模型共创会										
	中层能力模型初稿确认										
	完善模型和行为描述，用共创会方式校准										
	高层能力模型共创会										
	高层能力模型初稿确认										
	完善模型和行为描述，用共创会方式校准										
高管汇报	高管汇报材料准备										
	高管汇报										

续表

项目任务		5月	6月					7月			
		25 WK1	1 WK2	8 WK3	15 WK4	22 WK5	29 WK6	6 WK7	13 WK8	20 WK9	27 WK10
阶段二：开发落地工具											
模块	内容										
开发工具	开发能力模型面试指引										
	开发用于绩效管理的标准和工具										
	开发晋升的能力标准和工具										
	落地工具提交审核确认										
赋能培训	能力模型和工具落地培训										
项目总结会议											

第三，组织项目启动会议。项目小组启动会的主要目标是将项目目标、流程及个人角色分工在小组范围内逐渐明确。在确定项目组成员后，要任命项目组组长，明确项目组成员的分工及角色。项目小组组长主要负责项目进度的把控、人员的协调安排、重要文件的审核把关及对模型质量的把关；其他成员职责分工还涉及访谈邀约、资料收集及整理、访谈结果分析汇总等。

除此之外，要让小组成员明确知晓项目的关键时间点及验收标准。项目启动会上还需为小组内部构建沟通平台和沟通机制，便于小组成员间有效地传递信息。构建沟通评估和沟通机制的方式多样，比如每周一次的项目例会及项目进展报告会、建立项目成员小组沟通群等，目的是让项目参与人员能经常收到项目状况方面的报告。另外，项目小组成员最好纳入组织内部决策层高级管理人员，因为这能够为项目推进提供更好的宏观指导和资源支持。

另外，企业内部相关部门配合项目组进行项目的宣导。企业内部相关部门配合宣导的主要目的在于让项目进展过程中所涉及的项目组外人员对项目有所了解，并逐步明确其个人在后期配合过程中的职责。这也是为项目成果后期的宣导和使用进行铺垫和渲染。

（二）模型分析（即绩优数据采集分析）

我们一般通过行为事件访谈法（BEI）、焦点小组会议和问卷调研等形式来收集目标岗位的工作内容、岗位职责、工作要求和产生高绩效结果的行为事件。在初稿研讨阶段，主要是针对前期收集的数据及资料进行汇总整理，编撰具体指标内涵及行为案例，从而形成模型初稿；在校验定稿阶段，主要是通过专家研讨、内部校准会议等形式确定最终模型结构及内容。这一步绩优数据的采集，用的是归纳法。通过分析归纳出高绩效员工的行为事件，我们可以提取可能的胜任力指标，当然在这里提取的胜任力指标只是预判，我们会在下一步胜任力建模共创会中加以验证。

（三）模型初稿（即召开建模共创会）

在绩优数据采集分析汇总出初步的结果后，我们其实对要提取的胜任力指标已经有一些预判了，但是是一些比较零散的胜任力指标。通过建模共创会就可以把一个完整的模型初稿做出来，这一步召开建模共创会，我把它称之为“共创法”。

我们在这么多年的实践摸索中总结出，建模比较好的方式是召开胜任力建模共创会（即工作坊），在1～2天的建模共创会中，我们邀请建模岗位或层级相关的绩优员工代表、员工的上级代表、项目负责人及部分高管等人员来参加共创会。咨询顾问通过引导技术，设计一系列的共创流程，引导参与者共创出模型的初稿。当然，还会用到建模的工具，如胜任力卡片、能力卡库、能力计分单等。具体操作流程，我们将在中篇建模篇中详细介绍。

有的专业同行会问：“一定要通过建模工作坊来建模吗？”我的回答是不一定，也有咨询公司是通过访谈由顾问直接写出模型初稿的，在前期采集绩优数据后，通过顾问的专业技术能力对访谈结果做汇总整理及分析，是可以构建出一个模型初稿的（也叫过渡模型），用到的建模方法主要是演绎法和归纳法。而我除了用到演绎法和归纳法，还应用了一种比较新颖有效的方法——共创法，这也是我们建模咨询项目普遍被认可的制胜法宝。（关于建模的三种方法：演绎法、归纳法和共创法，下一节详细介绍。）

我认为，建模共创会是比较好的建模方式，能够保证将来胜任力模型的落地应用。为什么这么说呢？有以下几点原因：

- 在共创会里，参加人员有建模岗位或层级的绩优员工代表、员工的上级代表、有高管、有项目负责人；这代表这个模型是由所有的利益相关方（stakeholders）共创出来的，是经过大家充分讨论和质疑及纠偏共创出来的，而不是咨询顾问（或是公司内部由 HR 主导）做出来的，这样就保证落地使用模型的时候，这些利益相关方不会再质疑或不认可。所以，这一点特别重要，我认为很多公司胜任力建模在落地使用时遭业务部门的质疑，最主要的原因就在于这个模型是由一些专业人士做出来的，而不是共创出来的。正所谓："我参与，我 Buy In（买单）。"
- 共创会中，我们通常会引导绩优员工代表和他的上级代表（有时还会邀请高管）就他们的角色定位和关键工作任务进行讨论。我们有时会发现很有意思的事情，就是员工代表和他们的上一层级代表关于这个岗位或层级的角色定位和关键工作任务是不一致的。正所谓："你以为他知道，他以为你知道。"所以，我们会引导大家纠偏直至一致认可，因为角色定位和关键工作任务对于模型的建立有指导性的作用。这样的不一致如果只是通过访谈是无法获得全面信息的，也无法去纠偏。
- 如果用共创会来建模，前面的绩优数据采集，不管通过一对一访谈、焦点小组会议还是问卷调研都可以做得轻松一点，主要目的是预判可能提取的胜任力指标有哪些，而在共创会中去验证和共创一致。所以，整体建模的时间成本是比较低的。

（四）模型定稿（即模型的评估与校准）

主要采用的方法是专家研讨法和专家问卷法，最后形成胜任力模型的终稿。

专家研讨法，是在模型初稿出来以后召开一个模型校准会，邀请一些内部专家，通常是和建模岗位或层级相关的内部人员，请他们一起来校准模型是否符合岗位或层级的情况，是否符合公司的实际状况。

专家问卷法，就是将模型初稿做成胜任力指标问卷清单，由专家根据胜任力重要性等级来评定胜任力指标，项目负责人收到所有的问卷后进行结果的汇总和整理，形成最终的胜任力列表，最后修改定稿确定胜任力模型。

我建议最好采用专家研讨法的形式来校准模型，因为除了校准模型的准确性和落地性，我们还会在现场引导专家们选一些建模岗位或层级的典型人物（包含绩效优、良、差的人员），试着用模型对他们进行评估，这样更容易验证模型的适用性。当然，如果我们是建模项目的负责人，还可以请专家给出落地使用的一些好建议，也可以请他们在未来的项目宣贯时作为支持者。

五、第五个问题：企业构建胜任力模型的结果应用

胜任力模型的应用范围极广，基本涵盖了人力资源的各个模块，人才选育用留的方方面面，请见图 4 －2 胜任力模型的应用场景。

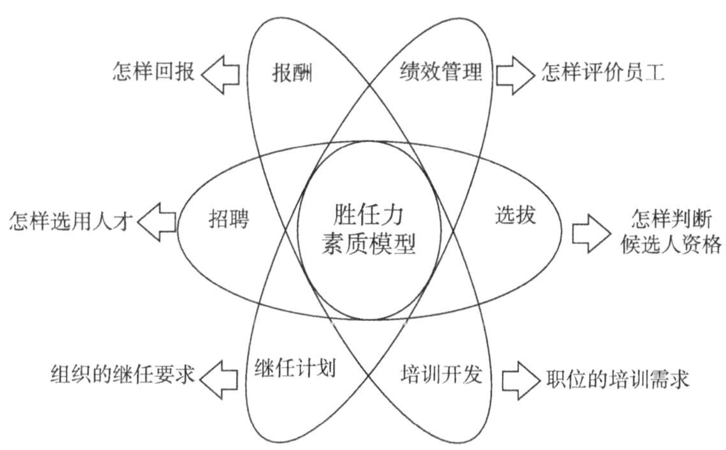

图 4 －2　胜任力模型的应用场景

构建基于胜任力的人力资源管理体系是组织的必然选择。传统的人力资源管理是以工作分析和岗位描述为基础开展人才选拔、员工培训、后备人才管理等工作的。传统的岗位描述只明确了任职者应该做的活动，而没有明确描述：为了满足组织成功的需要，任职者的工作产出或者结果是什么。在今天的动态组织中，工作活动不会长期保持不变，因此岗位描述面

临很快过时的风险。

聚焦工作活动，无法有效引导管理者关注绩效或结果，也无法有效引导组织投资于高生产力者或高绩效者。

基于胜任力的人力资源管理体系，无论在理念还是方法上都有别于传统的人力资源管理体系。它首先关注人，然后关注人的产出或结果，是从人员导向的视角，而不是工作导向的视角看待所需要的产出、组织的工作角色和要求。两者的具体操作不同，请见表4－2传统的人力资源管理与基于胜任力的人力资源管理的对比。

表4－2　传统的人力资源管理与基于胜任力的人力资源管理的对比

项目	传统的人力资源管理	基于胜任力的人力资源管理
人力资源基础	其基础是工作分析和岗位说明书。工作分析是招募、甄选、定向、培训、奖励、评价和发展人员的基础；岗位说明书描述了具体的工作活动。但它不以可测量或可观察的术语来陈述期望取得的工作结果	胜任力是个体用来获得优异绩效的特质。胜任力的识别、建模、测评，构成了基于胜任力的人力资源管理的基础。人力资源职能寻求揭示那些具有优异绩效的工作者的特质，并使人力资源活动扮演培养这些特质的角色
应用该模式的首要原因	该模式广为人知，并可调整以获得认同。它以组织结构图来划分员工等级，因而可以为不同的人分配可以辨识的任务，使其各司其职	该模式可以提升生产力，能够最大限度地发挥人员的才干，获得竞争优势。它承认个体在达成结果时的能力差异。现实中的优异绩效者比其他人的生产力高，如果组织能够找到或者培养这些优异绩效者，在同样人员规模的情况下，生产力会更高
主要挑战	在工作内容迅速变化的情况下，岗位说明书很快会过时 不能发挥人才的最大优势	对于胜任力概念的理解尚未一致 识别优异绩效者特征的过程耗时费力
人力资源职能角色	确保各类人事活动遵从法规、组织政策和程序	识别、选拔和培养更多能够达到优异绩效者水平的人才，从而引领组织获得突破性的竞争优势

续表

项目	传统的人力资源管理	基于胜任力的人力资源管理
人力资源规划	关注总人数和人事费用 假定未来和过去一样不会发生变化，只有总工作量一样，那么所需人数也一样 倾向使用量化方法来进行人力规划	关注人才给组织带来的价值 关注未来可能会发生的变化 倾向使用定性的方法进行规划
员工招募和甄选	寻找和岗位说明书中界定的资格相匹配的候选人 重视教育程度、经验和其他资格	基于可证明的能力或结果依据做出甄选决策 关注候选人的能力和胜任力模型的匹配度
员工培训	关注员工对于知识、技能的掌握	基于胜任力特点设计课程内容与培训方式，关注员工胜任力的习得
绩效管理	关注任务指标的达成，侧重任务评价、结果评价与短期评价	关注能力结果的达成，侧重能力评价、过程评价与长期评价

表4－2中，基于胜任力的人力资源管理将传统的人力资源管理中对于工作活动的关注转向对个体胜任力的关注，这种方法能够帮助组织识别、选拔、培养优秀绩效者，从而使组织更好地应对甚至是预测变化。这一功能对于快速变化环境中的组织尤为重要。因此，基于胜任力的人力资源管理已成为未来企业的必然选择。

关于胜任力模型的结果应用，我们将在下篇应用篇详细介绍。

第二节 胜任力模型的构建方法

总的来说，胜任力模型的构建方法，常规的有两种：演绎法和归纳法。

演绎法是一个逻辑推理的过程，它主要从企业愿景、企业使命、企业核心价值观及战略推导出目标群体所需要的素质，对这些素质整理加工后形成胜任力模型。演绎法的主要方法有战略文化演绎分析、高管访谈、头脑风暴法、专家小组讨论法、对标分析。

归纳法即通过访谈调研的方法，将目标群体中高绩效与一般绩效者在工作中表现出的不同特质，挖掘并归纳出实现绩效优异所需要的个人素质，进而形成胜任力模型。归纳法是一种古老的方法，麦克利兰当时就是使用这种技术进行建模的，已经流行了半个多世纪，目前仍然是学术界、咨询界构建胜任力模型的主流方法。归纳法的应用工具主要有工作情境分析、行为事件访谈、焦点小组访谈、胜任力问卷调研、模型编码、数据统计分析等。

归纳法需要花费的时间、人员投入最高，对建模人员的技术要求也非常高，同时需要较大的样本量，更多的是基于优秀人员的共性特征，比较适合技术、技能人才；演绎法的成本相对较低，更多的基于公司未来的发展要求，比较适合中高层管理人员。

除了常规的演绎法和归纳法，我还想介绍一种新颖有效的方法——共创法。

共创法，即召开建模共创会来共创出胜任力模型。这种方法，在建模的过程中导入了行动学习的理念。在共创过程中采用了行动学习的团队列名法、团队共创、世界咖啡等工作坊形式，利用引导技术，由专业咨询顾问带领企业内部人员参与共创出完整的模型。这种建模方式新颖有效、效率高、成本低，是胜任力模型构建的一种新趋势。在中篇建模篇详细介绍。

总结一下：我们把上一节建模的实施流程和这一节的构建方法总体回顾一下。建模实施总共四步骤：第一步骤的项目调研，主要应用了演绎法；第二步骤的绩优数据采集分析，主要应用了归纳法；第三步骤的模型初稿，主要应用了共创法，少部分用到归纳法和演绎法。请见图4－3胜任力建模的实施流程和构建方法全景图。

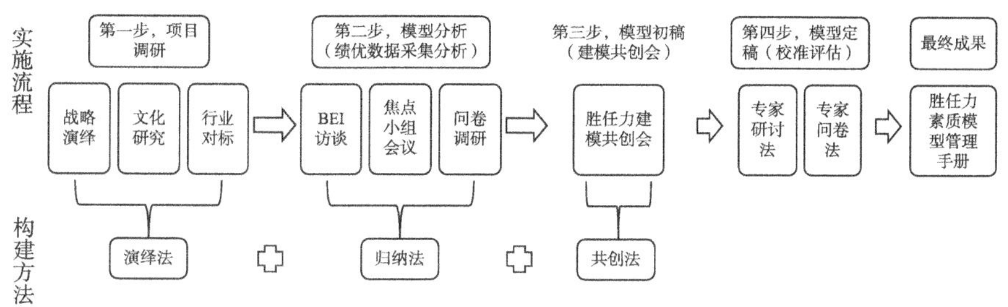

图4－3　胜任力建模的实施流程和构建方法全景图

值得一提的是，在建模过程中，往往不会只采用一种方法，通常会结合实际的资源条件、规模及建模目的等多种因素灵活运用以上三种方法。所以，灵活应用有针对性和实施性的建模方法，能够在相同的条件下使模型的有效性最大化。

第三节 胜任力模型构建的工具

建模用到的主要工具是胜任力卡片（或称能力卡片、素质词典等），还有一些辅助工具，如分隔卡、能力卡库、计分表等。我们来看一下胜任力卡片长什么样子，如图4－4所示。

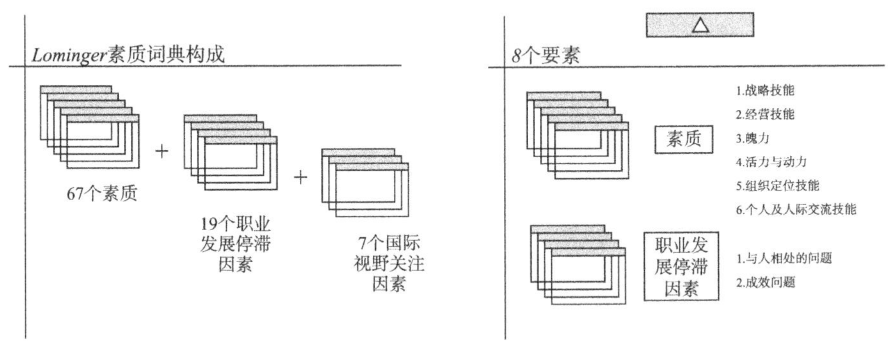

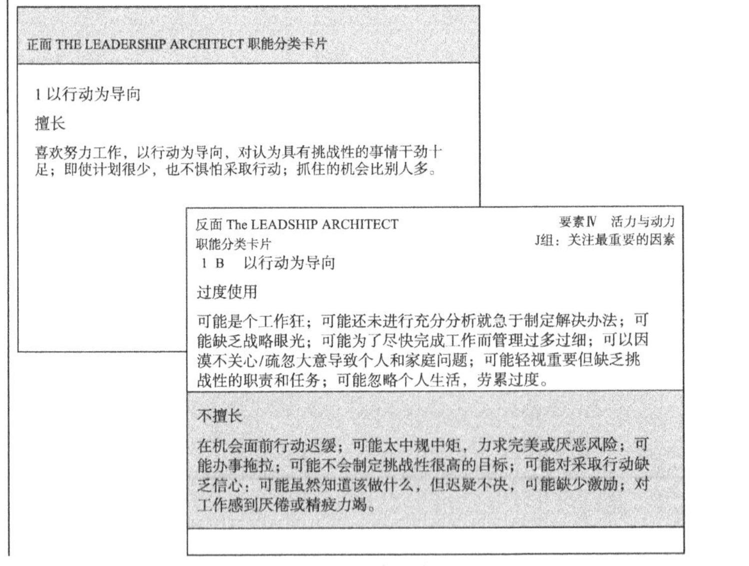

图 4-4 Lominger 67 项能力素质词典样例

前几年大家建模用得比较多的是 Lominger 67 项能力卡片：

第一个图是 Lominger 能力词典的构成：由 67 个素质、19 个职业发展停滞因素及 7 个国际视野关注因素组成。

第二个图是以 67 个能力卡片中的一张卡片“以行动为导向”为例，我们可以看到卡片里对“以行动为导向”列出了一些正向行为（即擅长），这些行为描述在卡片建模中写行为描述的时候可以作为参考；这里也包含反向行为（即不擅长），建模时需要写“反向行为”的情况比较少，但是有的企业需要的。这里的“过度使用”行为建模实操中基本不用。

第三个图是能力卡库，汇总了共 8 个要素的所有能力项，要素 1~6 包含 67 项正向的能力素质；要素 7~8 包含 19 个职业发展停滞因素。（注释：19 个因素及另外的 7 个国际视野关注因素我们在建模中很少用到）。

还有一些卡片就是“分隔卡”等，是在卡片筛选时做分隔使用的。

这几年，一些大的咨询公司也都有自己开发的能力卡片（或能力词典），有 38 个能力卡片的，有 22 个能力卡片的，有自己开发的全套能力词典手册的。

细心的读者可能会问："我要建模，可是没有胜任力卡片，如何获取呢?"应该说，卡片来源有几个渠道：一是作为专业人士，我们通常都是专业认证后取得的胜任力卡片工具；二是有的同行参考借鉴一些专业的词典手册；三是可以参考一些同行业公司已经有的模型资料。当然，很多公司也会找专业机构帮忙建模，不需要考虑工具的问题。

总的来说，能力卡片（或能力词典）只是在建模过程中会依托的工具，有一定的参考价值；但我们在帮企业建模的实操中会发现，卡片里的行为描述因为比较通用，往往不能够准确表达出企业对员工能力要求的具体行为点，很多时候不符合企业特有的语言习惯，比较"拗口"。所以，我们在建模中书写的行为描述，通常还是顾问引导参与者共创出来的。应该说，胜任力卡片是一个可用的工具，但不是一个必要的工具。

至此，上篇明道篇详细介绍了胜任力建模的道、法、术。道的部分，关于建模应知应会的理论部分，相信以上内容完整够用。法和术的部分，主要介绍了胜任力建模的整体思路和方法工具。具体步骤如何操作，如前面提到的绩优数据采集分析如何进行；BEI 访谈、焦点小组会议和问卷调研等如何开展；访谈结果如何整理和分析；共创会中如何引导，以及结果如何校准等，我们将在中篇建模篇带着读者一步步拆解，详细介绍每一步的具体操作及关键点。

『中篇』

建模篇：胜任力建模一步步拆解给你看

我们在上篇明道篇介绍了胜任力建模的道法术，本篇我们将从实战入手，通过两个极具代表性的胜任力建模的真实案例，拆解给大家看到底胜任力建模是怎么做的、会碰到什么困难、有哪些关键点及做的时候顾问是如何思考的。为了满足不同读者的需求，我选取了两个真实案例，一个是完整版建模的案例，另一个是敏捷版建模的案例，这也是目前为了满足不同企业的需求最常见的两种做法，这两种做法的内在逻辑基本相同，但在操作步骤上不尽相同。

第五章
完整版胜任力建模具体操作

上篇明道篇讲了胜任力建模的实施流程分为四个步骤：项目调研、模型分析（绩优数据采集分析）、模型初稿（建模共创会）和模型定稿（评估与校准）。接下来我们要介绍一下如何操作。

为了使读者更有收获，我将按黄金圈法则（Golden Cycle）（注释：黄金圈法则是由西蒙·斯涅克在他的《从“为什么”开始》一书中提出的“黄金圈法则”的概念，它是一种有效的思维模式，通常从 Why、How、What 来思考一个问题，感兴趣的读者可以上网搜索相关信息）的逻辑来拆解：

- Why：为什么。为什么要有这个步骤？
- How：怎么做。在实际案例中我们是怎么做的？
- What：做什么。这一步骤都有哪些内容？
- Tips：要点总结。最后我们将总结每个步骤有哪些关键点？顾问是怎么考虑的？

第一节　项目背景介绍

案例拆解前，我们先来了解一下这个案例的项目背景。我们将此公司称为 ABC 公司，以下是针对客户 ABC 公司提出的胜任力建模需求的理解。如图 5 –1 所示。

ABC 公司当时人员规模 3000 人左右，基层、中层、高层管理人员人数 500 人左右，我们的项目目标是建立 ABC 公司基层、中层、高层三个管理层级的管理干部能力模型，也就是领导力素质模型，为接下来三个层级管理干部的选育用留确立人才标准。值得一提的是，ABC 公司将本咨询项目列为当年度的四大战略重点之一。由此可见，ABC 公司对管理干部人才标准建立的迫切需求及对此次胜任力建模项目的重视。

项目背景（需求理解）

➢ 项目背景：

ABC集团自2011年成立以来，公司业务蓬勃发展，取得一次又一次的阶段性成果和胜利，与此同时，一系列与“人才”相关的组织痛点随之产生：

1. 外部人才竞争激烈，优势人才短缺，人才吸引难度大，成本高；
2. 公司规模不断扩大，人才需求显著上升，人才的供给速度跟不上业务发展对人才的需求，招聘、培训面临巨大的压力和挑战；
3. 管理干部领导力水平参差不齐；培养和发展需求迫切。内部人才培养的速度需要加快，有效性亟待提升，科学化、体系化的培养方法势在必行；
4. 现有员工对职业发展充满了期待，职业发展诉求的满足成了员工激励和保留的重要驱动因子。

在此背景下，管理层一致认为，要解决上述痛点，必须要建立健全ABC人才培养的自身造血机制，运用科学的方法甄别和培养ABC自己的管理干部，而胜任力素质模型建设正是这个机制运行的基础条件。

➢ 项目对象：

基层、中层、高层管理人员

➢ 项目目标：

建立ABC集团各层管理干部的领导力素质模型，为人才的选育用留确立清晰的标准和依据，提升人才发展各环节的有效性，以支持长短期企业战略的落地，同时推进业务的不断发展。

图5－1　针对客户ABC公司提出的胜任力建模需求的理解

第二节 完整版建模第一步：项目调研准备

厘清了项目需求和项目目标后，我们按照前面提到的建模实施流程：项目调研准备、模型分析（绩优数据采集分析）、模型初稿（建模共创会）和模型定稿（评估与校准）来展开。具体到完整版的操作步骤，如图5－2所示。

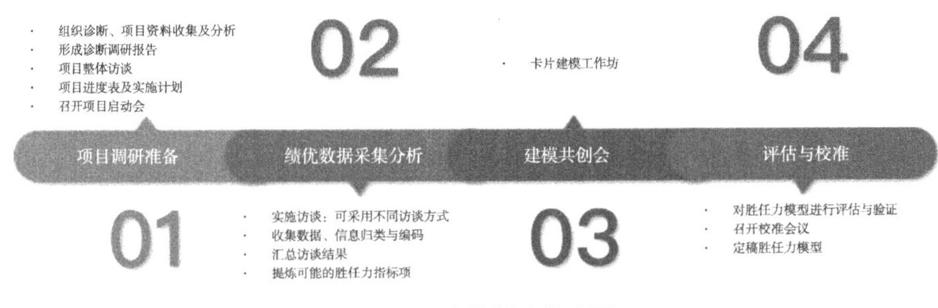

图5－2 完整版建模步骤

一、项目调研准备

Why：为什么。这是我们做所有咨询项目的第一步，调研准备工作做得好，这个项目就成功了一半。前面已经讲过项目调研的必要性，不管对于内部项目负责人还是对于外部顾问来说。稍微不同的是，作为内部项目负责人，在项目调研这个环节比外部顾问更有优势，因为对企业的情况更熟悉，对企业的人员也更了解。

How：怎么做。首先，做项目相关资料搜集；其次，对搜集到的资料做调研分析；最后，将所有调研分析结果形成摘要，便于后面的步骤使用。

What：做什么。我们将从外部顾问的视角看一下要搜集哪些材料（有些资料内部项目负责人不需要搜集，请自行忽略），表5－1《ABC公司管理干部能力模型建设项目调研资料收集清单》是我们发给ABC公司的收集清单，供大家参考。

表 5－1　《ABC 公司管理干部能力模型建设项目调研资料收集清单》

20××年×月

为进一步了解 ABC 公司的管理现状，为项目的推进奠定基础，苏州×××在以下清单中列举了所需的书面材料，请尽力准备并于项目启动一周内提供。

类别	内容	客户反馈（可勾选）	备注
1. 公司背景、战略及文化相关	1.1 公司介绍（整体概况、产品介绍资料、发展历程、创始人介绍、里程碑事件等）	□有相关资料，可提供 □无相关资料 □无相关资料，可提供替代性资料是：＿＿＿＿	
	1.2 公司 1～3 年战略规划、各业务规划相关文件、本年度战略重点及描述经营理念、经营宗旨、核心竞争力等材料	□有相关资料，可提供 □无相关资料 □无相关资料，可提供替代性资料是：＿＿＿＿	
	1.3 公司业务现状、经营规模、近两年年度工作总结、2019 年营收净利润数据（看公司是否方便，如果能提供过去 3 年的数据更好，如果是上市公司，可看发布的年报和财报数据）	□有相关资料，可提供 □无相关资料 □无相关资料，可提供替代性资料是：＿＿＿＿	
	1.4 公司文化手册（愿景、使命、价值观）、外部宣传材料、公司内刊等	□有相关资料，可提供 □无相关资料 □无相关资料，可提供替代性资料是：＿＿＿＿	
	1.5 近两年领导重要讲话文稿	□有相关资料，可提供 □无相关资料 □无相关资料，可提供替代性资料是：＿＿＿＿	
	1.6 公司的竞争对手或行业标杆（希望提供 3～5 家）	□有相关资料，可提供 □无相关资料 □无相关资料，可提供替代性资料是：＿＿＿＿	

续表

类别	内容	客户反馈（可勾选）	备注
2. 人力资源管理相关	2.1 公司 1 ~ 3 年人力资源规划、人力编制、本年度人力资源部门工作计划、KPI 等	□有相关资料，可提供 □无相关资料 □无相关资料，可提供替代性资料是：________	
	2.2 组织架构图、员工花名册（按基层、中层、高层等级划分）	□有相关资料，可提供 □无相关资料 □无相关资料，可提供替代性资料是：________	
	2.3 各部门职能说明书、管理通道职级体系、任职资格体系；各核心部门基层、中层、高层管理岗位说明书（选取核心部门的若干核心岗位即可）	□有相关资料，可提供 □无相关资料 □无相关资料，可提供替代性资料是：________	
	2.4 员工手册、员工行为规范、过去一年优秀表彰典型或是处罚案例（如有，请提供部门、名称和资料）	□有相关资料，可提供 □无相关资料 □无相关资料，可提供替代性资料是：________	
	2.5 对基层、中层、高层管理人员的管理制度（包括干部管理制度、绩效管理制度、薪酬福利管理制度、干部晋升制度等）	□有相关资料，可提供 □无相关资料 □无相关资料，可提供替代性资料是：________	
	2.6 各部门 2020 年绩效合约（各部门重点工作计划、KPI、绩效数据、衡量标准）	□有相关资料，可提供 □无相关资料 □无相关资料，可提供替代性资料是：________	
3. 项目其他相关	3.1 以往开展过的管理干部的培养项目、成果（最好有上级管理者的期待与评价）	□有相关资料，可提供 □无相关资料 □无相关资料，可提供替代性资料是：________	
	3.2 目前管理干部遇到的主要挑战（不一定总结得很详细，这个方面在访谈中是会采集的，主要想了解有没有一些突出的、共性的问题）	□有相关资料，可提供 □无相关资料 □无相关资料，可提供替代性资料是：________	

续表

类别	内容	客户反馈（可勾选）	备注
3. 项目其他相关	3.3 近两年董事长关于人才发展、基中高层管理干部培养的讲话、指示、期刊文章等	□有相关资料，可提供 □无相关资料 □无相关资料，可提供替代性资料是：＿＿＿＿＿	
	3.4 3～5 家公司竞争对手或行业标杆的业务数据信息及管理人员培养情况（请尽可能收集）	□有相关资料，可提供 □无相关资料 □无相关资料，可提供替代性资料是：＿＿＿＿＿	
	3.5 ABC 公司认为对本项目成功有帮助的其他文件及材料	□有相关资料，可提供 □无相关资料	

说明：以上资料对本项目至关重要，请务必按照实际情况提交，×××承诺恪守保密协议条款，所有资料仅供项目使用。

Tips：要点总结。收集的资料归为三大类：一是公司背景、业务战略及文化相关；二是人力资源管理相关；三是项目其他相关。其中一些收集要点总结如下：

• 关于公司背景信息的了解，有的大型公司有专门设置的展厅，顾问也可请负责人带领参观讲解，对快速了解这家企业有很好的帮助。

• 关于公司年报财报，如果是上市公司，可以在官网或是对外披露的资料中看到公司的年报财报，我的经验是注意看几个数据：营收、营收结构、净利润、支出情况，这对我了解这家企业过去 1～3 年的经营情况、业务支出情况及经营重点具有很重要的参考价值。

• 对于外部标杆或竞争对手的信息，如果能直接拿到竞争对手的对于管理干部胜任力要求的信息最好，但是这部分信息和数据通常难以获得；比较好的办法是向行业熟人或是曾在这些公司任职的现在在职 ABC 公司的管理人员打听。

以上所列信息是基于项目获得成功最全面的考虑，也是项目相关最系统完整的信息收集。现实情况中，你不一定都能取得，但是要尽可能地收集。有些收集的信息如果没有，是否有替代性的资料（即内容相关，名称或形式不同的资料）。收集的信息越多，你对这家公司越了解，对这个项目越清晰，未来在项目实施中就越容易成功。

可能有的读者会问：“你只是做一个胜任力咨询项目，为什么调研材料要收集这么多?”其实不然，我们做任何一个项目，如果不了解企业的经营情况或背景就贸然开始，往往把握不住做项目的根本或是背后的原因。

我们当时分析完这家企业的年报财报及支出情况后，发现这家企业的经营情况非常好，现金流十分充足，而且有很多融资。另外，看到企业把很多的支出用于研发，给我们一个关键信息，这是非常注重研发的企业，且有自己的核心竞争力，在细分行业排名前三；因为经营情况及现金流很好，对管理干部的激励很到位，但是同时对干部的要求也很高，因为要一直保持行业持续高竞争力。这些对我们后面做胜任力项目是非常重要的背景信息，这就是收集并分析调研资料的好处。

以上 ABC 公司案例我们收集调研了 30 多份，20 多万字的材料，为后来的访谈和建模奠定了基础。接下来就是调研材料的分析，分析过程还是紧扣着我们的目标：建立基层、中层、高层管理干部的能力模型来展开，如果材料较多，可以由项目团队成员分工协作，每人分析完部分材料形成一份材料摘要，再汇总成一份整体的项目调研资料摘要，以供项目团队随时查阅。

二、项目整体的访谈

项目调研除了资料收集分析外，还有一步也很重要：项目整体的访谈，我们同样用黄金圈法则来拆解这一步骤。

Why：为什么。项目整体的访谈，是紧接着项目资料收集以后很重要的一步，是宏观把握项目成败的关键。我们对收集到的很多资料做调研后，对这家公司有了初步的了解和对项目情况有了一些预判，可能还有一些疑惑。这时做项目整体的访谈就能够将我们的一些疑惑、预判做澄清和验证，最关键的是通过对主要负责人的访谈可以直接拿到他们认为的项目预期及成败的关键因素。

How：怎么做。访谈哪些人？访谈的方式是什么？

访谈人员：项目负责人（如果你自己是，就不需要）、项目支持者

（Sponsor，可能是HR负责人、可能是分管此项目的高管、可能是最高管理层CEO、总经理等）、项目相关利益方（Stakeholder，可能是部门负责人、项目落地小组成员等，选哪些人具体看项目需要）；可采用一对一访谈的方式。

What：做什么。访谈内容主要关注项目整体：

- 项目的现状是什么？痛点是什么？
- 项目的目标是什么？希望产出的成果是什么？
- 决定项目成败的关键因素是什么？
- 谁来决定项目是否成功？
- 如果项目要成功，你会给出什么建议？

第三节 完整版建模第二步：绩优数据采集分析

绩优数据采集分析的主要目标是收集三个层级管理干部胜任力建模的关键事件和关键行为，从而提取三个层级胜任力相关的指标，还是用Why、How、What来具体介绍。

一、Why：为什么

访谈目标在于收集三个层级管理干部胜任力建模的关键事件和关键行为，它和第三步的建模密切相关。采集分析的关键在于挑哪些人访谈、挑多少人、用什么方式及访谈什么。

二、How：怎么做

我们常用三种方式做绩优数据采集：即行为事件访谈法（也称BEI访谈法）；焦点小组访谈法；问卷调研法。

（一）行为事件访谈法

行为事件访谈法（也称BEI访谈法）指的是通过一系列的问题，收集被访者在关键事件的具体行为和心理活动的详细信息。行为事件访谈法一定要用到的一个技术是STAR法则，它是行为事件访谈法的核心技术，可以帮我们获得真实、完整的关键事例，让被访者详尽、完整地描述整个事件，即具体的情景与行为。

STAR由Situation、Task、Action、Result四个单词的首字母组合而成。Situation指的是背景、情境，即行为事件发生的背景是什么，情况如何；Task指的是任务，即面临的任务是什么，要解决的问题是什么；Action指的是行动，即当时是怎么想的、怎么做的，具体采取哪些行动；Result指的是结果，即行为事件的结果如何，造成什么样的影响。表5－2《STAR法则的解释》将帮助大家了解STAR法则。

表 5-2　《STAR 法则的解释》

STAR 法则	要点	情景示例
S：背景（Situation）	为什么会发生？ 指被访谈者的任务背景或问题背景、当时的情况	最大的竞争对手在附近新开了一家门店，并且以低廉的价格进行促销，导致我们的客流量减少，营业额比上个月下降了 10%
T：任务（Task）	必须做什么？ 指被访谈者在特定情境中要达到的目标或所需完成的任务	在 1 个月内，必须使我们部门的营业额增长 10%，争取在同类部门中排第二名
A：行动（Action）	做了什么？怎么做？ 指应聘者针对任务情境采取的行动或没有采取的行动	我与主要供应商进行谈判，推出我们的独家产品，同时减少竞争对手主营商品的进货量，避免与对手在他们的优势产品上发生冲突
R：结果（Result）	行动的成效如何？ 指访谈对象采取的行动带来的结果	由于与竞争对手在细分市场上做出了区分，我们门店的营业额比上个月增加 12%；同时我们与几家供货商达成了良好的长期合作关系

（二）焦点小组访谈法

焦点小组访谈法：在访谈中，我们一般首选行为事件访谈法，因为其访谈质量高，信息收集具体完整，可掌控性大；但是由于行为事件访谈一次只能访谈一位，且通常耗时 1～2 小时，所以从成本和效率的角度考虑，我们不能只用一种访谈法。这时可以采用焦点小组访谈法，又称小组座谈法，就是采用小型座谈会的形式，由一名经过训练的主持人以一种无结构、自然的形式与其他参与者交流，从而深入了解有关问题。焦点小组访谈的作用有四个：

①可以扩大调研访谈的样本量，提高参与度。

②访谈的内容更聚焦，紧密围绕胜任力素质指标展开。

③参与者之间进行思维碰撞，可以澄清模糊的信息。

④小组讨论可以帮助我们获取丰富的甚至是意想不到的信息，可以帮助我们收集典型行为范例。

虽然焦点小组访谈的效率比行为事件访谈效率高，但需要大量的组织工作，这也是焦点小组访谈能够成功的关键。具体来说，焦点小组访谈的组织流程主要流程有五步，如图 5－3 所示。

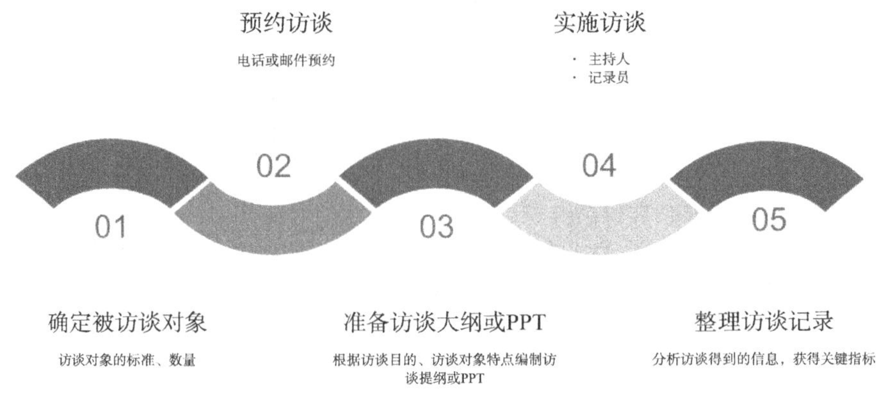

图 5－3 焦点小组访谈的流程

第一步，确定被访谈对象。被访谈对象应当是模型构建的目标群体，本次案例是基层管理者，每组 6～8 人，访谈实际需要 1.5～2 小时。访谈对象要选择绩效优秀，善于交流、心态开放且有一定归纳总结能力的员工。

第二步，预约访谈。焦点小组访谈需要对多个人的时间进行协调，因此，在此之前需要通过电话或电子邮件的方式预约访谈者的时间、访谈地点、访谈目的及注意事项等。通常我们会附上“访谈邀请函”来预约访谈，特别对级别较高的被访谈对象，请参考《ABC 公司管理干部能力模型建设项目访谈邀请函》。

《ABC 公司管理干部能力模型建设项目访谈邀请函》

尊敬的各位同人：

你们好！

首先代表苏州×××项目组感谢你们从繁忙的工作中抽出宝贵的时间来参加我们的访谈，这份资料将作为本次管理干部能力模型建设项目构建环节收集信息的访谈指导，该环节旨在构建符合 ABC 公司管理干部的素质特点、体现公司战略文化要求的领导力模型，在公司内部形成相对统一的、明晰的人才标准，作为未来各层级管理者选育用留的指引。以此指导公司开展人才培养与赋能工作，为建设具有竞争力的人才队伍打下坚实的基础。

访谈的主要目的包括：**收集绩效优秀人员的典型案例；你所在层级的能力项总结；相比其他层级，你所在层级的关键工作任务。**你的信息与想法将作为对该项目的重要输入和参考，对项目顺利开展起到关键作用，请畅所欲言。

本次访谈预计将占用1.5～2小时。对于你的时间投入和支持，我们在此表示衷心地感谢！

请注意：

此材料仅作为意向性提纲，在访谈过程中也可根据情况向你询问相关延伸问题。

苏州×××项目组作为客观的第三方，将严格保密，不会向其他任何一方透露访谈内容。

苏州×××项目组

20××年×月

第三步，准备访谈大纲或PPT。焦点小组访谈的内容包括以下方面：

●项目背景介绍。这部分已经在邀请函介绍过了，访谈中一带而过就行。

●胜任力模型及其应用方向介绍。胜任力模型是人力资源管理领域的专业工具，非人力资源管理者对此比较陌生，因此需要向他们介绍“什么是胜任力模型”。更重要的是，说明模型的应用方向，一方面可以引起被访谈者的重视，激发他们讨论的热情；另一方面可以使模型在应用时更容易被接受。

●工作职能聚焦。通过被访谈者的陈述，明确其工作职能。被访谈者陈述的方式可以参考以下形式：

➢我是……

➢我的工作岗位是……

➢我的主要工作职责是……

➢我在ABC公司工作的感受是……

● 引导、收集典型的行为事件。焦点小组讨论的目的之一是收集与工作岗位相关的典型行为事件。被访谈者讨论的内容如下：

➢当时是什么情况？

➢做了什么？

➢结果怎么样？

➢做好这件事的关键是什么？

也可以参考 STAR 法则来引导提问，具体见《STAR 法则的解释》。

● 归纳总结。

第四步，实施访谈。焦点小组讨论对主持人要求比较高，他需要引导访谈围绕典型事例的分享展开，能够控制场面，防止讨论会变成抱怨会，还要在讨论的节点上进行及时总结，使讨论回到模型指标上来。这就要求主持人访谈技巧熟练，既要围绕访谈提纲展开，又不被提纲束缚，擦出思维的火花，从而获取丰富的甚至是意想不到的信息。

第五步，整理访谈记录。通过访谈我们收集了大量的信息，需要从中提炼出与胜任力相关的指标，才能构建胜任力模型。这时，我们就需要对访谈资料进行汇总分析。关于三种访谈法的访谈结果分析，在后面的章节具体介绍。

（三）问卷调研法

问卷调研法：行为事件访谈法和焦点小组访谈法的人数有限，如果需要让更多的人来参与模型构建的数据收集，可以采用问卷调研法，建议采用线上调查问卷的形式，便于后期的数据导出和统计分析，目前在线问卷调查很多人选择“问卷星”（感兴趣的读者可以上网了解）。当然，我们在导入线上问卷调研之前，需要设计一套有效的调查问卷。《ABC 公司管理干部能力模型建设项目调研问卷》供大家参考。

《ABC 公司管理干部能力模型建设项目调研问卷》

一、你的基本信息

第 1 题 你的中文名：［填空题］

第 2 题 所在部门：［填空题］

二、请你选出最符合的选项

第 3 题 你经常处理的日常事务有哪些？[多选题]

选项	小计	比例
解读公司战略目标对自己岗位的要求	11	28.21%
分解/制订/跟进部门重点工作计划	32	82.05%
稽核下属绩效指标的完成情况	24	61.54%
辅导培养下属成长，给予资源支持	33	84.62%
跨部门协调沟通，突破部门壁垒	32	82.05%
向上级索取资源支持重点工作落地	11	28.21%
了解行业前沿信息，学习新知识技能	18	46.15%
用户思维满足内外部客户需求	13	33.33%
其他（请注明）	0	0%
本题有效填写人次	39	

第 4 题 胜任管理岗位，你最大的优势在哪里？[多选题]

选项	小计	比例
专业能力强	22	56.41%
开放自律	18	46.15%
开拓创新	9	23.08%
团队凝聚力	22	56.41%
管理能力强	8	20.51%
工作效率高	22	56.41%
尊重培养下属	29	74.36%
事业心强	10	25.64%
人格魅力	6	15.38%
市场驾驭能力	2	5.13%
对客户和员工诚信	12	30.77%

续表

选项	小计	比例
踏实肯干	23	58.97%
其他（请注明）	0	0%
本题有效填写人次	39	

第 5 题 你是如何促使部门年度业绩指标完成的？[多选题]

选项	小计	比例
强调协作和效率，杜绝推诿扯皮	34	87.18%
完善制度流程，不断持续改进	28	71.79%
完善绩效考核，优胜劣汰	4	10.26%
给下属持续的辅导和激励	26	66.67%
关注下属的所思所想，加强沟通	25	64.10%
身先士卒，率先垂范	18	46.15%
注重培养人才和团队建设	19	48.72%
鼓励创新、尝试，容忍失败	15	38.46%
强调无条件服从和立刻执行	3	7.69%
关注员工的能力提高和职业发展	16	41.03%
其他（请注明）	0	0%
本题有效填写人次	39	

第 6 题 你在管理过程中经常遇到的困难或问题是什么？[多选题]

选项	小计	比例
从专业人才转为管理者，不知道如何扮演好管理者的角色与调整心态	22	56.41%
不知道如何有效地规划时间	13	33.33%
不清楚如何召开高效的会议，会后如何执行与追踪	15	38.46%
工作上遇到问题时不知道如何分析与解决	7	17.95%

续表

选项	小计	比例
如何基于公司战略和部门策略，编制年度重点工作	24	61.54%
不擅长对下属的辅导培养与构建高效团队	10	25.64%
跨部门沟通成本高，部门墙普遍存在	26	66.67%
其他（请注明）	8	20.51%
本题有效填写人次	39	

第 7 题 你的上级通常从哪些方面对你进行绩效考核评价？[多选题]

选项	小计	比例
关注下属的成长与发展	28	71.79%
制度执行公开/公正	11	28.21%
处事遵守诚信原则	10	25.64%
满意度超越客户期望	10	25.64%
遵守质量至上的原则	9	23.08%
在专业技术领先、超越	18	46.15%
注重创新	8	20.51%
给下属多一些激励和鼓励	12	30.77%
重视团队合作精神	20	51.28%
维护团队纪律	10	25.64%
重视利润及业绩增长	4	10.26%
主动积极	15	38.46%
注重环境安全	0	0%
关注降低成本及持续改善	9	23.08%
其他（请注明）	1	2.56%
本题有效填写人次	39	

第 8 题 打造高效团队，你通常面临的问题有哪些？[多选题]

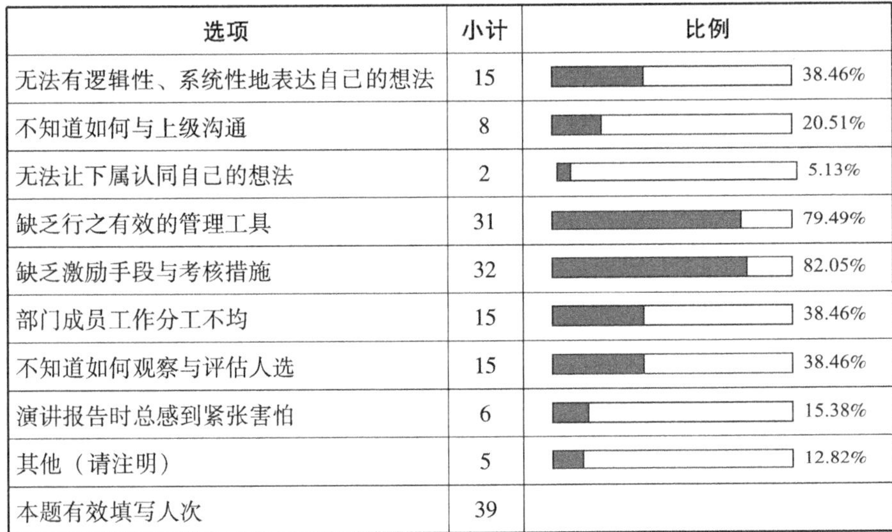

选项	小计	比例
无法有逻辑性、系统性地表达自己的想法	15	38.46%
不知道如何与上级沟通	8	20.51%
无法让下属认同自己的想法	2	5.13%
缺乏行之有效的管理工具	31	79.49%
缺乏激励手段与考核措施	32	82.05%
部门成员工作分工不均	15	38.46%
不知道如何观察与评估人选	15	38.46%
演讲报告时总感到紧张害怕	6	15.38%
其他（请注明）	5	12.82%
本题有效填写人次	39	

第 9 题 在跨部门协作时，你通常会遇到的障碍是什么？［多选题］

选项	小计	比例
业务部门分割严重，协调难度大	17	43.59%
各部门之间职责不清	24	61.54%
没有规章制度做支持	15	38.46%
各部门之间推卸责任、本位主义严重	19	48.72%
业务流程不合理	16	41.03%
员工解决问题主动性不强	15	38.46%
高层领导难以形成统一意见	4	10.26%
缺乏一个统一协调的部门或负责人	16	41.03%
其他（请注明）	4	10.26%
本题有效填写人次	39	

第 10 题 公司战略落地时通常遇到的内部障碍？［多选题］

选项	小计	比例
基层管理能力较弱	15	38.46%

续表

选项	小计	比例
员工素质不高	5	12.82%
资金保障不足	8	20.51%
业务流程不畅	25	64.10%
工作效率低下	11	28.21%
技术水平不高	4	10.26%
质量意识淡薄	5	12.82%
团队协作不好	5	12.82%
市场策略不适应	1	2.56%
对内对外不讲诚信	1	2.56%
领导观念未更新	3	7.69%
服务意识薄弱	8	20.51%
规章制度不健全	11	28.21%
上级授权不足	2	5.13%
项目运作能力不强	9	23.08%
创新能力不足	10	25.64%
执行力度差	7	17.95%
其他（请注明）	2	5.13%
本题有效填写人次	39	

第 11 题 你遇到工作挑战、困难时，你将…… [多选题]

选项	小计	比例
找机会与直接上级交流	35	89.74%
与最亲密的同事私下交流	6	15.38%
积极寻找问题的解决路径	38	97.44%
找熟悉的公司领导交流	8	20.51%
说了也没用，发发牢骚算了	1	2.56%
暂时放一下，时机成熟再推进	10	25.64%

续表

选项	小计	比例
团队头脑风暴找出解决措施	29	74.36%
其他（请注明）	1	2.56%
本题有效填写人次	39	

第 12 题 目前你认为公司管理者对市场变化的应变措施是？［多选题］

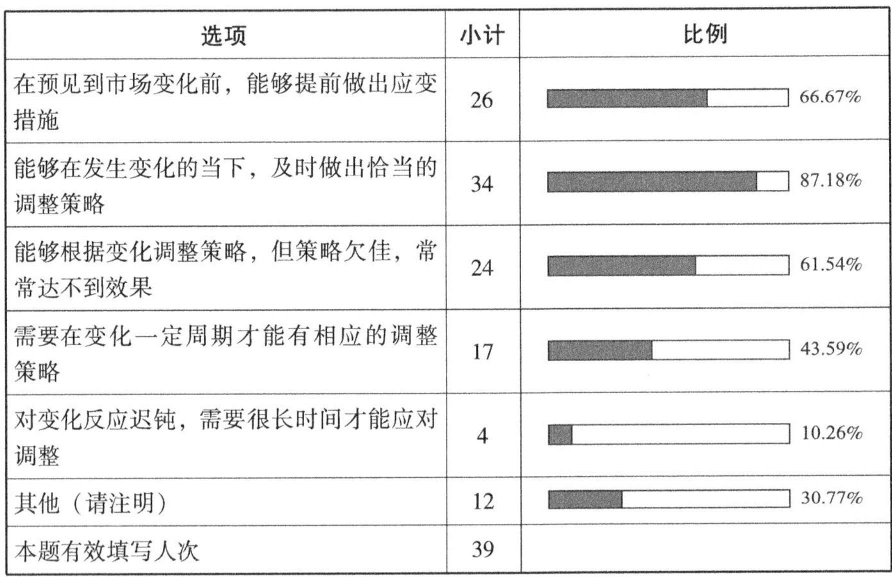

选项	小计	比例
在预见到市场变化前，能够提前做出应变措施	26	66.67%
能够在发生变化的当下，及时做出恰当的调整策略	34	87.18%
能够根据变化调整策略，但策略欠佳，常常达不到效果	24	61.54%
需要在变化一定周期才能有相应的调整策略	17	43.59%
对变化反应迟钝，需要很长时间才能应对调整	4	10.26%
其他（请注明）	12	30.77%
本题有效填写人次	39	

第 13 题 你认为公司管理者最缺乏的精神是？［多选题］

选项	小计	比例
勇于创新	20	51.28%
团结协作	11	28.21%
无私奉献	11	28.21%
合作开放	17	43.59%
诚实守信	3	7.69%
客户至上	3	7.69%

续表

选项	小计	比例
以人为本	22	56.41%
有效沟通	23	58.97%
优胜劣汰	11	28.21%
服务社会	6	15.38%
坚毅皮实	4	10.26%
其他（请注明）	2	5.13%
本题有效填写人次	39	

第 14 题 受人敬佩的管理人员，他通常具备哪些素质？[多选题]

选项	小计	比例
工作能力强	34	87.18%
业绩突出	22	56.41%
与领导关系好	0	0%
受上级赏识	2	5.13%
人缘好	11	28.21%
文化水平高	4	10.26%
资格老	1	2.56%
职务高	2	5.13%
个人魅力大	30	76.92%
责任心强	33	84.62%
学习能力强	25	64.10%
其他（请注明）	1	2.56%
本题有效填写人次	39	

第 15 题 3 ~ 5 年内，你期待在 ABC 公司收获什么？[多选题]

选项	小计	比例
成为高级管理者	17	43.59%

续表

选项	小计	比例
成为技术专家	14	35.90%
成为复合型人才	30	76.92%
获得较高的社会地位	2	5.13%
得到较高的经济收入	23	58.97%
得到他人的尊重	18	46.15%
得到稳定的职业	13	33.33%
其他（请注明）	0	0%
本题有效填写人次	39	

三、以下为开放式问题（请写出你的真实想法）

第 16 题 我在 ABC 公司经常说的“土话”是什么？至少 5 个词。

第 17 题 通常做哪些努力，可以成长为 ABC 公司的一名优秀基层管理人员？

第 18 题 作为 ABC 公司的管理人员，日常工作中你会用哪些行为来践行公司提倡的价值观？（请列出 1 ~3 条）

以上问卷是已经做完并从线上导出的问卷汇总表，主要是是针对 ABC 公司的基层管理者，因为基层管理者人数众多，360 人左右。为了使访谈效率更高及调研到更多人员，我们主要采用了线上问卷调研法。整个问卷分为三部分：第一部分是基本信息；第二部分是管理现状及管理风格，采用了封闭式问题勾选作答；第三部分是关于文化价值观及好的管理行为，采用了开放式问题作答。

三、What：做什么

具体针对基层、中层、高层的三种绩优数据收集方式都有哪些细节呢？我们来详细拆解一下都做了什么。

我们要给基层、中层、高层管理干部做胜任力建模，就得按三个层级分别来访谈。

首先，由于基层管理干部人数众多，360 人左右，我们采用了大部分人员线上调查问卷访谈（39 人）和小部分人员焦点小组访谈（8 人）的方式，挑选了绩效优秀的基层管理干部，占比 10%～15%，共 47 人（注释：我们参考了他们过去一年的绩效成绩，按绩效成绩排序从最好开始挑选人员）。

其次，ABC 公司的中层管理人员有 110 人左右，人数也不少，我们采用了行为事件访谈法和焦点小组访谈法两种方式，访谈了 20 人左右，占比 20%。选择哪些人员呢？

- 所有部门负责人，一般公司是 10～20 个部门，小公司在 5～10 个部门，如果时间有限，建议选择核心部门负责人，即公司关键业务价值链上的部门负责人员。

- 部门负责人以下的核心职能负责人，这些人可以由部门负责人选定。

- 其他核心骨干人才（包含专家技术人员和管理人才），有的公司已经有人才库或人才池设定，可直接提取，没有人才库的公司，可由项目负责人或部门负责人选定。

最后，基于高管层级建模的被访谈人员选择。ABC 公司的高层管理者 30 人左右，我们最终访谈了 9 位，占比 30%。一般公司的高管都不多，建议有条件就全部访谈；实在太多，就从负责核心业务线或是核心职能条线的高管访谈起，也可由内部项目负责人或是项目的 Sponsor 指定。高管一定是一对一访谈的，访谈方式建议采用 BEI 行为事件访谈法。

除了线上调查问卷调研法，行为事件访谈法和焦点小组访谈都需要事先发出访谈邀请函，具体可参考《ABC 公司管理干部能力模型建设项目访谈邀请函》。唯一不同的是，BEI 访谈因为是一对一，时间较短，一般为 1～1.5 小时，而焦点小组访谈因为人数较多，一般需要 1.5～2 小时。

前面介绍了访谈人员选择及访谈方式，最重要的还是访谈内容。在建模中，我们用以上三种方法来寻找并分析影响员工绩效的关键行为，提炼出能产出高绩效的胜任力指标。就像前面讲的，胜任力和绩效密切相关，因为它是可衡量和可分级的，它能被观察出来的就是这些绩效优秀人员展现出来的行为。

总体来讲，访谈内容一定涉及以下几个方面：

①访谈人员的关键工作任务/主要工作职责是哪些？

②过去一年发生了哪些关键成就事件？或是被上级表扬或嘉奖的事件？

③之所以成为绩效优秀的人员，他过去都具体做了什么关键行为？

所以，关键事件和关键行为是访谈中一定要抓取的重要信息。要想获得真实、完整的关键事例，一定要让被访者详尽、完整地描述整个事件及具体的情景与行为。我们以基层管理者的访谈为例，来看具体访谈哪些内容，请看《关于基层 - 访谈问题清单》。

《关于基层 - 访谈问题清单》

绩优基层管理者

1. 本岗位的工作做了多久？觉得得心应手、有点压力，还是压力很大？
2. 你上一季度的 KPI 是什么？
3. 你的时间、精力分配在哪些工作上？各占多少比例？
4. 本岗位让你觉得很有成就感的事件是什么？
5. 工作面临的挑战/困惑是什么？
6. 有带团队吗？带多少人的团队？
7. 觉得团队管理中最难的事情是什么？
8. 觉得团队管理中最有成就感的事情是什么？
9. 你觉得自己是什么风格的领导？团队管理中有什么可以提升的吗？
10. 你在工作中是如何践行文化价值观的？
11. 上级是否会给你指导？会经常和你沟通吗？
12. 你觉得上级对你的工作满意吗？为什么？

中层管理者代表：基层的上级

1. 从公司 1～3 年的战略重点看，对这些基层主管的期待是什么？
2. 你觉得公司的团队文化是怎样的？
3. 你觉得对这些基层主管的整体评价如何？目前这些基层主秘的优势在哪儿？不足在哪儿？
4. 这些基层管理者大部分是从外部招聘进来的还是从内部提升的？
5. 平常你们部门的基层管理者是怎么和跨部门协作的？
6. 你看到什么行为，想提拔一位基层管理者呢？或是哪些行为应该被认可和表扬？

续表

7. 你任务主管的核心任务是什么？做业绩还是带领团队？ 8. 您认为主管表现出哪些行为会被认为不称职？ 9. 你觉得基层管理者哪些行为是不能容忍的？ 10. 在部门中你是如何提升团队士气的？ **高管代表：战略和文化定位** 1. 公司未来1～3年的战略布局、战略重点是什么？ 2. 在这样的战略定位下，我们外部的挑战和机会是什么？ 3. 你觉得竞争对手是如何看待我们公司的？ 4. 在这样的战略定位下，我们内部的优势和短板是什么？ 5. 你是如何融合团队中人员的差异的？外企/民企/国企？老员工/新员工？ 6. 你觉得基层管理者的职业路径/发展机会在哪里？ 7. 你看到的基层管理者的优势/短板在哪里？

四、Tips：要点总结

如何实施访谈，有一些要点值得关注：

●我们做某个层级或是某个专业岗位序列的胜任力建模，一般选择多少人做访谈呢？我的经验是：条件允许的情况下，选择总人数的10%～20%，因为根据二八原则，我们认为绩效优秀人员的占比一般不会超过20%，从绩效排名高的人员开始选取。如果不允许访谈那么多人，可以由熟悉内部情况的项目负责人直接指定访谈人数和人员，外部顾问具体实施访谈。

●以上基层管理者的访谈，为什么还访谈了中层和高管呢？通常来讲，我们要建立基层管理者的能力模型，首先要访谈绩优的基层管理者，其次需要了解他的上级，也就是中层如何看待什么是绩优的基层；访谈高管主要是因为需要对战略和文化把一下脉。如果在前面的资料调研和项目整体访谈中已经访谈过高管关于业务战略和文化定位，这里就不需要再做访谈了。另外，《关于基层－访谈问题清单》也适用建模共创会中的现场访谈。（具体建模工作坊的访谈如何开展，下一步骤将详细说明）

●关于访谈过程，我们一般由一位顾问来做访谈，一位助教帮忙记录，这样顾问就可以全情地倾听和互动了。对于有经验的顾问，通常不会拿着访谈提纲来访谈，访谈过程看似和被访谈者唠家常一样，但所有的访谈结构和内容都清晰地呈现在顾问的脑子里，这样访谈气氛更好，访谈质量更高。关于访谈中录音的问题，建议事先询问一下被访谈者，要征得其同意。

- 最后，就是对访谈结果进行整理分析。我们先看一下具体是怎么做的，如图 5－4 所示。

在专业术语里，我们称为编码分析的过程，即从访谈结果里提取核心事件和关键行为，对应着胜任力词典卡片的胜任力能力项，再将胜任力能力项出现的频率统计、依次顺序，出现频率高的胜任力项就是可能提取的胜任力指标了。

以上访谈结果分析时有一个关键的细节点：访谈行为点出现的频次和频率很重要。什么是频次和频率呢？举个例子：访谈一位员工时，关于“系统思考”这个能力项对应的行为点在他的访谈事件中提及了 5 次，这就是 5 个“频次”。但是我们在计算访谈结果的关键行为编码分析时只计算 1 次，1 次指的就是“频率”（频率是按人数算的）。所以，“频次”指的是这个行为点在访谈中访谈者提及的次数，而“频率”指的是多少人数提到这个行为点。因此，我们指标统计分析时看的是“频率”。

所以，分析访谈结果后，我们就提取了 12 项可能的胜任力指标项（见图 5－4），这是一个很重要的预判，我们将在共创会里去验证。为什么提取 12 项能力项呢？在共创会里有答案。

接下来，就引出了胜任力建模的核心步骤。“胜任力十年磨一剑”的经验告诉我，胜任力建得好、落得了地的关键成功因素就是建模共创会。

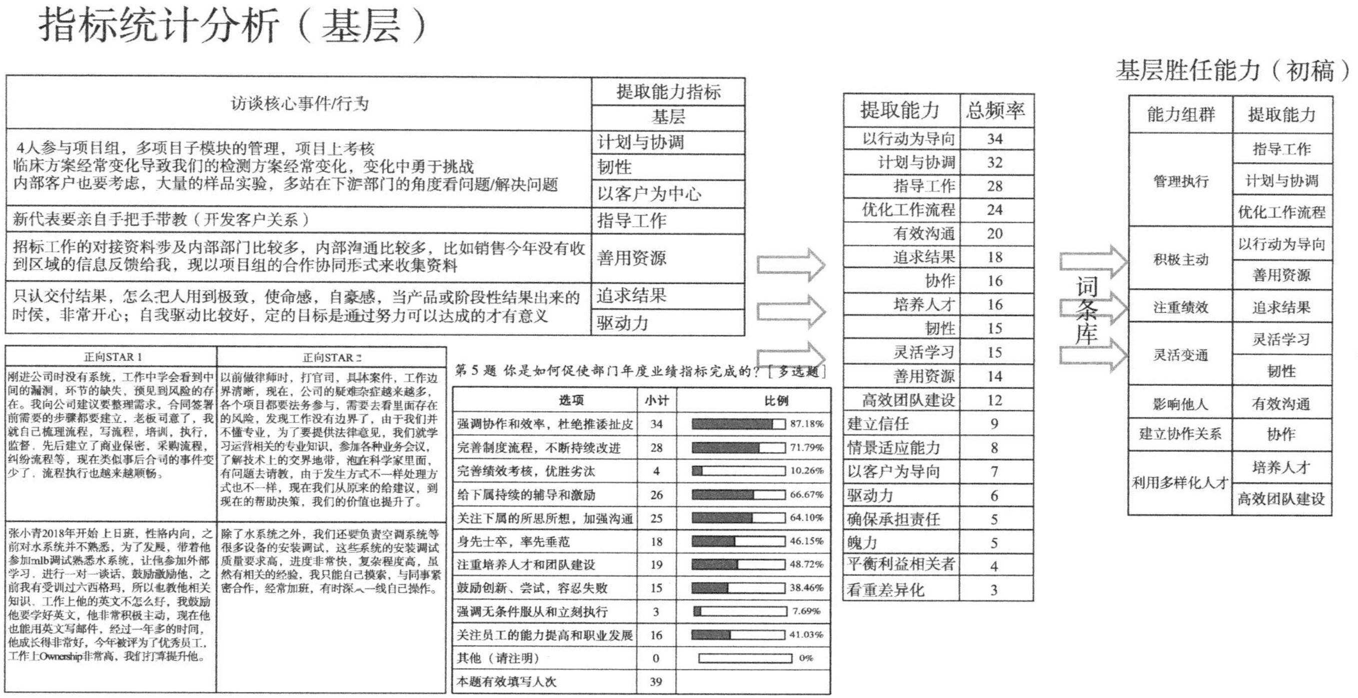

指标统计分析（基层）

访谈核心事件/行为	提取能力指标（基层）
4人参与项目组，多项目子模块的管理，项目上考核 临床方案经常变化导致我们的检测方案经常变化，变化中勇于挑战 内部客户也要考虑，大量的样品实验，多站在下游部门的角度看问题/解决问题	计划与协调 韧性 以客户为中心
新代表要亲自手把手带教（开发客户关系）	指导工作
招标工作的对接资料涉及内部部门比较多，内部沟通比较多，比如销售今年没有收到区域的信息反馈给我，现以项目组的合作协同形式来收集资料	善用资源
只认交付结果，怎么把人用到极致，使命感，自豪感，当产品或阶段性结果出来的时候，非常开心；自我驱动比较好，定的目标是通过努力可以达成的才有意义	追求结果 驱动力

正向STAR 1	正向STAR 2
刚进公司时没有系统，工作中学会看到中间的漏洞，环节的缺失，预见到风险的存在。我向公司建议要整理需求，合同签署前需要的步骤都要建立，老板同意了，我就自己梳理流程，写流程，培训，执行，监督，先后建立了商业保密，采购流程，纠纷流程等，现在类似事后合同的事件变少了，流程执行也越来越顺畅。	以前做律师时，打官司，具体案件，工作边界清晰，现在，公司的疑难杂症越来越多，各个项目都要法务参与，需要去看里面存在的风险，发现工作没有边界了，由于我们并不懂专业，为了要提供法律意见，我们就学习运营相关的专业知识，参加各种业务会议，了解技术上的交界地带，泡在科学家里面，有问题去请教，由于发生方式不一样处理方式也不一样，现在我们从原来的给建议，到现在的帮助决策，我们的价值也提升了。
张小青2018年开始上日班，性格内向，之前对水系统并不熟悉，为了发展，带着他参加mlb调试熟悉水系统，让他参加外部学习，进行一对一谈话，鼓励激励他，之前我有受训过六西格玛，所以也教他相关知识，工作上他的英文不怎么好，我鼓励他要学好英文，他非常积极主动，现在他也能用英文写邮件，经过一年多的时间，他成长得非常好，今年被评为了优秀员工，工作上Ownership非常高，我们打算提升他。	除了水系统之外，我们还要负责空调系统等很多设备的安装调试，这些系统的安装调试质量要求高，进度非常快，复杂程度高，虽然有相关的经验，我只能自己摸索，与同事紧密合作，经常加班，有时深入一线自己操作。

第5题　你是如何促使部门年度业绩指标完成的？［多选题］

选项	小计	比例
强调协作和效率，杜绝推诿扯皮	34	87.18%
完善制度流程，不断持续改进	28	71.79%
完善绩效考核，优胜劣汰	4	10.26%
给下属持续的辅导和激励	26	66.67%
关注下属的所思所想，加强沟通	25	64.10%
身先士卒，率先垂范	18	46.15%
注重培养人才和团队建设	19	48.72%
鼓励创新、尝试，容忍失败	15	38.46%
强调无条件服从和立刻执行	3	7.69%
关注员工的能力提高和职业发展	16	41.03%
其他（请注明）	0	0%
本题有效填写人次	39	

提取能力	总频率
以行动为导向	34
计划与协调	32
指导工作	28
优化工作流程	24
有效沟通	20
追求结果	18
协作	16
培养人才	16
韧性	15
灵活学习	15
善用资源	14
高效团队建设	12
建立信任	9
情景适应能力	8
以客户为导向	7
驱动力	6
确保承担责任	5
魄力	5
平衡利益相关者	4
看重差异化	3

词条库

基层胜任能力（初稿）

能力组群	提取能力
管理执行	指导工作
	计划与协调
	优化工作流程
积极主动	以行动为导向
	善用资源
注重绩效	追求结果
灵活变通	灵活学习
	韧性
影响他人	有效沟通
建立协作关系	协作
利用多样化人才	培养人才
	高效团队建设

图5-4　基层管理者访谈结果分析示例

第四节 完整版建模第三步：建模共创会

我们用召开建模共创会的方式确定模型初稿。大家思考一下：如果最多给你两天时间，如何召开一个建模共创会（即建模工作坊）？接下来，我们来一一拆解。

一、Why：为什么

建模共创会之所以重要，关键在于“共创”。这就是一些公司胜任力模型不能有效落地的一个重要原因，这个模型不是“共创”出来的。共创会的关键作用在前面的篇章已经介绍过，这里不再赘述。正所谓参与了才能认可，认可了才会改变。用“行动学习理论”里的一句话来说明就是：“个体态度的改变依赖于他参与群体活动的方式。”通俗来讲，就是“我参与，我买单（buy in）”。

所以，这两天的建模共创会希望产出什么结果？达成什么目标呢？如果以这个案例来说，对于基层管理干部的建模共创会，我们希望产出的结果是：通过共创，建立一个基层管理干部的胜任力素质模型，达成的目标是：一是共创会圆满完成，在场的参与人员都全情投入，高度认同；二是产出的胜任力模型实用有效，未来可以成为基层管理干部选育用留的人才标准。

二、How：怎么做

基于这个目标和产出结果，我们开始设计两天的共创会流程，见图5 -5《基层管理干部能力建模共创会流程》。

我们看一下两天的共创会产出成果：一是共创出基层管理干部的胜任力能力项，如共创出5项能力项，这是第一天的成果，共完成第一单元到第三单元的所有流程；二是共创出基层5项胜任力能力项的行为描述和行为等级，这是第二天的成果，要完成第四到第五单元的流程。

实际上，完成第一单元到第四单元的流程就可以取得预期的模型初稿

基层管理干部能力模型建模共创会（2天）

第一单元	第二单元	第三单元	第四单元	第五单元
建模共创会的作用 D1上午 1、本次共创会的背景和目的 2、关于胜任力的简单介绍 3、本次共创会对参与者的好处 ◇ 基层能力提升对自身绩效可以起到什么帮助？ ◇ 基层能力提升对其带团队可以起到什么帮助？	基层角色定位探寻 D1上午 1、能力卡片的说明和使用 ◇ 能力卡片的使用说明 ◇ 基层能力个人自测 ◇ 将基层的最强、最弱能力结果体现在能力库、计分表上 2、现场访谈 ◇ 基层标杆访谈—绩优基层管理干部（2人）的成就事件和关键行为； ◇ 上级视角—中层代表（2人）上级如何看待什么是绩优的基层； ◇ 战略和文化视角——高层代表（1~2人）解读战略和文化对基层的要求 3、基层的角色定位与关键工作任务探寻 ◇ 基层的角色定位与关键工作任务小组讨论 ◇ 取5~6项关键工作任务讨论后合并同类项 ◇ 确定基层角色定位与5项关键工作任务	基层能力项的输出 D1下午 1、基层管理干部能力项1.0输出 ◇ 基层能力项1.0群测及排卡 ◇ 汇总基层能力1.0版本及现场校验 2、基层能力项2.0输出 ◇ 引入访谈结果分析，说明结果 ◇ 二次排卡，结合访谈结果，两人一组进行讨论 ◇ 汇总第二版模型，将结果体现在计分表上 ◇ 汇总基层能力2.0版本及现场校验	能力项的行为描述及行为等级 D2上午 1、对第一天结果的回顾 2、“土话集市”活动 3、世界咖啡轮转规则简介 4、能力项对应行为描述的输出 ◇ 每组分一个胜任力，书写定义、正向行为、负向行为 ◇ 世界咖啡的形式校验每组的行为描述 ◇ 胜任力行为描述输出，组长发言，一致通过后定稿 5、能力项对应行为等级的输出 ◇ 小组讨论并输出能力项对应的行为标准（通常能力分为3级，每级3~4项关键行为） ◇ 世界咖啡的形式校验每组的行为等级 ◇ 胜任力行为等级输出，组长发言，其他组拍砖，达成一致后定稿	基层能力模型的输出与IDP D2下午 1、IDP ◇ 比照能力项中的弱势能力 ◇ 如何寻求上级帮助去发展 ◇ 现场访谈中层管理干部（2位），分享他们如何提升自己的能力Gap项 2、总结，输出基层管理干部能力模型完整初稿，现场讨论一致（行为描述结果现场整理成电子档呈交）

图 5－5　《基层管理干部能力建模共创会流程》

的成果了。但我通常会用一些时间来完成第五单元的内容，即制定基层管理者的 IDP。原因有两个：

首先，制定 IDP 对后续胜任力模型应用人才发展有帮助。

其次，在第二单元中，我们让基层管理者用卡片做了自测，一方面他们熟悉了卡片的使用；另一方面他们也了解了自己最强最弱的能力项有哪些。所以，第四单元产出基层管理者的岗位能力项要求后，对标这些岗位要求，基层管理者也一定知道自己的能力短板在哪儿。第五单元再帮他们制定 IDP，流程上首尾呼应，效果上参与者的收获更大。

在建模中，我们用到的主要工具就是胜任力卡片了，上篇明道篇已有详细介绍。我们的建模共创会专业名称叫作“卡片建模工作坊”，其实就是用胜任力卡片这个工具选出基层管理干部的能力项，以及依托能力卡片中的行为点去写出行为描述和行为等级。本案例中，我们用到的是 38 项能力卡片的工具，这比上篇明道篇中提到的 67 项能力卡片简便实用，如图 5－6 所示。

值得一提的是，虽然胜任力卡片是共创会的主要工具，但卡片只是我们选能力项和写行为描述的一个依托而已。我们在实操中发现，企业里建模选出的能力项名称有时和卡片上的能力项名称不一样，会根据企业的内部语言（有的公司称为“土话”）去变化。如能力项名称“确保承担责任”，ABC 公司将其改成自己的“土话”——“敢担当”。ABC 公司在写

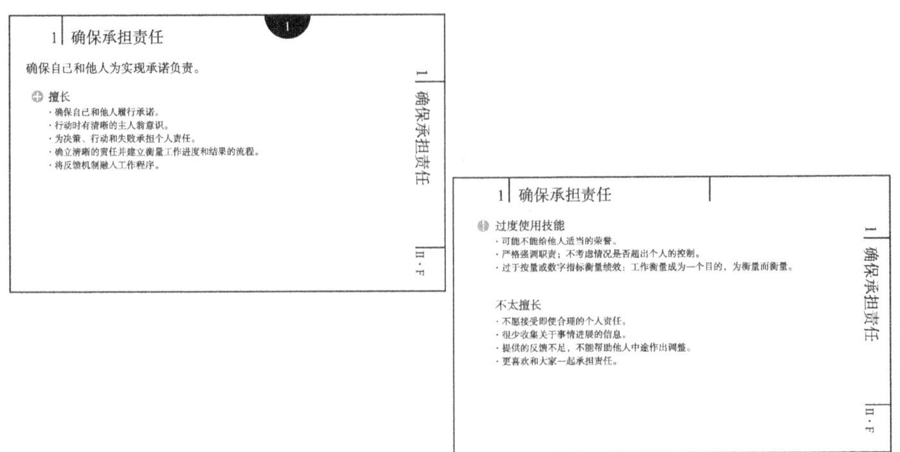

图 5－6　胜任力卡片示例

“敢担当”的行为描述和行为等级（如擅长行为）时也根据企业的特点做了很多改动。

总的来说，卡片只是工具，只是参考，我们要根据企业的实际情况灵活运用，加以变化，才能不囿于工具。关于卡片获取的渠道，上篇明道篇已有介绍。除了胜任力卡片还有一些辅助工具，比如能力卡库图、能力计分表等。

要召开建模共创会，邀请谁来参加呢？如果以一个工作坊的容量 30 人来算，因为这是基层场的共创会，我们建议基层管理者代表占 2/3 左右，也就是 20 人左右，基层的上级中层代表占到 1/3 左右，也就是 10 人左右，其他名额就给项目负责人和一两位高管代表等。参与人员建议不少于 15 人，少于 15 人建模样本不够，不利于共创出满意的成果。值得一提的是，要把参与的中层和高管打散到每一组，不要放到同一组；中层作为上级代表需要参与到组内；高管不一定，可旁听或作为观察员；项目负责人和 HR 人员建议旁听，作为观察员。

三、What：做什么

具体每个单元的每一步骤做什么呢？附上两天共创会的 Running Sheet（共创会详细流程清单），这可是我们咨询顾问的看家本领。请见表 5－3《基层场胜任力共创会流程清单》。

表 5－3　《基层场胜任力共创会流程清单》

ABC 公司基层管理干部能力模型建设共创会（DAY1）			
时间	内容玥细	所需资料工具	备注
9：00－10：00	1. 开场活动——基层管理者速画像 2. 这次工作坊的目的/背景、胜任力模型介绍及应用 3. 胜任力这个工具对我的绩效有什么帮助 4. 胜任力这个工具对我带团队有什么帮助	培训 PPT	开场活动引入胜任力内容
10：00－10：10	38 项能力卡片的使用说明，进行自测排卡	卡片工具 1 套	说明卡片使用规则，便于学员自测排卡
10：10－10：30	将自己的最强、最弱能力结果体现在能力卡库图、38 项能力记分表上	能力卡库图 1 张、38 项能力记分表 1 张、红绿荧光笔各 1 支	1.（基层管理者）个人最强、最弱能力评价，强制分布（12/14/12）、用 ABC 分隔卡；记在 38 项能力记分单（个人）栏上，最强的记 3 分，最弱的记 1 分 2.（上级）对自己下属的基层管理者做整体最强、最弱能力评价，强制分布（12/14/12），用 ABC 分隔卡；记在 38 项能力记分单（个人）上，最强的记 3 分，最弱的记 1 分
10：30－10：45	茶歇		
10：45－12：00	1. 标杆人物访谈－现场基层管理者绩优学员（2 名） 2. 关键人物访谈－现场基层管理者上级代表（2 名） 3. 高层管理人员访谈（1～2 名）	问题清单（大白纸、白板）	引导学员找出基层管理者之所以绩优背后的关键成就事件和关键行为

续表

时间	内容明细	所需资料工具	备注
13：00－14：00	关键工作领域与关键工作任务小组讨论 1. 小组讨论：结合上午的访谈记录，优秀基层主管的关键工作领域有哪些？（每组写出5个）15分钟 2. 每组分享，合并同类项，确定关键工作领域，15分钟 3. 做到以上，基层主管的角色像什么？画出来/比喻出来，15分钟 4. 分享并表演，投票选出来，10分钟 5. 大家共同表演，将角色形象贴出来，5分钟	（墙上）大张能力卡库图1张、红绿贴点1份、38项能力记分单1张、大白纸（白板）	所有人来贴点，将选出来的12项胜任力记在38项能力记分单上（岗位）栏上，最重要的记分为3分，最不重要记为1分
15：00－15：15	茶歇		
15：15－15：30	引入基层访谈结果分析，展示我们在绩优基层管理者访谈中识别出的绩优行为和上级期望，以及可能提取的胜任力	访谈结果PPT	
15：30－15：45	胜任力2.0版本排卡，结合访谈结果分析，小组进行讨论，选出3项岗位最重要的胜任力	卡片工具1套	在12项能力卡里选出3项
15：45－16：45	1. 小组讨论确定基层管理者岗位胜任力2.0版本 2. 小组代表发言，说明选择的3项能力及原因，每组15分钟	（墙上）大能力卡库图1张、38项能力记分单1张，大白纸（白板）	确认基层管理者岗位3项胜任力

续表

时间	内容明细	所需资料工具	备注
	3. 评委组拍板，现场讨论是否有增减项 4. 最后，基层管理者岗位胜任力 2.0 版本讨论一致，定稿		
16：45－17：00	胜任力模型（3 个备选模板）现场展示，大家讨论一致	培训 PPT、大白纸（白板）	确认胜任力模型构图式样

ABC 公司基层管理干部能力模型建设共创会（DAY2）			
时间	内容明细	所需资料工具	备注
9：00－9：15	总结第一天选出的能力项，回顾第一天的成果	培训 PPT	
9：15－10：30	一、“土话摆摊”活动规则 1. 报数 1～4，报到 1、2、3、4 的人各自组成一组 2. 每组逛土话地摊开始进货，选择一组能力因素的土话回去加工 3. 每组半成品经过精加工变成精品，摆出地摊 4. 每组地摊集市中，留下练摊、吆喝自己的精品，其他组员用自己的 10 票投入 TOP 最有味道的“ABC 公司土话” 5. 让每组说最优的土话为什么好，总结原则	大白纸（白板），多色 post 贴，（墙上）土话库大白纸	引导大家贡献 ABC 公司土话，以及如何结合土话进行行为描述的书写；改能力项的名称使得有 ABC 公司味道

续表

时间	内容明细	所需资料工具	备注
	二、总结土话原则 1. 给出一张 PPTdemo，华为、阿里巴巴能力项的书写 2. 让大家把能力项的名称改成有 ABC 公司味道的能力项名称		
10：30－10：45	茶歇		
10：45－11：00	世界咖啡轮转规则简介	培训 PPT	明确组长和组员在世界咖啡轮转中的职责
11：00－12：00	1. 介绍行为描述书写规则（需加入土话和价值观） 2. 每组分一个胜任力要素做行为描述讨论，书写这个胜任力要素的定义、正向行为（达标是什么样的行为）和反向行为（结合价值观写，主要写反对什么）（本组讨论 20 分钟）	培训 PPT、大白纸（白板）、（墙上）价值观大图	1. 组长负责整合讨论后的行为描述定稿 2. 先小组写出一个胜任力要素的行为描述，其他组世界咖啡轮转做校验和修正 3. 说明书写行为描述规则，提醒需加入土话和价值观行为
13：00－15：30	1. 世界咖啡轮转，其他四组去校验和修正本组的胜任力行为描述，每次轮转 10 分钟胜任力行为描述输出 2. 组长总结发言，每组 15 分钟，一致讨论通过后定稿	培训 PPT、大白纸（白板）	
15：30－15：45	茶歇		

续表

时间	内容明细	所需资料工具	备注
15：45－16：30	1. 介绍行为描述等级书写规则，demo3 项能力的示范案例（能力卡片中不擅长、擅长和优秀），说明每个正向行为分为三个行为等级，未达标、达标、超越期望 2. 每组针对之前的正向行为（达标）解读，书写这个胜任力的另外两级行为解读（未达标和优秀），本组 20 分钟 3. 三人小组逛街去校验两组能力，帮忙校验和修正本组的胜任力行为分级，共 30 分钟	培训 PPT、大白纸（白板）	给学员 demo 示范案例
16：30－17：30	1. 胜任力行为等级输出，组长总结发言，其他组拍砖，达成一致后定稿，每组 10 分钟 2. 总结出胜任力模型定稿雏形，现场讨论一致（行为描述现场组员整理）	培训 PPT、大白纸（白板）	给学员行为描述书写的电子模板
17：30－17：50	1. 对比自评结果的最强、最弱和 3 项能力，标出这些能力项中自己－2 分值的胜任力要素 2. 让大家把自己的最强、最弱能力贴到墙上的能力卡库图，引导讨论基层管理者的现状和岗位要求有哪些差异 3. 讲解个人发展计划表	38 项能力记分单，（墙上）能力卡库图、个人发展计划表 IDP 1 张	个人发展计划表（IDP）给大家一些发展的方法介绍
17：50－18：00	1. 大家围成一圈，说出自己 3 个月内会做的一件提升自己的事情 2. 团队庆祝	培训 PPT	

我们先来看第一天的流程，从第一单元开始说起：

（一）第一单元：共创会的背景和作用

（1）开场小活动——基层管理人员速画像

这个小活动在一开场实现两个目标：一是破冰暖场；二是让参与者对基层角色的现状有一个整体认知，活动中我们让每组画出基层管理者的速画像，提取三个关键词。每次做这个活动，现场都是欢声笑语一片，互动效果奇佳，达到了破冰暖场的作用。另外，我们让参与者一开场写出的基层关键词，就是公司对他们的要求或是目前他们的困惑/挑战。所以，这个开场看似是一个小活动，其实和主题密切相关，因为这个关键词对他们后面产出能力项有密切关系，现场我们会让助教把他们的关键词记录在墙上的大白纸上，以便后面回顾。

（2）这次工作坊的目的/背景，胜任力模型介绍及应用

这部分比较简单，简单介绍一下胜任力模型及实际应用即可，工作坊的目的/背景也可由企业内部的项目负责人来介绍，时间控制在半个小时。

（3）胜任力这个工具对我的绩效/团队的绩效有什么帮助

这部分要重点讲清楚，参与者参加这次共创会的好处？这也是成人学习的一个特点，讲究“What's in it for me”（注释：WIIFM，这对我有什么好处？引导技术的一种），一定要让学员一开始就了解参加培训的好处，他才会全情投入，时间以 15 分钟为宜。

（二）第二单元：基层角色定位探寻

这一单元很关键，有四个小步骤：

（1）个人能力自测

用卡片让每个人自测一下自己最强、最弱的能力到底有哪些，这一步骤有两个作用：一是熟悉一下能力卡片，因为大部分的业务管理者很少见过或是使用过能力卡片；二是让每个人测一下自己的能力强项和弱项，可以为以后给这些绩优员工制订发展计划奠定基础。

（2）现场做访谈

现场的访谈主要包含三个部分：

①基层标杆代表访谈：主要访谈内容也是收集他之所以成为绩优员工

的关键事件和关键行为。

②上级代表访谈（即现场参与的中层代表）：主要访谈内容是作为基层的上级，中层是如何看待什么是绩效优秀的基层，他们看到什么样的行为会提拔一位基层。

③战略和文化访谈：这部分内容可以在项目调研阶段的项目整体访谈一起做，也可以单独访谈，有时我们也可以请战略部和负责企业文化的人员帮忙分享公司1～3年的战略及公司文化价值观的精髓，让基层了解公司战略和文化对他们的要求，因为我们做的胜任力建模都是与未来公司1～3年的战略和文化价值观紧密结合的。

现场访谈的具体问题，可参考前面的《关于基层－访谈问题清单》。

这时，细心的读者会问："不是前面已经进行过访谈了吗？为什么现场还要做访谈呢？"简单来讲，共创会前的访谈是为了顾问，这里的访谈是为了参与者。怎么解释呢？共创会前的实施访谈是为了建模去采集绩优数据，访谈后顾问已经可以就能力模型的产出有一些预判了；而这里的现场访谈是为了给我们现场的参与者，在共创基层胜任力模型之前一些必要的输入，否则没有这些必要输入的话，现场的参与者要选出能力项和书写行为标准时大家是千人千面，没有同一幅画面的；这样他们在后面的共创中就可以输出基层的标杆、符合上级的期待及真正匹配公司战略和文化要求的基层胜任力模型了。

这部分现场访谈用时1～2小时，有时为了使共创会更有趣，我们通常会做一些活动设计，不是由顾问来访谈，而是由现场的学员来访谈，尽可能让更多的人参与做访谈，会用音乐传球（或是击鼓传花）的形式，随机放音乐，传到的参与人员必须问一个问题。当然，我们会把访谈问题清单写在白板上供提问者参考，以防访谈跑偏；顾问在现场还会引导参与者做有效提问。

（3）基层角色定位与关键工作任务确立

我认为这一环节是胜任力建模是否成败的关键一步，具体做法如下：

①结合访谈的结果及实际基层的工作情况，请每组讨论基层的角色定位，并写出至少5个基层的关键工作任务。

②每组代表分享，基层管理者的角色定位与关键工作任务是什么？

③顾问现场组织讨论，将每组的关键工作任务合并同类项，只留下不

同类别的工作任务。

④现场达成一致，只留 5 项；最终确立基层管理者的角色定位与 5 项关键工作任务。

具体来说，基层的关键工作任务是什么呢？我们看一下现场共创出来的基层关键工作任务示例，如图 5 –7 所示。

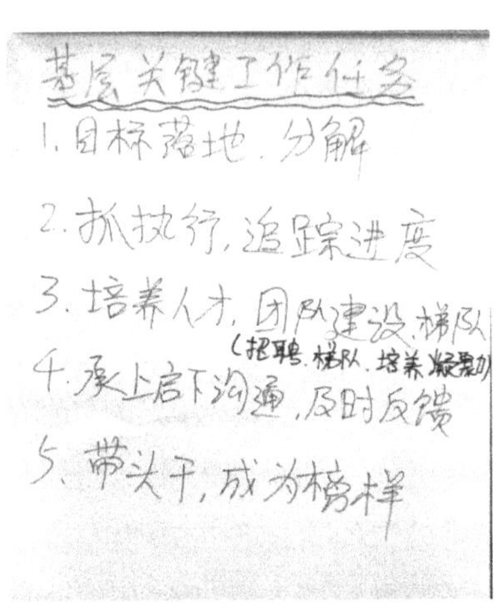

图 5 –7　基层管理者的关键工作任务

可以看出，关键工作任务其实就是每位基层管理者，不管他来自销售、财务、研发还是人事等部门，作为基层管理者都需要完成的主要绩效指标及日常管理工作。有的读者又会问了：“为什么是 5 项呢？”这其实和绩效管理时制定 KPI 一样，不宜太多，5 项比较常见，4 ~6 项也可以接受，太多就不好了，关键指标太多，就变成每项都不关键了。

引导过程中应用了行动学习的促动技术之一：团队共创法。（注释：团队共创法，是一种在短时间内围绕某一主题，促动集团贡献创意策略，并达成共识的研讨方法。当达成共识时没有人觉得他们不得不“放弃什么”来使团队前进或做出决定，所有的参与者都感到他们的观点、看法、视角，以及智慧受到了重视，而达成的共识又包括他们的贡献。）

最后，为了让参与者有代入感及让共创会寓教于乐，我们会让每组将他们的角色定位用一个标志性的动作或是画图展示出来（可参考《基层胜任力共创会流程》）让他们全组通过图或是肢体表现出来，通常现场的效果很好。

所以，从以上流程可以看出，顾问在设计工作坊流程时，既要保证整个流程能够顺利产出预期的结果，又要兼顾现场的活动效果，设计很多好玩和有趣的活动让参与人员投入和互动起来，这样才能寓教于乐。用培训人的行话叫“有干有湿”，“逻辑线”和“情感线”两条线都要并行考虑。

（三）第三单元：基层能力项的输出

前面铺垫了那么多，终于要找出基层的胜任力能力项了。

1. 基层能力项1.0的输出

这时，我会让参与者拿出胜任力卡片（现场给每位参与者发放一套胜任力卡片），让他们从38项卡片中选出12项基层最重要的胜任力指标；选出12项“最重要”、14项“一般重要”、12项“不太重要”。注意，这里一定要强制分布，只能选出12项“最重要”，这源于认证要求和实操的经验，也是基于38项卡片的设置。这里的辅助工具会用到三张“分隔卡”，请见图5－8分隔卡示例。

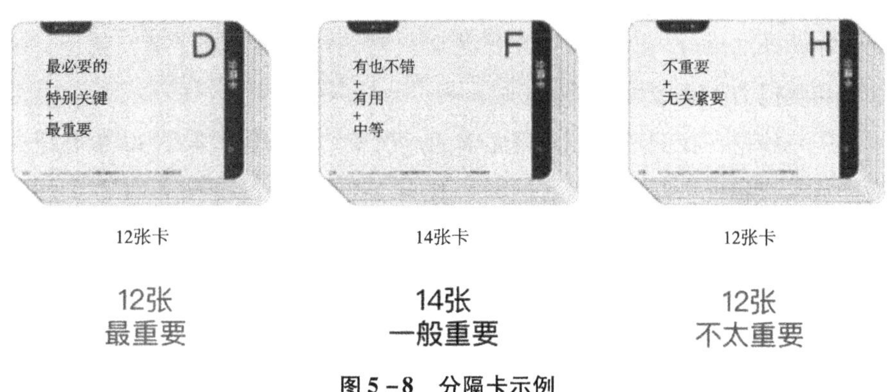

图5－8 分隔卡示例

大家各自选出12项“最重要”能力项后，我们现场会粘贴一张大表，叫《38项能力计分单》，让大家在现场贴红绿点，绿点贴在12项“最重要”能力项后；红点贴在12项“不太重要”的能力项后。现场统计绿点后，就可以得出大家投票的12项“最重要”能力项的结果了。

这时，顾问会有一步很重要的操作，将大家投票产生的12项胜任力能力项拿出来，在全场做一致性讨论，直到所有参与人员对12项能力项没有异议为止。通常，我们现场会引导大家讨论，让大家说说为什么选这12项，为什么不选其他项，或是选的这些能力项和关键工作任务是否匹配等。这部分的引导操作，对顾问来说是最有挑战的，也最考验顾问的功力。

我的经验是：现场经常会有参与者问：“为什么选这个能力，不选那个能力？我认为这个能力很重要啊。只有 12 项能力太少了，应该再加一些。”这时，我应对的法宝就是确立基层的角色定位与关键工作任务，引导大家再来对标基层的关键工作任务，看看这些能力是不是最重要的。所以，12 项能力项选出来以后，我们的 1.0 版本就出来了。

2. 引入访谈结果分析报告

胜任力 1.0 版本 12 项出来后，我们会引入之前的访谈结果分析（基层管理者访谈结果分析示例），让大家看一下通过绩优数据采集分析得出的关于绩优人员的关键行为事件提取的胜任力能力项有哪些？是否和前面 1.0 版本的 12 项不同？

这里回答一下在第三节绩优数据采集分析步骤里埋下的伏笔：访谈结果的预判提取了可能的 12 项胜任力指标。为什么是 12 项指标呢？就是以上卡片强制分布时，我们选出了 12 项最重要的胜任力指标。大家现在明白我们在访谈结果分析时，为什么要提取 12 项可能的能力项了吧？就是要在这里和胜任力 1.0 版本做对标。

庆幸的是，我们通常会发现之前通过访谈结果分析提取的 12 项胜任力指标基本都和现场产出的 1.0 版本的 12 项高度重合，这就证明了我们通过访谈结果编码分析预判的胜任力指标还是很精准的。我们经常说：“我们不生产行为事件，我们只是行为事件的搬运工，访谈记录的都是客观的行为事件和数据，所以将这些行为事件通过编码提取出的胜任力指标才会和现场产出的高度重合。”

这个步骤的目的是为了产出之后的胜任力 2.0 版本，给学员一些输入，这样他在产出 2.0 版本的时候就更加精准了。这里，我们通常会留一点时间让大家思考是否这个结果和他的想法有出入的地方，如果有，我们会引导讨论直至解决大家的困惑和达成一致。

3. 胜任力 2.0 版本的输出

胜任力 2.0 版本指的是从 12 项能力项中最终选出 3 项能力项（注释：这里要选出 3 项，是因为提前和项目负责人沟通确认过；如果前期确认是输出 5 项或 6 项，这里 2.0 版本就选出 5 项或 6 项）。具体做法是每组讨论后决定3项能力项，之后用投票贴点的方式现场直接产出3项能力项。这个步骤虽然现场投票贴点容易，但是顾问现场要引导讨论直至所有人意见一致是很不容易的，这考验的是顾问的专业能力、引导能力及现场解决问题的能力。

值得一提的是，有经验的顾问会在共创会前询问项目负责人或sponsor，最后建模希望产出的胜任力指标项有几项。在实际咨询中，我们会发现通常7±2项（即5~9项）是比较合适的，这在上篇明道篇中已经介绍过了，这里不再赘述。但本案例的ABC公司因为希望聚焦或迭代的要求，坚持认为指标项3项就够了。所以胜任力指标多少项合适没有具体的标准，要看企业的实际情况，但5~9项的数据是可以供大家参考的。因为从认知角度上讲，人的记忆广度也是5~9个。

4. 准备模型构图

我们第一天的成果一定会现场产出若干项能力项，假设是7项，它们也是零散的7项，最好用一个结构化的胜任力模型构图呈现出来，这样有利于后续的传播和应用。所以，我的经验是，提前准备3~5个常用的模型构图，等第一天现场产出若干项能力项后就套入准备好的模型构图中，让现场的参与者选出一个他们最满意的模型构图样式。当然，也可以在模型定稿阶段，在模型校准会的时候讨论和确定模型的构图。关于模型结构，在上篇明道篇已经介绍过，不再赘述。

至此，我们第一天的成果，基层能力项的输出就圆满完成了。

（四）第四单元：产出能力行为描述与行为等级

在第四单元产出之前，我们在共创会流程里加了一个环节，“土话摆摊”的活动，如表5-3《基层场胜任力共创会流程清单》所示。原因在于ABC公司希望建出的模型符合自己的语言习惯，他们称之为“土话”。所以，我们专门设计了“土话摆摊”的活动，通过活动的形式让参与者贡献出土话集，用于产出之后的行为描述与行为等级。这一环节在建模流程中不是必需的，仅供参考。

接下来，就要产出能力行为描述与行为等级了。这个步骤很关键也很难，胜任力模型是否可落地可应用，就看这一步了。因为我们在后续评价基层管理者的行为是否绩优就会应用到这个能力项的行为描述和行为等级了。这个单元需要产出以下成果：

- 3 个能力项的定义。
- 每个能力项的正向行为：包含不达标行为、达标行为和超越期望行为（有的公司称为待发展行为、胜任行为、卓越行为，名称视具体情况而定）。
- 负向行为：这部分不一定有，根据公司情况来定，有需要产出能力项的负向行为的公司通常关注企业文化价值观，经常会把价值观里反对的行为加到负向行为中。在咨询过程中，要求产出负向行为结果的客户比较少。

接下来，我们来看一下怎么操作：

首先，让参与者写行为描述之前，会给大家参考一些市面上几家公司（如果是同行业的公司更好）写得比较好的行为描述的示例，然后总结出行为描述的书写原则。

其次，每组开始分一个胜任力能力项去写。注意：这个时候如果有 5 项，就按 5 组分，每组各领一项；如果有 7 项但是只有 5 组，可以用重新分组的方式，分 7 组去领 7 个胜任力能力项。当然，在工作坊开始前，有经验的顾问会提前沟通好客户希望有几项能力项产出，提前按这个分组。如果客户希望 5 个能力项就分为 5 组，如果 6 项就分为 6 组。

这个环节我会用到一个引导的技术，叫“世界咖啡”，来帮忙校准每组写的能力项的行为描述。“世界咖啡”这个引导技术应用很广泛，在工作坊中是一项非常好用的引导工具。（注释：“世界咖啡”起源于 20 世纪 90 年代，美国 CL 管理咨询公司的朱尼塔・布朗博士和她的合作者大卫・伊萨克斯创造的一种新的会议形式。）在咖啡屋内提出讨论主题、串桌谈话、写写画画、分享经验，这种形式打破僵化的会议形式和沉闷的组织氛围，为参与者注入全新的活力，成为激发组织创新能力的极佳工具。“世界咖啡”是一种创造集体智慧的汇谈方法，让背景各异、观念不一，甚至素不相识的人围坐在一起，进行心无障碍的轻松交流和畅谈，让深藏的思想碰撞出火花，形成集体的智慧。

应用“世界咖啡”七原则：

- 设定情景。
- 营造友好的空间。

- 探索真正重要的问题。
- 鼓励每个人的积极参与和贡献。
- 交流并连接不同的观点。
- 共同倾听其中的模式、见解和深刻的问题。
- 收获于分享集体的智慧。

关于“世界咖啡”这一促动技术，感兴趣的读者可以在网上搜索更多相关信息。

共创会中，我们的具体操作是：

- 介绍世界咖啡及规则，以及在世界咖啡轮转中，组长和组员的任务。
- 在一开始本组写能力项时，给的时间比较多，一般是20～30分钟。
- 之后开始世界咖啡轮转，组长留下，组员到其他组轮转，有几组就轮N－1次，如果总共5组，就轮转4次，每次轮转10～15分钟，具体时间可按现场大家的产出做调整。这样，如果5项能力项，每组写出的能力项的行为描述就被校准了4次。
- 回到本组，组长带领组员将4次收集到的集体智慧做一个整理，通常再给10分钟做修改和整理。
- 最后，由各组代表发言，阐述每组的胜任力能力项对应的行为描述，在此过程中如果其他组有好的建议，我们也会建议补充进去。每组发言之后，基本3项能力项的定义及行为描述就可以定稿了。

有了能力项的定义与行为描述后，比较难产出的是行为等级的书写。值得一提的是，我们通常有三个层级的行为等级：不达标行为、达标行为和超越期望行为，我们通常在前面写“正向行为”描述时就将这个行为描述定义为“达标行为”了。（注释：有的公司先写了正向行为的定义和描述后再写三个行为等级，这样也是可以的，只是我们认为，在实际的应用中，正向行为描述与达标行为是一致的，所以建议直接写达标行为。）

如果正向行为描述和达标行为一致，只要写“不达标行为”和“超越期望行为”就行了。其实，书写这两个行为等级，要与“达标行为”拉开差距往往是很难的。因为书写时我们一定要考虑未来这三个行为等级用来评估基层管理者的绩效行为表现时，可以拉开差距。

有了前面书写“达标行为”的经验，每个小组基本知道书写的套路和方法了，这时候我们就会给每组充足的时间书写，每组写完后，我依然会用世界咖啡轮转来校准一下行为等级的书写。只是为了避免引导技术重复，我们将世界咖啡稍微变换了一下轮转的方式，变成3人一组轮转。这样，“不达标行为”和“超越期望行为”通过每组的讨论书写和世界咖啡几轮校准基本可以定稿了。

个别公司需要写出“反向行为”，可以在之后进行，书写的原则和方法类似，只是我们会提醒是否加入价值观反对的行为到“反向行为”的描述中。

至此，胜任力模型完整版的初稿就成型了。以上是以ABC公司基层管理者的建模为例，中层的建模流程基本类似；而高层的建模流程稍有不同，会更多地突出战略和文化的部分。所以，经过三次的建模共创会（基层场、中层场和高层场）我们就把ABC公司三个层级的管理干部能力模型初稿产出了。图5－9 ABC公司基层、中层、高层管理干部能力模型完整稿示例，是我们三场共创会的建模成果，仅供参考。

使命：开发出老百姓用得起的高质量生物药
愿景：做中国最好、国际一流的高端生物药制药公司
核心价值观：诚信、会学，肯干，协作

2021-2023重点发展战略：站稳脚跟；国际拓展；创新跨越；落地保障

级别	基层管理干部 （主管、副经理、经理、高级经理）	中层管理干部 （副总监、总监、高级总监、执行总监）	高层管理干部 （总监级且担任部门负责人、副总裁、高级副总裁、C-level）
角色定位	业绩实现、团队辅导 （蛋白质）	战略承接、体系建设 （RNA）	乘风破浪、引领前行 （DNA）
关键工作任务	1.目标落地、分解 2.抓执行、追踪进度 3.培养人才、团队建设、梯队 4.承上启下沟通、及时反馈 5.带头干，成为榜样	1.战略解读、分解、落地 2.高效团队建设 3.文化传承和渗透 4.平台搭建（制度流程标准） 5.跨部门沟通协作（全方位）	1.定战略（大方向、上下对齐） 2.组织人才布局 3.建文化模子 4.关键业务决策 5.设计平台

能力模型	维度	基层	中层	高层
	成事	出成绩 （目标明确、轻重缓急、寻求反馈、追求结果）	承战略 （理解战略、制定目标、资源获取、预判风险、体系建设）	定战略 （敏锐洞察、未来导向、高效决策、打造营盘）
	育人	善用人 （选拔人才、育人意识、培养人才、善于协作、优胜劣汰）	搭班子 （文化渗透、搭建梯队、练兵打仗、获取支持、优胜劣汰）	造土壤 （建文化模子、布局人才、打造铁军、推动愿景、优胜劣汰）
	定位	重行动 （心态积极、行动迅速、自省担责、坚韧皮实）	能担当 （敢勇当先、直面挑战、感知应变、善于学习）	企业家精神 （使命担当、敢于拍板、勇于冒险、追求卓越、驱动创新）

图一

能力模型

维度	基层	中层	高层
成事	出成绩 定义：定目标、拟计划，积极行动，肯努力，打胜仗 关键词：目标明确、轻重缓急、寻求反馈、追求结果	承战略 定义：准确理解战略，分解战略，制订目标，实现战略目标 关键词：理解战略、制定目标、资源获取、预判风险、体系建设	定战略 定义：具有远见和洞察力，能够从全局出发，制定战略，保持全球竞争力 关键词：敏锐洞察、未来导向、高效决策、打造营盘
育人	善用人 定义：选拔并培养人才、人尽其用 关键词：选拔人才、育人意识、培养人才、善于协作、优胜劣汰	搭班子 定义：打造具有凝聚力、战斗力的高绩效铁军 关键词：文化渗透、搭建梯队、练兵打仗、获取支持、优胜劣汰	造土壤 定义：建立引领公司发展的组织能力体系，保障公司整体的良性发展，支撑长期目标达成 关键词：建文化模子、布局人才、打造铁军、推动愿景、优胜劣汰
定位	重行动 定义：用能行的态度，迅速果断采取行动应对挑战 关键词：心态积极、行动迅速、自省担责、坚韧皮实	能担当 定义：敢担当，能管理不确定性，主动学习，能适应 关键词：敢勇当先、直面挑战、感知应变、善于学习	企业家精神 定义：有强烈的使命感和自驱力，勇于面对不确定性、追求结果并承担责任 关键词：使命担当、敢于拍板、勇于冒险、追求卓越、驱动创新

图二

维度	基层					中层					高层				
	名称	关键词	未达标	达标	超越期望	名称	关键词	未达标	达标	超越期望	名称	关键词	未达标	达标	超越期望
成事	出成绩	目标明确	不清楚团队工作方向和目标，所花时间和资源缺乏目的性	明确目标，制定可行的行动方案	主动设定挑战性目标，勇于处理棘手问题	承战略	理解战略	解读战略不充分不及时，不做上传下达	解读战略，确保上下一致，团队成员清晰知道公司战略	及时向上反馈建设性意见，帮助公司优化战略	定战略	敏锐洞察	不了解内外部动向，不能及时通过调整部门战略来保持公司整体策略的竞争性	及时了解组织内外竞争环境和发展趋势，调整公司业务策略和重点	持续保持敏锐的嗅觉，始终抓住业务驱动因素和市场专注点，制定突破性战略
		轻重缓急	每天的工作处于救火状态，没有关注更重要的事项	始终将工作安排得有条不紊	理解上级意图，关注最重要的事项，要事第一		制定目标	团队目标制定保守，留有余地	制定与公司战略保持一致的团队目标	能前瞻性地领悟公司战略，敢于制定高于公司要求的目标和团队中长期发展目标		未来导向	只着眼于眼前，思路狭窄	既能理解公司战略，也能看到大局，准确预见未来趋势，并提出能保持竞争优势的战略	引领变革，做出能主导行业未来发展趋势的决策性行动
		寻求反馈	沟通后不主动寻求反馈，做事无结果	沟通有反馈，事事有回应，件件有着落	积极回应，主动寻求反馈，共识结果		资源获取	不清楚哪里可以获取资源，或总是依靠同样的资源	充分理解内部环境流程和文化，取得必要资源	获取他人无法得到的资源，帮助他人获取必要资源		高效决策	决策随意或延迟决策	在信息不完整的情况下，能够快速做出正确的决策	预判未来的机遇与风险，做出前瞻性、对组织有利的决策
		追求结果	工作完成质量差强人意	辅导团队共同达成目标	及时复盘，将经验教训转化为工作成果		预判风险	面对突发情况，没有应急措施，束手无策	当战略或内外部发生变化时，灵活调整团队工作目标和计划	关注行业风向标，预见风险并形成风险应急机制		打造营盘	流程、平台和体系陈旧，不能支持公司的发展	创建公司合理有用的流程、平台和体系	流程、平台和体系成为行业标杆和核心竞争力，能够不断迭代，形成行业壁垒
							体系建设	自己负责的板块没有体系建设，或者体系没有固化，停留在大脑思考层面	识别并创建简单高效的工作流程，形成本板块平台体系	主动与其他板块链接，构建流程体系，实现部门及组织效益最大化					

图三

维度	基层			中层			高层		
	名称	定义	反向行为	名称	定义	反向行为	名称	定义	反向行为
成事	出成绩	定目标、拟计划、积极行动，肯努力，打胜仗	1.本位主义，斤斤计较 2.工作无计划、遇事不协调、执行不落地 3.光说不做，得过且过 4.谎报、瞒报坏消息，蓄意传递错误信息 5.推诿扯皮，随意甩锅	承战略	准确理解战略、分解战略、制定目标，实现战略目标	1.无视战略 2.没有规划，滥用资源 3.消极对待团队目标，做一天和尚撞一天钟	定战略	具有远见和洞察力，能够从全局出发，制定战略，保持全球竞争力	1.目光短浅 2.故步自封，抵抗变革
育人	善用人	选拔并培养人才，人尽其用	1.不接纳多元化人才 2.限制下属的发展 3.袒护不符合要求的员工	搭班子	打造具有高凝聚力、战斗力的高绩效铁军	1.对人才培养没有规划，应付了事 2.事不关己高高挂起，各扫门前雪 3.不认同公司文化，曲解公司文化，唱反调 4.团队如一盘散沙，没有斗志，厌战	造土壤	建立引领公司发展的组织能力体系，保障公司整体的良性发展，支撑长期目标达成	1.任人唯亲，排除异己 2.不做部门规划、不做文化宣导 3.部门主义，伤害公司的利益
定位	重行动	用能行的态度，迅速果断采取行动应对挑战	1.畏难情绪，知难而退 2.玻璃心，经不起批评 3.不自省，传播负能量 4.面对阻力或挫折，尝试一两次就放弃	能担当	敢担当，能管理不确定性，主动学习、能适应	1.表里不一，背道而驰 2.等、靠、要 3.思想僵化，抵制变化 4.不能独当一面，为失败找借口 5.重蹈覆辙，屡教不改	企业家精神	有强烈的使命感和自驱力，勇于面对不确定性，追求结果并承担责任	1.回避关键决策 2.无视大局，害怕犯错，不肯担责，回避挑战 3.不尝试用新的方式去解决问题 4.官僚主义，不以组织利益为出发点

图四

图 5－9　ABC 公司基层、中层、高层管理干部能力模型完整稿示例

注释：图5-9是一份完整的能力模型套件资料，各图解释如下：

①图一是ABC公司三层级管理干部能力模型全景图。

②图二是三层级管理干部能力项汇总全景图。

③图三是“成事”项行为描述截取；“育人”与“定位”项类同于“成事”项。

④图四为ABC公司三层级管理干部的“负向行为”行为描述汇总。

（五）第五单元：制订基层管理者的个人发展计划（IDP）

到第四单元结束，完整版模型初稿就已经产出了。因为第五单元对后续胜任力模型应用于人才发展很有帮助，也为了和前面第二单元的内容前后呼应，所以我通常会设计第五单元的内容，输出基层管理者的个人发展计划。当然，这一单元不是必须做的，读者可以根据自己的建模情况来取舍。

大家还记得在第二单元中，我们让基层管理者用胜任力卡片去自测了一下最强、最弱的能力吗？这时，已经产出了基层管理者的胜任力模型，他们再对标自己的最强、最弱能力就可以知道自己的能力GAP（能力短板项）了。有可能他的上级也在场（中层管理者代表），所以我们请了两位中层管理者代表分享了他们做基层管理者时如何提升能力GAP的经验。

另外，现场我们也设计了让每位基层管理者写出个人发展计划的环节，期望他们工作坊结束后拿着这份个人发展计划表和他们的直接上级主动沟通。表5-4《员工个人发展计划表》就是我们现场发给基层管理者填写的表格。

四、Tips：要点总结

总结一下，建模共创会有三个关键成败因素：

①共创会的模型一定是“共创”出来的，只有模型是大家共创出来的，未来公司用于评估基层时，模型的应用才能得到所有基层的支持和认可，胜任力模型才能有效落地，所以共创会是用引导技术做的工作坊，而不是一场培训。

表 5－4　《员工个人发展计划表》

员工姓名： 员工工号： 入职时间：	职位： 主管： 部门：

请参考以下指南填写发展计划

1. 发展领域： 写出 2～3 项对个人业绩产生重要影响的发展领域（如素质能力、技能等） 团队领导者必须写出至少一项与领导力/团队建设相关的发展领域 2. 发展方法：选择不超过 3 项有助于实现发展领域的方法。70－20－10 学习法则如下： 70% 在岗学习，包括工作实践、轮岗实践、外派锻炼、挂职锻炼、参与项目、标杆学习等方法 20% 人际互动，包括教练、导师、与集团分公司交流、360 反馈、个人发展面谈等方法 10% 正式学习，包括培训课程、学历提升、参加论坛等方法	3. 发展行动： 详细说明与发展方法相对应的行动计划 如果选择课堂培训作为发展行动，可以参考年度培训目录获得详细介绍进行选择 4. 发展进度： 目标时间：请指出截止日期 状态跟进：请指出发展行动的状态（进程中、已完成、暂时搁置）

发展领域		发展方法		发展行动		发展速度 目标时间												发展进度	备注
能力待提升项	期望结果	方法类型	具体方法	具体行动	资源	1 月	2 月	3 月	4 月	5 月	6 月	7 月	8 月	9 月	10 月	11 月	12 月	状态跟进	
		在岗学习（70%）																	

续表

发展领域		发展方法		发展行动		发展速度 目标时间												发展进度	备注
能力待提升项	期望结果	方法类型	具体方法	具体行动	资源	1 月	2 月	3 月	4 月	5 月	6 月	7 月	8 月	9 月	10 月	11 月	12 月	状态跟进	
		人际互动（20%）																	
		正式学习（10%）																	
		在岗学习（70%）																	
		人际互动（20%）																	
		正式学习（10%）																	
		在岗学习（70%）																	
		人际互动（20%）																	
		正式学习（10%）																	

员工签名及日期__________ 人力资源经理签名及日期__________ 上级签名及日期__________

②一定要给大家畅所欲言的机会，在共创会的很多环节大家贡献集体智慧的时候，都会有不同的意见和建议，这时候要充分听取大家的想法，引导讨论最后达成一致。这一点对顾问的要求很高，除了要求顾问对胜任力建模十分专业外，还对顾问的引导技术要求很高，因为现场会有很多不确定的情况，经常会受到参与者不同意见的挑战。所以，顾问如果用一种教练的心态，开放、包容、允许所有的不一致出现，就会让共创会的参与者感受到尊重、平等和真正的“共创”。当然，顾问引导的方向一定是公司管理层对这些基层管理者的期望，顾问要紧记一点，过程是“真共创”，但是结果是需要“引导”的。

③共创会是一定要有结果产出的，不管是 2 天也好，1.5 天也好（目前我们的经验是至少需要 1.5 天），有限的时间内现场一定要产出完整的胜任力模型初稿。不管对于内部项目负责人还是外部顾问来说，这个结果都是评估项目成败的关键交付物。

第五节 完整版建模第四步：评估与校准

一、Why：为什么

我们在第三步建模共创会已经产出模型初稿了，为了让胜任力模型更精准和更落地，还需要对模型进行评估与校准。在这一阶段，我们要做好两件事：对模型进行检验并修订模型；对模型进行验证并完成模型定稿。

值得一提的是，由于这种建模方式的核心步骤在于建模共创会，核心人员参与共创会已经共创出模型初稿了。所以，校准与修订比较简单，有点像答完考试卷以后的检查和修正，会对模型初稿进行修修补补保证精准完美，但基本不会对共创会产出的模型有大的改动，如果有大的改动，就失去了共创的意义了。

二、How：怎么做、What：做什么

具体如何校准及校准什么呢？主要采用的方法是专家研讨法和专家问卷调研法。

（1）专家研讨法

这是常用的方式，可以通过召开校准会的方式邀请一些绩效优秀的基层管理者及中层代表（最好是没参加过共创会的人员）进行头脑风暴，对模型初稿进行讨论和校准。由于校准会议我们要拿到模型的成稿，所以要对校准会议做一些准备工作，流程安排如表5－5所示。

表5－5 基层胜任力模型校准会议安排

基层胜任力模型校准会议安排
1. 会议目标：对基层胜任力模型初稿进行校准，完成模型定稿
2. 参与人员：基层管理者、中层管理者、项目负责团队、外部顾问等

续表

3. 校准流程
3.1 内部项目负责人对校准会议简介和开场
3.2 外部顾问简要介绍模型初稿产出过程、建模方法及工具
3.3 外部顾问展示模型初稿并解释每部分构成及含义
3.4 由参与者对模型初稿整体结构、能力项、定义、行为描述、行为等级等所有模型结构和内容进行研讨，提供建议
3.5 内部项目负责人及 Sponsor 给出最终建议
3.6 讨论一致后，模型定稿
4. 校准内容
4.1 整体模型结构是否合理、美观
4.2 3 项能力项是否合理客观、是否符合公司对基层管理者的要求，还需要补充或是去掉哪些能力项吗（如有改变，请举例说明）
4.3 指标名称是否合理，指标定义是否表达清晰
4.4 行为描述及行为等级是否 SMART，是否符合现实情况，是否未来可用于评价基层管理者
4.5 现在的基层管理者中是否有三个人员案例（绩效差、绩效一般、绩效优秀），可以用于验证基层管理者的胜任力模型中的不达标、达标和超越期望行为是否可落地
4.6 模型整体初稿是否符合公司未来 1～3 年战略要求和企业文化价值观的要求

这里的专家可以是内部专家，也可以是外部专家，只要是对胜任力模型可以进行专业把关的专家就可以。可以采用焦点小组讨论的方式，焦点小组讨论法在前面已有介绍，这里不重述了。

对于外部顾问来说，我们会作为主持人，组织企业内部专家一起对模型初稿进行焦点小组研讨会；校准的内容如以上校准会议的内容，只是开展的方式用焦点小组的方式，便于所有专家参与贡献自己的建议。

（2）专家问卷调研法

专家问卷调研校准，就是将模型初稿做成胜任力指标问卷清单，由专家根据胜任力重要性等级来评定胜任力指标，项目负责人收到所有的问卷后，进行结果的汇总和整理，形成最终的胜任力列表，最后修改定稿出胜任力模型。

这种方式在实际操作中应用得较少，原因是发放调查问卷校准没有当面讨论与校准的机会，很多模型初稿的产生和构成内容等很难在一张问卷中解释清楚，而且被调查者可能没有参与共创会，所以对胜任力模型也没有太多的认识，更无从知道这个模型的好处、产生过程的合理性等，这里不多做介绍了。

校准之后，顾问收集到很多意见后就可以进行最后的修订了，修订结束呈交最高管理层审批后就可以定稿了。

完整建模的四步法拆解完了，最后总结一下：之所以选用 ABC 公司的案例来拆解，主要考虑到这个案例全面完整，便于读者了解所有情况，其中连比较少见的“反向行为”的流程都有，实在是一个不可多得的案例。虽说这个案例十分完整系统，但实际上整个项目的周期也就是两个月，包含“建三个模型”和“三个模型的应用工具开发”。所以，读者不用担心完整版建模的周期会很长，实际上两个月的项目周期对于快速发展的企业也是可以接受的。

过程中，我们手把手带着大家按照 Why – How – What 的黄金圈法则把每个步骤仔细地拆解了，并且附上很多实操中的表格和流程图，最后还通过 Tips 总结了操作的要点。相信按照这些指引，读者完全可以实践。

有的读者可能会问：“我的企业快速发展，每天都特别忙，我们也认为建立胜任力模型很重要，也很想做，但没有那么多时间和精力，有没有更加敏捷的方法呢?”接下来，我会介绍一种“敏捷版建模的方法”，这种方法敏捷、高效，适合现在 VUCA 时代下快速发展的企业对敏捷建模的需求。我们会通过一个真实的敏捷建模的案例，一步步拆解给大家看具体怎么做。

第六章
敏捷版胜任力建模具体操作

“敏捷建模”的概念这几年在市面上很火，但是准确找到这种提法的根源却不好查找。为何要专门讲敏捷建模呢？这是因为完整版建模虽然系统完善，考虑比较全面，但是很多快速发展的企业负责人反馈，他们认为胜任力建模是一个很好的方法工具，能够帮助企业建立人才标准，但是由于业务的高速发展，他们没有太多的人力、物力和时间投入其中，所以希望建模能够缩短周期，更加敏捷高效，快速为企业做出一个专业岗位或是层级的模型尽快投入结果应用，再根据应用的情况快速迭代。

什么样的情况需要敏捷建模呢？有以下两种：

第一种敏捷建模，企业已经搭建了胜任力模型，也应用得不错，但是过了1~3年，随着企业的业务发展，模型需要更新迭代，这种情况以经过验证的胜任力模型为基础，通过对企业的了解，在原有模型的基础上进行修改和完善。简单来说，就是模型从1.0到2.0的敏捷迭代。这种情况下建模的工作量比较小，只需要对不符合因为发展和组织特点的指标进行局部更新和迭代就好了。

第二种敏捷建模就是真正意义上的“敏捷建模”，从0到1敏捷搭建模型，从建模时间到建模步骤再到模型结构都做得更“快”、更“轻”、更“简单”，更符合快速发展企业的特点“小步快跑、快速迭代”。

虽然是敏捷建模，但是具体的建模流程和方法工具也是完整系统的。接下来要拆解的具体案例就属于这一种。前面讲过，以上完整版建模案例（包含三个层级建模和建模应用工具开发）整体项目用时2个月，已经算是咨询周期比较短的项目了。但是，我们下面要介绍的敏捷建模案例只用了3天。

第一节　项目背景介绍

在开始拆解前，我们先来了解一下这个案例的项目背景，我们将此公司称为YM公司，图6-1是我们针对客户YM公司提出的胜任力建模需求的理解。

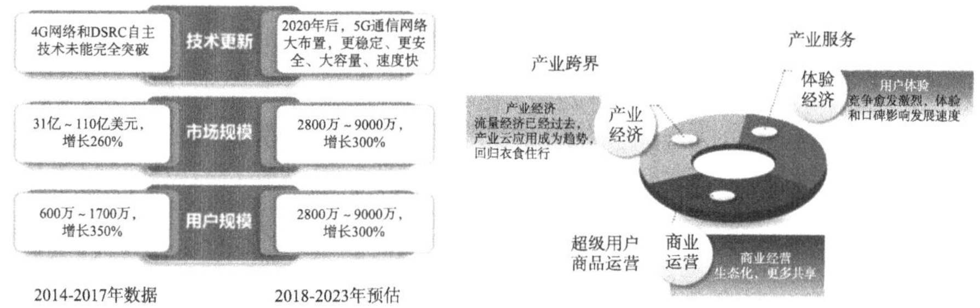

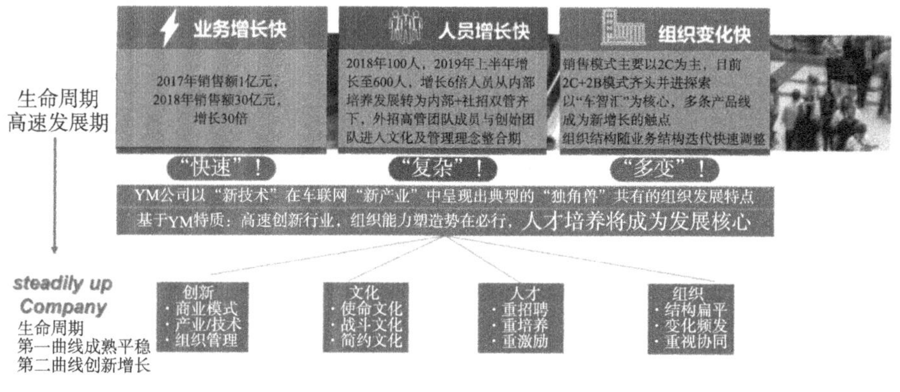

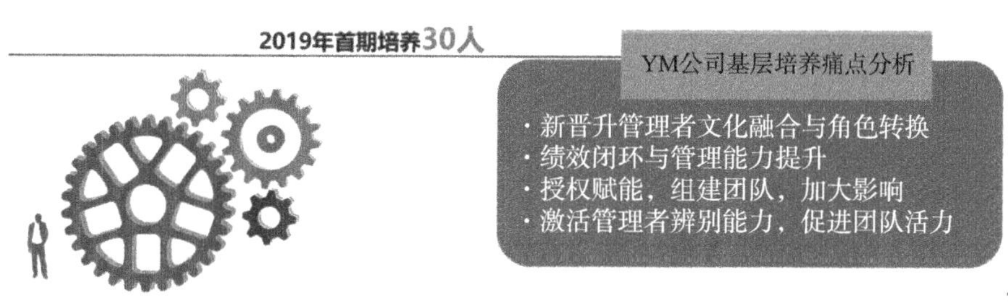

图 6－1　基层管理者建模的项目背景和需求理解

可以看出，YM 公司是一家超快速发展的企业，不管是用户规模还是市场规模都呈 3 倍增长，而且技术更新的速度也很快，这样指数级发展的公司呈现的特点是“三快”：业务发展快、人员增长快和组织变化快；这也是 VUCA 时代下快速发展企业的典型：快速、复杂、多变。

针对他们的公司情况和业务特点，我们诊断后发现 YM 公司急需从高速业务发展进入组织能力的塑造，尤其是管理梯队的搭建和培养是核心。YM 公司是一家以技术为导向的高科技公司，当时公司人数 700 多人，基层管理者就有 100 多人，而且这些基层管理者都是从技术骨干提拔上来的，他们普遍存在的痛点是新基层管理者晋升后角色的变化和文化的融合带来的不适应。另外，他们从个人贡献者到团队管理者管理能力普遍不足，亟待提升。综合下来，我们针对 YM 公司的“管理梯队搭建和培养”项目的第一步，就是帮助其搭建基层管理者的胜任力素质模型，作为他们未来选拔和培养基层管理者的人才标准。（注释：这里的敏捷建模案例只是当时咨询项目的一部分。）

值得一提的是，YM 公司对本次项目十分重视，由于业务发展太快，时间太紧，强调此次的建模务必“敏捷”，所以整个基层管理者的建模能给的时间只有 3 天，这就意味着我们要用 3 天时间把调研访谈、建模工作坊、模型校准等流程走完，还要保证建出来的模型高效实用，这确实是个“不可能完成的任务”。

厘清了项目需求和项目目标，以及明确了整个建模周期只有 3 天的现实条件后，当时我综合考虑后决定整体项目分两步展开：一是实施访谈（用时 1.5 天）；二是建模共创会（用时 1.5 天）。图 6－2 敏捷版胜任力建模两步走。

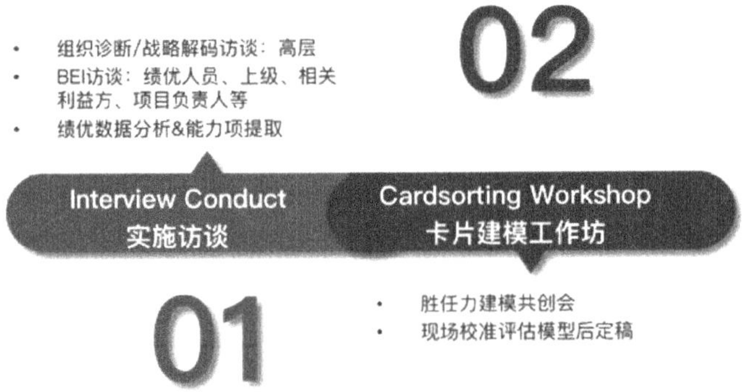

- 组织诊断/战略解码访谈：高层
- BEI访谈：绩优人员、上级、相关利益方、项目负责人等
- 绩优数据分析&能力项提取

02

Interview Conduct
实施访谈

Cardsorting Workshop
卡片建模工作坊

01

- 胜任力建模共创会
- 现场校准评估模型后定稿

图 6－2 敏捷版胜任力建模两步走

我们按黄金圈法则（Golden Cycle）的逻辑来拆解：（Why：为什么）为什么要有这个步骤？（How：怎么做）在实际案例中我们是怎么做的？（What：做什么）这一步骤都有哪些内容？最后总结每个步骤的要点，（Tips：要点总结）会有哪些关键点？顾问是怎么考虑的？

第二节 敏捷版建模第一步：实施访谈

一、Why：为什么

前面完整版案例里模型分析部分我们做了两个步骤：项目调研和绩优数据采集分析。只有1.5天的时间，我决定把两步骤合并，直接采用“实施访谈”的方式做项目调研和绩优数据采集，这些步骤即模型准备环节。

二、How：怎么做

首先，关于组织诊断和战略解码的部分，我们采用了一对一访谈高管和项目负责人的方式，获取了所有项目相关的战略、业务、文化等信息。其次，我们采用BEI访谈和焦点小组访谈的方式，访谈基层主管的绩优人员代表、基层主管的上级代表、项目利益相关方等。最后，我们做绩优数据分析和提取可能的胜任力指标项。

三、What：做什么

访谈方式：主要采用了BEI访谈和焦点小组访谈两种访谈形式。如图6-3所示。

访谈对象：总共选了12名访谈人员，8名基层主管的绩优代表、1名项目负责人、1名高管、2名基层主管的上级代表（即中层管理者）。

我们采用BEI访谈的方式访谈了高管和项目负责人业务、战略和文化的相关信息及他们对项目的期待和目标产出；访谈了2名上级代表，了解了他们对绩优基层主管的期待和要求；采用了焦点小组访谈法，访谈了8名绩优基层主管，收集他们之所以成为绩优人员的关键成就事件和关键行为要素。

BEI访谈

项目组与集团高管、绩优人员、绩优人员上级、项目负责人等相关利益方进行一对一沟通访谈，初步确立能力模型框架

· 向对方说明模型的背景及整体框架思路
· 基于对各素质项的理解，确认关键成功事件及关键行为要素

焦点座谈会

项目组分批次邀请各级管理人员、绩优员工代表及上级进行焦点座谈会：

· 对已初步确定的模型主题及行为点逐个进行讨论
· 对多组讨论成果进行汇总分析，已有行为点进行增减、整合

能力维度	能力项	能力定义
团队管理	愿景激励	尊重、关心员工、善用文化愿景牵引和激发员工的工作热情，打造和维护团队氛围与斗志
	善建团队	有效识别、储备人才，组建门店团队人才梯队
	分工授权	了解员工的特点，合理分配工作任务并授权，最大化发挥团队的优势
	培养辅导	视下属成长为己任，有针对性地对员工的成长进行规划、指导和支持

图6－3　实施访谈——BEI访谈和焦点小组座谈会

细心的读者会发现，这里的访谈人员比例没有完整版建模那么高，选择20%左右。对于100多名的基层主管来说，我们只访谈了8位代表。主要原因有两个：一是YM公司已经有了基层管理者的潜才池，共60位，在前期项目沟通时，YM公司希望绩优人员从潜才池的60人中挑选；二是很多基层主管是刚从技术骨干的岗位被提拔上来的，还有一些是进入公司时间不长的，所以在60位潜才池里被认为"成熟"的基层主管并不多。最后，经综合考虑和沟通后，内部项目负责人指定了8名人员作为访谈对象，访谈比例在13%左右。

访谈内容：针对不同的访谈对象，需要有不同的访谈内容，参考图6－4访谈问题清单。

绩优人员（基层）访谈问题清单

1 目前本岗位的工作做了多久？觉得得心应手、有点压力，还是压力很大？为什么？
2 目前本岗位的工作让你觉得很有成就感的事情是什么？
3 目前的工作面临的挑战/困惑是什么？
4 有带团队吗？带多少人的团队？
5 觉得团队管理中最难的事情是什么？
6 觉得团队管理中最有成就感的事情是什么？
7 你觉得自己是什么风格的领导？
8 你觉得工作上或是团队管理上自己还有什么可以提升的？
9 上级是否会给你指导？会经常和你沟通吗？
10 你觉得上级对你的工作满意吗？为什么？

高管/项目负责人/上级代表（中层）访谈问题清单

1 公司未来1~3年的战略布局、业务方向是什么？
2 从公司1年后的战略布局看，对这些基层主管的期待是什么？
3 您觉得，YM的团队文化是怎样的？
4 您觉得，对这些基层主管整体评价如何？目前这些基层主管的优势在哪儿？不足在哪儿？
5 这些基层主管大部分是从外部招聘进来的还是从内部提升的？
6 这些基层主管的上级对这些基层主管评价如何？
7 平常这些基层主管的跨部门协作如何？
8 这次的胜任力工作坊您有什么期待？希望达成什么效果？

图6－4 访谈问题清单

以上BEI访谈4人及焦点小组座谈会访谈8人，总共用时1天。每个人BEI访谈的时间为1～1.5小时，而焦点小组座谈会一次一般为1.5～2小时。

访谈结果分析：访谈结束后，我们针对访谈结果做了分析编码，根据行为点出现的频率提取了可能出现的12项胜任力指标项，为接下来的建模共创会做准备。这部分用时0.5天。这里访谈结果分析的具体操作，与前面章节完整版建模的做法基本一致，这里就不再赘述了。

四、Tips：要点

从访谈效果来说，BEI 访谈优于焦点小组访谈，焦点小组访谈优于问卷调研；从访谈效率来说，问卷调研高于焦点小组访谈，焦点小组访谈高于问卷调研。以上案例中我们采用焦点小组法访谈 8 名绩优人员，用时 2 小时，如果采用 BEI 访谈需要 8 小时，这样安排从访谈效率上看是比较高的，但从访谈效果来说，采用 BEI 访谈将会采集到更多信息。所以，敏捷建模中，我们需要平衡访谈效果和访谈效率来决定访谈方式。

关于访谈比例，前面说过有条件，20% 最理想；如果人员太多或是条件有限，10% ~20% 都是可以的，以实际情况和项目目标为最终考量。当然，最简便的方式是由熟悉项目情况的内部负责人来指定。

第三节 敏捷版建模第二步：建模共创会

一、Why：为什么

前面完整版案例里建模及定稿部分我们做了两个步骤：建模共创会和评估校准模型。在这里只有1.5天的时间，我决定把两个步骤合并，直接采用“建模共创会”的方式，在共创会中做出模型初稿并当场校验，最后美化完善定稿。这些步骤即模型初稿及模型定稿。

二、How：怎么做

具体怎么做，请见图6－5基层管理者能力建模共创会流程。

第一单元	第二单元	第三单元	第四单元	第五单元
共创会的作用 ◇胜任力模型介绍及应用 ◇基层主管能力提升对团队管理有什么帮助 ◇胜任力这个工具对我的绩效有什么帮助 ◇胜任力这个工具对我带团队有什么帮助	基层主管角色定位探寻 1.能力卡片的说明和使用 ◇能力卡片的使用说明 ◇基层主管及基层主管的上级对基层主管的自测—排卡 ◇将基层主管的最强、最弱能力结果体现在能力库、记分表上 2.基层主管（2人）的成就事件和关键行为现场访谈 问题清单提问——引导师发问 3.基层主管的上级（2人） ◇关于什么是绩优基层主管的关键行为现场访谈 ◇问题清单提问——引导师发问 ◇角色定位及关键工作任务现场引导讨论，达成一致 ☆一对一实践演练：关键行为自己是否具备？对应着什么样的胜任能力项	基层主管能力项的输出 1.基层主管能力项1.0输出 ◇基层主管能力项1.0群测及排卡 ◇汇总基层主管能力1.0版本及现场校验 2.基层主管能力项2.0输出 ◇引入访谈结果，汇报访谈中的数据采集 ◇二次排卡，两人一组进行讨论 ◇汇总第二版模型，将结果体现在记分单上 ◇汇总基层主管能力2.0版本及现场校验 ◇岗位胜任力2.0版本（通常4～5个能力项）的定稿	基层主管能力行为描述 1.对白天产出的结果进行回顾和校验 ◇回顾白天的知识点和结果产出 ◇对比自评结果和5项能力，标出5项能力中自己-2分值的项 2.能力项对应行为标准的输出 ◇小组讨论并输出能力项对应的行为标准（通常3～4项关键行为） ◇行为标准各组结果（每组发言一个能力项的4项行为标准） ◇4～5项能力项对应的行为标准（每个能力对应3～4项行为标准）的定稿	基层主管未来能力发展计划 1.能力项的发展计划 ◇比照每组的1～2项能力项和自己的强势能力项是否重合 ◇小组讨论：分享经验，此项能力项成为基层主管的优势能力项的原因及发展经验 ◇小组输出此1～2项能力项的发展计划 ◇讲解发展计划的70-20-10法则 2.IDP面谈五步法现场演练 3.结尾活动-承诺墙&庆祝 ◇基层主管承诺：个人能力如何提升的计划；团队成员如何帮他们做IDP ◇上级承诺：如何帮助他们的主管去提升个人能力GAP项及关注他未来的成长

图6－5 基层管理者能力建模共创会流程

我们来看一下共创会产出的模型成果，如图 6－6 所示。

YM公司基层主管胜任力素质模型

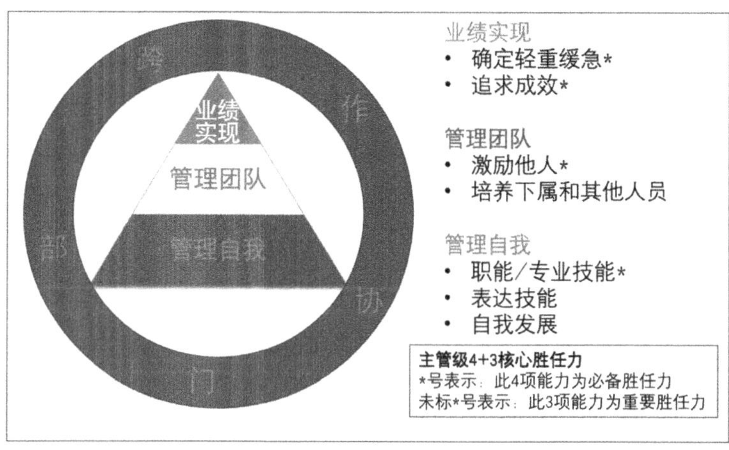

能力纬度	能力指标	关键行为描述
业绩实现	确定轻重缓急*	1. 日常工作始，能够制订当天工作计划并按照计划实施 2. 日常工作闭，能够总结当天工作所得，并检讨待完成事项，必要时和直接主管进行汇报 3. 根据工作经验，能够准确判断要解决问题的性质和紧急程度 4. 对于紧急且复杂的情况，能够适度分析各种信息，做出对公司有利的决定并采取行动，能够承担相关责任和后果
	追求成效*	……

图 6－6　基层主管的胜任力模型

三、What：做什么

图 6－5 建模共创会的流程可以看出，第一单元到第三单元的具体操作和完整版基本一致，用时 1 天，产出的成果是基层主管能力项的输出。值得一提的是，共创会之前，我们和内部项目负责人达成一致，希望共创出 4～5 项能力项。但现场的情况是，一些基层主管的上级和高管认为有一些能力项也很重要，必须放进模型里，所以通过现场的引导讨论，最后共创出 7 项能力项，包含 4 项必备能力项（必须具备的能力）加上 3 项重要能力项（锦上添花的能力项）。

第四单元和第五单元操作步骤和完整版建模区别较大，具体介绍如下：

第一，这两个单元用时0.5天。因为YM公司时间紧张的原因，我们将0.5天的流程排在了晚上，用时3小时。

第四单元的操作最大的不同是模型只输出了行为描述，并没有输出行为等级。这是在项目一开始就和客户确认过的，YM公司在项目需求时强调模型要敏捷，前期确定了模型主要用于选拔或淘汰“胜任”和“不胜任”的基层主管，之后再对“胜任”的基层主管做发展项目，所以建模之初我们的项目交付物就明确了：这个敏捷的胜任力模型，模型只需要有“关键行为描述”就好，不需要有“行为等级”。

其实，我们在实操中发现，有一些像YM公司这样高速发展的公司通常希望敏捷的模型不用包含“行为等级”，原因就在于他们只需要用模型筛选出“胜任”的人员即可，尽快对胜任人员加以培养发展，以期能尽快填补因业务发展太快出现的岗位空缺。而且他们认为业务发展太快，很快岗位的要求又变化了，模型很快又需要更新迭代了。

当然，我们在上篇明道篇说过，没有“行为等级”，用“关键行为描述”也是可以评估出如“及格、良好、优秀”这样的能力差距的；只是没有三个行为等级的标准，用5分制或10分制来评相对主观。所以，敏捷的模型有它的好处，应用时也有一定的局限性。

第二，第五单元的操作也和完整版的操作不太一样。细心的读者会发现，这部分做得比较“重”。这是因为本次基层主管的胜任力模型，未来要应用于这些基层主管的发展项目中，所以客户希望在建模中提升基层主管“自我发展”和“培养下属”的意识，要求把这一部分做得“重”一些。“自我发展”这项能力已经作为“必备能力项”放到模型里了，而“培养下属和其他人员”这项能力也作为基层主管“重要能力项”要求。当然，YM公司也认为“培养下属和其他人员”这项能力项也是对基层主管的上级（即中层管理者）的能力要求。

所以，针对YM公司的要求，我们在流程中设计了几个重要环节：

- 制订基层主管的发展计划：在第二单元中，基层主管们都对自己最强、最弱的能力进行了自测，在产出岗位胜任能力要求后，他们就可以看到自己的能力与岗位能力要求对标后有哪些能力 GAP 项（即能力短板项）。所以，现场我们设计了基层主管的上级分享经验的环节，他们分享了自己作为基层管理者时，是如何提升自己能力短板的经验；之后让基层主管制订了个人发展计划 IDP，并鼓励他们会后主动找自己的直接上级去沟通个人发展计划。引导过程中，我们还介绍了一些发展计划的工具方法，如发展计划的“70－20－10 学习法则”，提供了一些具体可用的发展方法。

● IDP 面谈五步法的现场演练：这个环节也是前期项目沟通时，根据客户的需求专门设计的。YM 公司的管理层认为，他们的基层主管除了要有“自我发展”的意识和能力外，还需要具备“培养下属”的能力。前面项目痛点时说过，这些基层主管大部分是从技术骨干晋升为基层主管的，从个人贡献者到团队管理者的他们普遍缺乏管理团队的经验，尤其是不知道如何培养团队成员，所以希望在共创会中，给他们一些“培养下属”的工具和方法。

为此，我们设计了 IDP 面谈五步法的现场演练环节。首先，介绍了 IDP 五步法的操作流程及注意点，如图 6－7 所示。

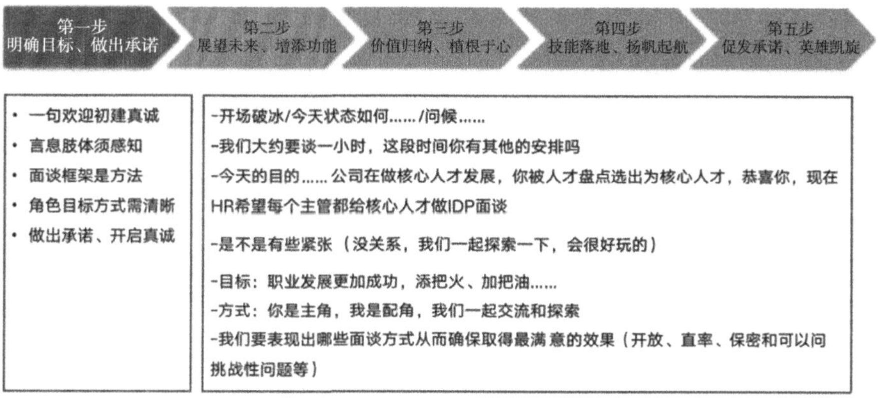

第一步 明确目标、做出承诺
第二步 展望未来、增添功能
第三步 价值归纳、植根于心
第四步 技能落地、扬帆起航
第五步 促发承诺、英雄凯旋

- 一句欢迎初建真诚
- 言息肢体须感知
- 面谈框架是方法
- 角色目标方式需清晰
- 做出承诺、开启真诚

-开场破冰/今天状态如何……/问候……
-我们大约要谈一小时，这段时间你有其他的安排吗
-今天的目的……公司在做核心人才发展，你被人才盘点选出为核心人才，恭喜你，现在HR希望每个主管都给核心人才做IDP面谈
-是不是有些紧张（没关系，我们一起探索一下，会很好玩的）
-目标：职业发展更加成功，添把火、加把油……
-方式：你是主角，我是配角，我们一起交流和探索
-我们要表现出哪些面谈方式从而确保取得最满意的效果（开放、直率、保密和可以问挑战性问题等）

第一步 明确目标、做出承诺	**第二步 展望未来、增添功能**	第三步 价值归纳、植根于心	第四步 技能落地、扬帆起航	第五步 促发承诺、英雄凯旋

要点	提问
• 建立目标是关键 • 目标原委要知道 • 由口入心劲倍增	-想象法：一年后，你的同事和你在一起，大家聊到你的事业，你希望大家说些什么 -直接法：一年后，你工作上希望做到什么？一天的工作场景是怎样的 -为什么这个目标如此重要 -能给你带来什么

第一步 明确目标、做出承诺	第二步 展望未来、增添功能	**第三步 价值归纳、植根于心**	第四步 技能落地、扬帆起航	第五步 促发承诺、英雄凯旋

要点	提问
• 深入体验最重要 • 体验巅峰是方法 • 自我总结是诀窍 • 深入人心难撼动 • 天下只有你懂我 • 敞开心扉吐为快	-刚才谈到目标时，你的感觉有哪些 -反映在身体的哪些地方 -似乎看到你内心的火焰和激情 -感谢你的分享，反映了你很多特点，这些特点是什么 -感受一下，这些特点在哪里？能给你带来什么 -这些就是你的价值观，是不会改变的，是你发自肺腑的动力 -我们再看看目标，带着这些价值观前行， 我们接下来会做什么

第一步 明确目标、做出承诺	第二步 展望未来、增添功能	第三步 价值归纳、植根于心	**第四步 技能落地、扬帆起航**	第五步 促发承诺、英雄凯旋

要点	提问
• 70-20-10是指引 • 挑战名师培训皆须有 • 均衡搭配是关键	-该岗位的三个待提升的关键能力是什么 -如果给自己的xx能力打分，1~10打几分 -怎么做才能快速达到目标分数 -挑战会让自己迅速成长，你会给自己设定哪些挑战 -你觉得成功的标准是什么 -领导、同事的帮助非常重要，你可以向谁学习和请教 -建议你参加xx方面的培训

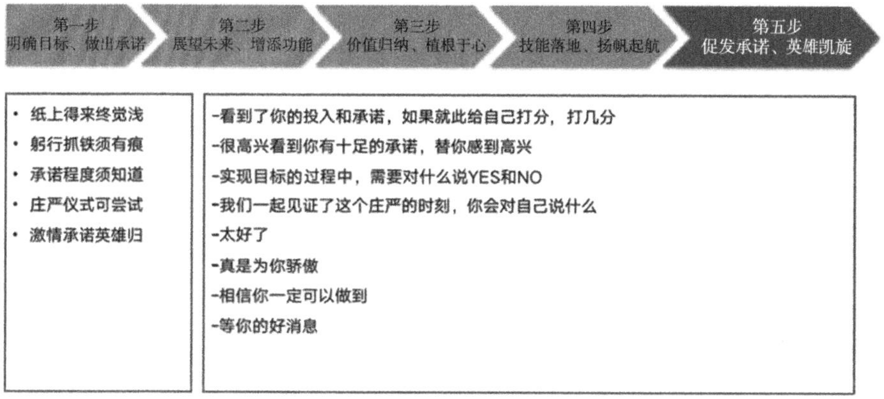

IDP面谈注意点

1.面谈者要求被面谈者在面谈前先要有自己的想法和规划，并认真填写IDP表格

2.面谈者能够耐心倾听，以被面谈者为中心（被面谈者为主角，面谈者为配角，建议面谈者说话时间不超过面谈总时长的30%）

3.每项待提升能力的期望结果要厘清，运用SMART原则（Specific：具体、Measurable：可度量、Attainable：可实现、Relevant：相关性、TIME-bound：有时限）

4.面谈者能够坦诚沟通，给予专业的指导和建议，并适时给予肯定和鼓励，希望面谈后关系更进一步

5.IDP表格可以根据面谈的情况进行修改和调整

图 6－7　IDP 面谈五步法的操作流程

接着，具体展开了 IDP 面谈五步法的现场演练。首先，由顾问和助教做了一轮现场示范（时间 15 分钟），之后设计了“小组练习 & 角色扮演”环节，规则如下：

❖三人一组，分别扮演三种角色：员工、员工的上级和观察员。

❖每人扮演一次员工的上级，对员工进行 IDP 面谈，其他两人分别为员工和观察员。要求“员工的上级”应用 IDP 五步法进行 IDP 面谈；要求“员工”在面谈中表现出主动积极的态度，和上级一起完成面谈；要求“观察员”观察记录“员工的上级”的面谈表现并给予反馈。

❖每轮练习 15 分钟，观察员反馈 5 分钟；每轮练习完成后轮换角色。

小组演练结束后，顾问对这一环节进行点评和答疑。整个 IDP 面谈五步法的现场演练一般耗时 1.5～2 小时。

❖结尾活动——承诺墙活动：这个活动是根据客户需求专门设计的。

我们在现场布置了承诺墙，分别让基层管理者和主管上级写下未来6个月要兑现的三个承诺，如下：

主管承诺：个人能力如何提升的计划，团队成员如何帮他们做IDP。

上级承诺：如何帮助主管提升个人能力GAP项及关注他未来的成长。

其次，现场所有参与人员围成一圈，我们用盲盒的形式让每位参与者选出一人的承诺并念出来，让每一位参与者来见证。见证后，把每个承诺字条贴到“承诺墙”上，最后，所有人在承诺墙上签字。

现场的承诺墙活动效果超出预期，有的参与者写了一些好玩有趣的承诺，希望他的上级和他一起完成；有的参与者反馈这个活动让他对其他同事加深了了解；有的上级代表承诺每个月都请下属吃一次饭，给他做IDP。总之，最后的承诺墙活动把整个现场的能量激活了，也把整个活动升华了。通过这个活动，我们也感受到YM公司平等有爱的文化氛围。

设计承诺墙的活动有两个目的：一是每个人承诺了，接下来他们能够把能力模型落地应用，而且对自己的“自我发展”也更加重视和关注了；二是承诺墙活动作为结尾活动是一种很好的形式，可以提升场域的能量，也能将建模共创会再次升华，成为管理梯队发展项目的引擎。

所以，共创会中活动设计很重要。好的共创会一定是要把“逻辑线”和“情感线”双线并行起来，既能够圆满交付成果，又能够寓教于乐。

最后，我们还需要对模型做评估和校准。值得一提的是，这个案例中，在建模之初考虑整个周期只有3天的时间，根本没有其他的时间召开校准会校验模型。所以，项目前期我们就和客户沟通确认过，由于时间紧迫，只能在建模共创会当场做模型校验。所以，需要项目的所有利益相关方都在现场，参与建模的主要是基层主管绩优代表和基层主管的上级代表；作为观察员的有高管代表和项目负责人。这些观察员，他们的主要任务是：在项目每个环节进行评估和校准，如有偏差及时反馈给顾问，顾问在过程中及时进行调整。

这种方式可以节省召开校准会的人力成本和时间成本，但对顾问的要求很高，需要他对现场的把控能力和应变能力很强，这种敏捷的做法对顾问更是一种挑战。

当然，共创会结束后，顾问还是会对模型整体做调整和美化，但是内容基本不会有大的修改，因为已经共创达成一致了。

四、Tips：要点

建模及定稿流程介绍完了，我们总结一下要点：

• 第一单元的背景介绍和导入，可以根据每家公司的情况灵活设计，但是胜任力项目的简单介绍必不可少。为了营造好的氛围，我们通常会在一开场设计一些提升能量的现场活动，但是活动设计必须紧扣主题。

• 不管是完整建模还是敏捷建模，第二单元至第四单元是核心。建模对象的角色定位及关键工作任务确定、能力项输出、关键行为描述（或行为等级）这些步骤是关键。这是产出模型必不可少的环节。

• 第五单元的设计，可以为后面模型的应用做好铺垫，是一个很有价值的步骤。前面篇章说到，到第四单元为止，我们的建模成果已经产出了。要不要有第五单元，根据整体建模的目标和项目需求来定。第五单元设计得好，可以使整个共创会升华，让参与者更有获得感。

第四节　敏捷版建模究竟“敏捷”在哪儿

前面说到“敏捷建模”的概念这几年很火，但是这种提法的根源却不好查找。所以，怎么建模才叫“敏捷”呢？行业里说法不一。有一种观点认为，卡片建模就是敏捷建模，因为可以直接从已有的卡片库里或能力词典里找出企业需要的胜任能力项，再做一些修改就可以应用了。

我认为，这种观点看待“敏捷”相对局限，卡片只是建模的一个工具，不管敏捷版还是完整版都可以用。总的来说，用卡片建模对整体项目变得“敏捷”影响不大。我认为，应该从“道”（WHY）的角度、以终为始地看待“敏捷”。为何要“敏捷”？“敏捷”模型怎么用？可以怎么“敏捷”？

结合前面敏捷建模的案例，我们总结一下敏捷版建模究竟“敏捷”在哪儿？具体如下：

一、用时少了

以上敏捷建模的案例建模周期只用了 3 天时间，应该说是我建模以来做得极致敏捷的案例，十分有代表性，所以拿出来作为案例拆解。

实际上，很多客户要求敏捷建模并不会像 YM 公司那样只给 3 天时间。只要时间允许，我们可以根据实际情况和项目目标来平衡如何敏捷和完善。

二、操作步骤少了

以上敏捷版案例只用两步就完成了：模型准备和建模定稿，但步骤逻辑和完整版基本是一致的。模型准备环节，其实包含项目调研准备和绩优数据采集两个步骤；采用了两种访谈方式，访谈人员相对减少了。而建模定稿步骤，也把模型的评估和校准融入共创会。

三、模型简单了

从图6－6基层主管的胜任力模型中，我们可以看出这个模型比完整版的模型简单不少，模型构成只有模型结构、能力项、能力项名称、关键行为描述。没有能力项的定义、能力维度、行为等级的描述等要素。

值得一提的是，不是敏捷模型就一定不能有行为等级这些要素。敏捷建模也可以把模型要素做得更完整，只是模型构成要素越多越耗时。我们应该从未来应用的角度来判断什么样的模型构成是需要的，平衡好模型构成和建模效率。

四、对建模人员的要求高了

整体来说，对建模人员有三个要求变高了：

①对建模人员灵活变通的能力要求变高了。整个项目的设计因为时间短，就要求顾问根据客户的需求对建模的步骤加以调整，使之更加高效实用。

②对建模人员建模的精准性要求变高了。因为时间短，所以每个环节一旦设计好，就没有太多时间大幅调整，要求建模人员每一步的操作精准性更高。

③对建模人员的现场把控能力要求变高了。特别是以上案例中，我们把模型校准融入共创会，需要建模人员能够控场又能够灵活调整。

五、模型的结果应用会有不同

前面说过，因为模型简单了，只有关键行为描述，没有行为等级，所以模型用于评估人员的“胜任”和“不胜任”是比较客观直接的。如果用在评估人员“未达标、达标、超越期望”这样的行为等级，虽然也可以用打分来区别等级，但没有行为等级的参照，比较主观。

所以，像这样的敏捷模型用在内部晋升、薪酬的调整依据等需要拉开员工差距的评价上不够有说服力，毕竟主观评分的比重较大。所以，敏捷建模虽然敏捷高效，但应用时也有一定的局限性。

究竟怎样才算“敏捷”呢？其实并无定论，我认为衡量是否敏捷的标准是以下 16 字方针：

①业务为先。

②够用就好。

③小步快跑。

④快速迭代。

以上关于“敏捷”的看法，一家之言，仅供参考。

关于模型的结果应用，我们将在下篇应用篇具体介绍。

第七章
胜任力建模的关键成败因素及风险点

前面的篇章已经把胜任力建模的道法术，从理论到实践都介绍清楚了，相信大家照着指引一步步操作是可以学会的。胜任力建模这件事我已经做了十年，碰到过很多困难，跌过很多坑，也请教过很多人。这一章希望给大家介绍别人不会说的关键成败因素和经验总结，同时收集了我在咨询项目中及课堂上被问及最多的问题，希望为将要或正在建模的读者提供借鉴和参考。

第一节 胜任力建模的关键成败因素

胜任力建模的关键成败因素，总结下来无非三点：人、事、物。

人：即建模项目的所有相关人员。人是牵动整个项目的核心，所以要考虑关于人的几个关键点：

√谁来建模？建模是内部人员自己建还是聘请外部机构？

√给谁建模？建模的对象是哪些岗位或是层级？

√谁是建模项目的利益相关方？建模项目对谁有帮助？能帮助他们什么？

√谁来评估？建模项目后，谁来评估项目的好坏？

这几个问题，在前面的篇章可以找到答案。

事：即胜任力建模。讲明白建模，就是我写本书的目的。其实，按照黄金圈的法则（Golden Cycle），就是搞清楚建模这件事的“Why - How - What”，相信在前面篇章的理论、实践内容里都已经阐述清楚了。

物：即建模项目用到的各种成本。综合来说，就是直接成本和间接成本。

直接成本是可视化可量化的。如果企业请专业机构建模，费用主要包含项目咨询费用、物料费用、场地费用、差旅费用等。如果企业自己建模，成本会节省很多，但是由此投入的人力成本，比如招聘一些专业人士来负责此项目也是可视化的成本。

间接成本，这一点常常被忽略。我们在项目里会访谈项目的干系人、高管，以及邀请相关人员到启动会、共创会、校准会等，这一系列的项目动作都需要组织协调各个层级为数不少的人员参与。应该说，项目间接投入的单位人力成本还是相当高的，尤其是参与的高级管理人员及高级技术人员比较多，还有项目周期比较长的情况下，间接成本尤其高，但是这些成本往往不可视。如果想知道投入了多少间接成本，可以请内部的薪酬人员按天数计算一下这些隐性人力成本，有利于项目前期综合考虑投入产出比。

所以，是否做建模项目，不要为了做而做，不要管理大于经营。

第二节 胜任力建模的十大风险点

建模中有哪些风险点，就是我们常说的“坑”，要避开这些“坑”顺利建模。风险点汇总十点如下：

第一，与公司实际情况、业务发展相脱离。这种情况很有可能是为了做胜任力建模而做胜任力建模，或是还不了解公司的实际情况或业务特点时就匆忙上马建模项目。我认为不管做什么人才项目，都必须以公司情况和业务特点为基本出发点，所有的项目脱离公司的实际状况都将失败。

第二，没有得到相关利益方的支持。这种情况很多时候是由于专业人士闭门造车建模，没有争取到内部相关利益方的支持，尤其是没有得到最高管理者的支持，没有事先内部沟通一致造成的。这样往往在落地应用环节，容易受到业务管理者和相关利益方的质疑和阻碍。还有一种原因是，项目负责人的内部影响力不够，不足以引起利益相关方的重视。

第三，内部没有充分沟通。这一点贯穿整个项目非常重要。项目启动前我们一般会召开项目启动会进行内部动员、沟通宣贯；项目过程中，也会定期对项目节点和结果做汇报；项目结束后还会召开项目总结大会汇报项目成果及预告后续进展。所以，一个项目的成功取决于参与项目的各方是否上下一致、左右同步，而良好的沟通才能达成这一点。

第四，做得太专业、太复杂。这种情况主要原因在于建模负责人。胜任力建模项目对建模人员的专业要求确实比较高，但是专业人士千万不要钻到专业的深井里，要根据企业的实际情况做选择。可以做得完整精细，也可以做得简单敏捷，最终衡量的标准在于是否可落地应用。这里举几个做得太专业太复杂的例子：

- 胜任力指标过多，20 多个，这种情况并不少见。指标过多造成后期的评价没有侧重点，不能突出被测评人员的优势项和短板项，不利于后期的选拔与培养。
- 行为等级过多，设了 5 个及以上的行为等级。我们前面说到指标项的行为等级建议设 3 个，分别为不达标、达标、超越期望；4 个等级也是可以的，分别为不及格、及格、良好、优秀；这样每个等级之间可以拉开差距，便于评估。

如果设为 5 个及以上，达标（或是及格）后面的行为等级就不好设定了，特别是每个等级的行为描述很难写。这点我在建模工作坊的实操中深有体会，在工作坊中有一个重要步骤是书写三个等级的行为描述，我们会发现参与者比较容易写出“不达标”和“达标”之间的行为描述，行为点容易拉开差距。但是在书写“达标”和“超越期望”的行为描述时就没那么容易了，容易把行为点交叉混淆在一起。所以，行为等级过犹不及，还是建议 3 个。

- 胜任力指标评价时，最小评分刻度分值过小。这个在中篇建模篇和下篇应用篇已经有详细介绍，在评价被测评人员的胜任力指标时，通常会设定 5 分或是 10 分的分值。举个例子，我们评价一位管理人员的“系统思考”这项胜任力指标时，如果有 3 个行为等级，一般设定不达标 1 ~ 3 分（不含 3 分），达标 3 ~ 4 分（不含 4 分），超越期望 4 ~ 5 分，最小评分刻度为 0. 5 分。所以，在这里达标行为可以评 3 分，也可以评 3. 5 分。如果觉得 5 分制分值过小，也可以设定 10 分制，最小评分刻度也是 0. 5 分。

我曾见过有的企业把最小评分刻度设为 0. 25 分，结果是很多被测评人员在胜任力评价以后的综合得分十分趋同，评分结果和实际情况不符，遭到了业务管理者的质疑。

第五，建模的周期太长。建模周期如果太长，会大大影响后期应用的效果，也极大地耗费了企业的管理资源。我曾见过有些企业建模项目做了一年，前期项目造势的影响力大大减弱，且消耗了太多的人力、物力，搞到最后项目负责人疲惫不堪，视项目如鸡肋。

我建议，不管建模项目多复杂，不要超过半年周期，通常我们单个咨询项目的周期最长也不过 2 个月，且都是分阶段进行，一个阶段做完验收后再进行第二阶段。如果真的建模岗位和层级很多，我建议分阶段进行，先把一个岗位或是一个层级的模型建完，落地应用起来，发现问题后快速迭代；等一个模型顺利了以后再想着建第二个、第三个模型，这样短平快的分阶段建模及应用更容易取得成功。

第六，标杆人物选择的数量不够，人选不对。这一点在绩优数据采集的环节尤为重要，因为胜任力建模提取的都是绩优人员的关键事件和关键行为，所以标杆人物的选择很有代表性。至于选多少人和选什么人在中篇建模篇已经详细介绍过，这里不再赘述。

第七，访谈的关键事件和关键行为没抓准。这一点和第五点密切相关。主要的原因有以下两个：

- 访谈者没有用行为事件访谈法（即 BEI 访谈）或是没有熟练应用 BEI 访谈中的“STAR 法则”来收集关键信息，具体操作见中篇建模篇。
- 访谈过程中应该不带主观判断的记录被访谈者的关键事件和关键行为。我有一个形象的比喻是：我们不产出“关键事件和关键行为”，我们只是“关键事件和关键行为”的搬运工。所以，在访谈过程中，我们只做相关记录不做任何主观臆断，尽量还原被访谈对象“原汁原味”的关键事件和关键行为；在后期访谈结果的整理分析时再做判断。

第八，行为描述写出来无法评估。这个情况通常是因为行为描述写得不够“SMART”（注释：SMART 原则指的是，S – Specific，具体的；M – Measurable，可衡量的；A – Attainable，可达成的；R – Relevant，相关的；T – Time bound，有时效的），所以导致后期无法评估。

还有一种情况是行为描述都是偏态度类的行为，比如“客户意识”这项行为，如果写出的行为描述如“以客户为中心，响应客户的号召；急客户所急，想客户所想；以良好的态度对待客户”等行为描述，没有具体的行为点，比较难评估；可以改成：

“客户意识”的关键行为：

- 能够对客户的各项行为做出反应，与其坦诚交流。
- 能够主动了解客户的期望和要求，鼓励客户参与相关活动。
- 能够与客户共同寻求继续合作的战略规划，使双方实现共赢。

第九，没有考虑后期应用。建模项目前没有以终为始地考虑项目后期的落地应用，所以建模很关键，但是好用才是硬道理。不能用的模型再好看也是没有灵魂的。

第十，没有持续更新迭代。胜任力模型建好后并不是一劳永逸的，需要根据企业情况不断更新迭代。跟不上发展的胜任力模型，也会制约企业人才管理建设。具体怎么调整，下一节详细介绍。

第三节 胜任力建模的常见问题汇总答疑

问题 1：企业在什么情况下需要建立胜任力模型？

答：四种情况下需要建模，如图 7－1 所示。

图 7－1　企业胜任力建模的痛点

问题 2：我们是一家小公司，人员规模不大，能做胜任力建模吗？

答：是否能做，主要考虑两点：

一是考虑清楚为什么要建模，不要为了做而做。如果是处于生存期的小企业，我建议不要做；需要建模的岗位人数太少也不要做。总之，管理不要大于经营，一定是企业遇到了关于人才标准的痛点再建模。

二是无论公司大小，都需要更精准地人岗匹配。胜任力模型是公司进行人岗匹配和人事决策的一个核心工具和参照标准，不论何种规模的企业都需要做到人尽其才、才尽其用。需要在岗位上（尤其是对中小微企业而言，在岗员工的容错率具有更小的空间）的员工最大可能地创造价值，这就需要精确做到人岗匹配，利用相对有限的资源创造更大的价值。

问题 3：建模是企业自己做好还是请专业机构做好？

答：建模是企业自己做还是请专业机构做，主要考虑参与建模的人员。可以分为自主式建模、外包式建模、辅导式建模三种。

自主式建模，就是由企业内部人员进行胜任力模型的构建。这种建模方式风险较大，质量不可控，如果企业内部没有专业人员，则很难高质量地完成模型的构建。少部分大企业从咨询公司挖几个专业顾问承担这方面的工作，从单个项目上来看成本较低，但从长期看，企业需要为此配备专业人才，成本非常高。同时，由内部人员开展行为事件访谈、高管访谈，访谈对象一般不愿意袒露心声，访谈的质量也会受到一定的影响。

外包式建模，就是将胜任力模型的构建交给专业的咨询机构来完成。咨询顾问凭借专业技术和丰富经验，能有效控制模型质量和项目进度，项目成本较低。不过，外部顾问团队需要和内部项目负责人一起协同，内外部结合，才能把建模做到既专业又符合内部实际情况。

辅导式建模，是指雇请咨询公司的顾问通过培训辅导的方式传授建模方法，由企业内部项目组成员完成模型的构建，外部顾问对各阶段过程文件和成果进行审核修订、提出指导意见。模型的构建与内部人员的能力和精力投入关系较大，因此时间和质量控制难度较大。但是，企业内部项目组成员对建模关键技术的掌握较多，项目金额较低，如把人工投入也计算进来，总成本也不低。

一般而言，企业规模较大，有专门的胜任力研究机构和专业人才，可以选择自主式建模；如果企业想掌握胜任力模型相关的技术，且内部人员的建模时间可以得到保障，可以选择辅导式建模；如果企业规模较小，对胜任力模型的了解较少，建议采用外包式建模。

总之，胜任力模型构建方法的选择因企业的目的、规模、资源等条件的不同而有所不同，所以在建模之前应灵活选择并合理运用建模方法。

问题4：建模是建完整一点好，还是敏捷一点好呢？

答：主要考虑完整版建模（即精细化建模）需要投入较多的人力，建模周期长，成本高；简单建模则相反。企业应从建模的应用目的和各自实际情况出发，选择相应的建模方法。如果应用目的单一，比如只用于选拔，采用简单建模比较合适；如果模型需要用在人才管理的选用育留各个环节，则可以选择精细化建模。如果企业发展还处于创业期和成长期，管理比较粗放，则可以采用简单建模；如果企业处于成熟稳定阶段，则可以选择精细化建模。

问题5： 胜任力建模的周期需要多久？

答： 具体建模需要多久，根据每个企业建模的要求、应用程度各有不同。为了适应快速发展企业的需要，我们通过敏捷建模的做法，可以做到不同版本满足不同企业的需求，如图7－2所示。

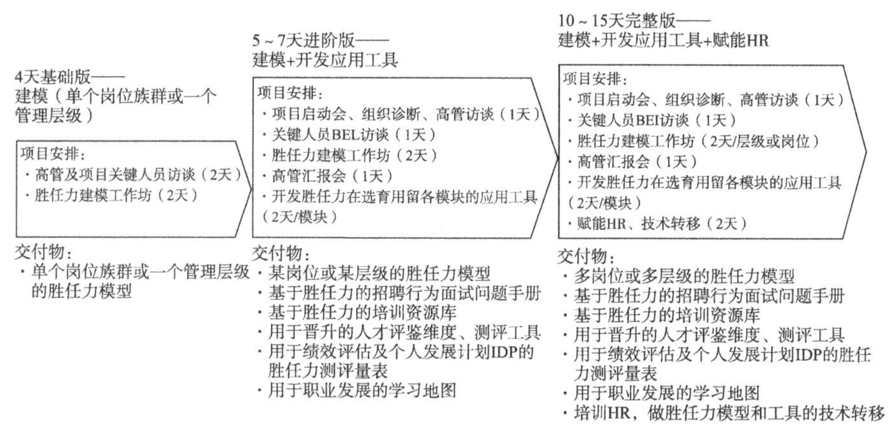

图7－2　胜任力敏捷建模的项目安排

当然，也有企业需要完整版的建模，我们现在完整版建模最长的咨询周期是2个月，包含建模和模型应用工具开发。

所以，内部顾问要预估建模项目的时间，还需要根据企业的业务周期和实际可配合的时间来决定。

问题6： 访谈中，除了选择绩优人员进行访谈外，绩差人员要不要访谈？

答： 原则上，绩差人员是不需要访谈的。因为访谈的目的是要进行绩优数据采集，所以访谈内容主要聚焦绩优人员的关键事件和关键行为。

细心的读者会问："行为等级里不是有'未达标'（或待提升）行为吗？或是有的公司需要输出'反向行为'？难道不需要采集绩差人员的'不好'的行为吗？"我们在实操中会发现，如果要采集这样的行为，通过访谈绩差人员是访谈不出来的，因为在访谈中问到一些失败事件或是挫折事件时，被访谈人员通常不愿意透露太多的细节，会有比较多的掩饰，所以能收集到的信息不多，这也是人之常情。

如何采集这些信息呢？主要通过访谈建模对象的上级或更高管理层，

可以问以下问题：

➢过去，你淘汰或开除过下属吗？是因为什么事件？你当时的感受如何？

➢你在招聘面试中看到候选人什么样的行为，认为他们是不合格的？或不能接受什么样的行为？”

➢过去公司有因为文化价值观的原因开除过员工吗？是什么样的事件，你能具体描述一下吗？

另外，共创会里输出“未达标行为”或“反向行为”时，也是可以引导参与者共创的。

问题 7：胜任力模型好与不好的标准是什么？

答：胜任力模型好与不好的标准，我归纳为 5 条：“SPORT”原则，如图 7－3 所示。

图 7－3 胜任力模型好与不好的标准－SPORT 原则

- Specific，具体的：落实到行为描述层面的胜任力模型才是具体的。
- Positive，正向的：胜任力建模访谈中提取的关键行为和事件都是正向的，都是指向产生绩优行为的。
- Observed，可观察的：胜任力模型中写出的行为描述都应该是可观察的，态度类的行为是不能被观察到的。
- Related，相关的：胜任力模型构建一定要与企业战略规划、业务发展和文化基因高度相关。
- Tested，可检验的：胜任力模型构建出来后要经过评估与校准，可以选取具体工作场景与具体评估人选来检验。

问题 8：建模共创会中，共创出的模型如果领导不认可，怎么办？

答：中篇建模篇说到，共创会中一定要给大家畅所欲言的机会，在共创会的很多环节大家贡献集体智慧的时候，都会有不同的意见和建议，这时候要充分听取大家的建议，引导讨论最后达成一致。但是，这不代表共创会的产出结果是漫无边际、不可预期的。共创会中，顾问（不论是内部顾问还是外部顾问）引导的方向一定是公司管理层对这些建模对象的期待和目标，顾问要记住这一点，过程是真共创，但是结果是需要引导的。所以，前期对管理层和项目负责人的整体项目访谈是十分必要的，这个“把脉”的过程就保证了建模的产出结果是领导们预期的，没有大的偏差。如果产出结果稍微有一些不一致，我们还是可以通过校准会来微调的。

这对顾问的要求很高，除了要求顾问对胜任力建模十分专业外，还对顾问的引导技术要求很高，因为现场会有很多不确定的情况发生，经常会受到参与者不同意见的挑战。所以，顾问要真共创，允许所有的不一致出现，这会让共创会的参与者感受到尊重、平等和真正的“共创”，又要“引导”参与者最后取得预期的结果。

问题9：胜任力模型建好后可以用多久？

答：快速发展的企业，我们建议是一年迭代更新一次；相对平稳的企业，我们建议2～3年迭代一次，但一般不超过3年。模型更新迭代不需要推倒重来，只需要把因业务变化而对人员要求有变化的胜任力指标重新梳理即可，建议小步快跑地迭代更新。当然，如果公司业务及战略有重大变化，可能需要重新建模。

问题10：胜任力建模对建模者的能力要求有哪些？

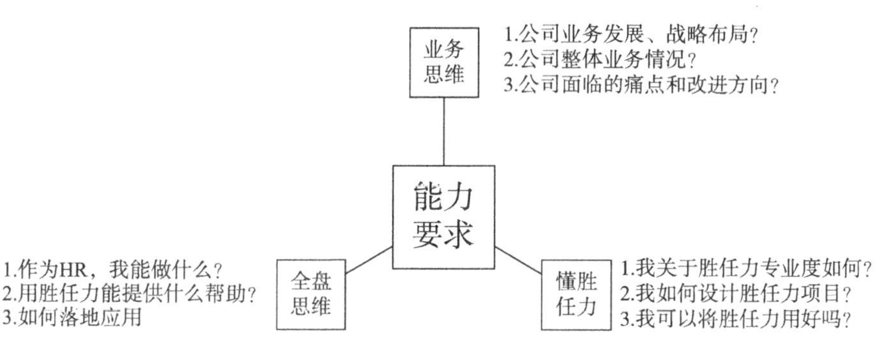

图7-4　胜任力建模的能力要求

答：对建模者的能力要求有三方面，如图7-4所示。建模者要有业务思维，这一点至关重要。作为一个内部顾问是否深刻理解：公司业务发展的前景如何？战略布局怎样？未来1~3年战略目标是什么？公司目前整体业务状况如何？面临什么痛点？如何改进呢？从自身角度出发，我能做什么来帮助业务呢？

这样的问题看似很大，但都关乎项目的成败。这些问题没有考虑清楚，往往做出的项目都是脱离业务实际的。

• 建模者要有全盘思维。作为HR或是内部顾问，从自身角度出发，我能做什么来帮助业务呢？如果我想做胜任力建模项目，能帮助企业做什么？可以从以下5个问题来梳理建模项目的整体思路：

➢企业构建胜任力模型的原因：企业为什么要构建胜任力模型？

➢企业构建胜任力模型的对象：企业针对什么人群构建胜任力模型？

➢企业构建胜任力模型的目标：企业构建胜任力模型的期待结果是什么？希望拿到什么交付物？

➢企业构建胜任力模型的计划：企业构建胜任力模型具体的实施步骤和行动是什么？

➢企业构建胜任力模型的结果应用：企业构建胜任力模型以后会用在哪些方面？打算怎么用？

• 建模者要懂胜任力。这就要求建模者既要有胜任力建模的专业度，又要有人力资源的相关知识和专业能力，因为胜任力模型是要应用到人才选育用留的方方面面的。

可以考虑这些问题：要建模，我的专业水平足够吗？是自己做，还是请专业机构帮忙做？整个项目，我应该如何设计呢？后期如何落地应用呢？我应该从哪里得到这些资源呢？

『下 篇』

应用篇: 基于胜任力模型的结果应用

第八章
基于胜任力模型的招聘

第一节　基于胜任力模型的招聘有何不同

由于某些胜任力较难后天培养和改变，如何把好人才入口，挑选出胜任能力与组织及岗位职责相匹配的人才显得尤为重要。

与传统的基于岗位职责要求的招聘与选拔相比，基于胜任力模型的招聘与选拔有以下优势：

• 选人依据和标准更加科学。传统的基于岗位职责要求的招聘，往往侧重考察学历、知识、技能等冰山上较为容易识别和培养的内容。而基于胜任力模型的招聘与选拔更注重深入挖掘那些冰山下能够真正影响工作绩效的个人条件与行为特征，对工作业绩具有显著的预测效果。

• 招聘渠道建设更加精准，真正起到筛选的作用。传统的招聘广告通常重在描述工作内容，基本任职资格条件；而基于胜任力模型的招聘与选拔的招聘广告则更加明确："要什么""不要什么"，行为化工作内容介绍，高绩效标准及产出目标要求；这种基于胜任力行为的精准描述，能够有效降低无效应聘者的数量，能够真正起到筛选的作用。

• 甄选方法更重视从实际工作和情境出发，预测性更强。传统的招聘面试流程更多的是基于简历和基本任职资格条件的确认；而基于胜任力模型的招聘面试流程更多的是基于过去关键事件的行为分析，从而判断出候选人的胜任力水平，这样更能够准确预测候选人未来是否胜任本岗位。

前期把好人才入口比后期的培养更重要。基于以上优势，我们推荐企业建立一套适合本企业的胜任力模型，这对各岗位的招聘与选拔有非常大的作用。

以下我们将从企业常见的两种招聘场景，社会招聘和校园招聘来详细说明胜任力模型如何应用于招聘与选拔。

第二节　用于社会招聘

传统的招聘广告通常重在描述工作内容、基本任职资格条件，在招人时通常会把岗位要求放到招聘广告中，而这些招聘广告中的岗位要求又来源企业已经制定的岗位说明书。但是，岗位说明书只解决了大家对岗位的要求是一致的问题，并没有解决人的标准是一致的问题，在招人时常常出现岗位要求很明确，但是大家对候选人的评价不尽相同，甚至评价差异较大的情况。

使用胜任力模型就可以很好地解决标准统一的问题，因为胜任力模型关注的是对绩效产生关键影响的能力、个性、态度等，因此成为招聘选拔中非常有效的标准工具。在实际咨询场景中，我们通常会帮企业在搭建好胜任力模型以后，开发针对管理岗位的不同层级（通常分为基层、中层、高层三层）或是针对不同专业族群（如销售族群、研发族群、财务族群等）的招聘面试问题集，把需要评价的胜任能力开发出一系列的问题清单，这样的问题集手册对面试官，尤其是业务条线的面试官来说是必需和友好的。我们来看一个案例分享，此案例为中篇建模篇里 ABC 公司建模以后的招聘应用，还是以基层管理者为例。

【案例拆解】ABC 公司面试问题指引手册

（基层管理干部）

使用说明

一、问题澄清

胜任能力评估应以可观察的行为事件作为证据，一个问题设置可能对应多个胜任能力行为，通过一系列提问、追问与深挖，收集被评估对象在过去有代表性事件中的具体行为与心理活动的详细信息，对比分析，发现与 ABC 公司胜任能力匹配的候选人。

二、信息识别

请聚焦被评估对象的具体事例与行为，抓取的关键信息包括：

◇事例发生的情境。

◇任务或目标。

◇采取的行为或措施。

◇达成结果或交付物。

三、注意事项

◇面试官应围绕 ABC 公司的能力模型提问，少问无关的问题。

◇面试官应控制面试的进程与节奏，注意时间的分配，平衡在每个能力指标上收集信息的时间，避免由于时间分配过于偏向某类问题导致其他能力指标无法收集足够的评价信息。

◇坚持“问准”“问实”的原则（STAR 面试法），被评估对象在这一问题上模棱两可、模糊回答，一定要追问弄清楚被评估对象的真实情况和意图，引导被评估对象提供能够证明其能力与素质特征的真实客观事件或数据。

◇对于过分活跃或者滔滔不绝的被评估对象，面试官应控制时间，让其简化细节或者有技巧地打断并引导其回答下一个问题。

◇对于不善言辞的被评估对象，可适当增加问题数量，引导其逐步阐述事件或案例，或变换提问思路，设置适合被评估对象的提问模式。

四、注释

手册中出现：**【目标明确】**（追求结果）

【目标明确】是关键词，表示管理干部能力模型的某个能力名称；（追求结果）是胜任能力卡片中的某项能力。如表 8－1 所示。

表 8－1 关键词

能力指标	出成绩（基层）
能力定义	明确目标、拟订计划、积极行动，肯努力，打胜仗

续表

<table>
<tr><td>能力指标</td><td colspan="2">出成绩（基层）</td></tr>
<tr><td>关键词</td><td colspan="2">【目标明确】【轻重缓急】【善于协作】【寻求反馈】【追求结果】</td></tr>
<tr><td colspan="2">+达标行为表现
1.【目标明确】明确目标，制订可行的行动方案
2.【轻重缓急】始终将工作安排得有条不紊
3.【善于协作】尊重同事间的差异，能和不同类型的同事合作
4.【寻求反馈】沟通有反馈，事事有回应，件件有着落
5.【追求结果】辅导团队共同达成目标</td><td>-反向行为表现
1. 本位主义，斤斤计较
2. 工作无计划、遇事不协调、执行不落地
3. 光说不做，得过且过
4. 谎报、瞒报坏消息，蓄意传递错误信息
5. 推诿扯皮，随意甩锅</td></tr>
<tr><td colspan="3">面试问题：
——【目标明确】【追求结果】
1. 你去年的年度工作目标是什么？这个目标是如何制定出来的，请举例说明
2. 你认为一个高执行力团队成功的要素是什么？请举例说明
3. 请分享一次你或你的团队工作目标没有达成的事例，是什么原因导致未达成
4. 对于工作中挑战性的目标，你是如何做的？请举例说明
——【轻重缓急】
1. 请介绍工作日你一天的时间大致是如何安排的
2. 请介绍你过去一年内自己特别想做，但是没做成的工作
3. 当你面临内外部管理复杂程度高、多任务同时推进的状况之下，你是如何做的？请举例说明
4. 你工作中最繁忙的场景是什么样的，你是如何应对的？请举例说明
——【善于协作】
1. 你团队中不同性格的人，你是如何让他们相互协作的？请举例说明
2. 工作中难免遇到难搞定的人，你是如何搞定的？请举例说明
3. 请举例说明你是如何帮助新成员融入团队的
4. 请介绍你与跨部门的同事们首次合作时，如何赢得他们信任的？请举例说明
——【寻求反馈】
1. 你在工作中会采用哪些沟通方式？这些方式分别适用于哪些场景？
2. 日常互动中上级/平级/下级是如何评价你的？你是如何知道的
3. 你是如何推进上级交代给你的工作任务的，请举例说明
4. 你是如何管理团队成员日常工作的，请举例说明</td></tr>
</table>

续表

<table>
<tr><td>能力指标</td><td colspan="2">善用人（基层）</td></tr>
<tr><td>能力定义</td><td colspan="2">选拔并培养人才，人尽其用</td></tr>
<tr><td>关键词</td><td colspan="2">【选拔人才】【育人意识】【培养人才】【优胜劣汰】</td></tr>
<tr><td colspan="2">+达标行为表现
1. 【选拔人才】招聘到符合 ABC 公司要求的人才，满足团队需求
2. 【育人意识】以培养他人为己任，乐于介绍知识经验和指导他人
3. 【培养人才】通过采取指导、反馈、工作体验、拓展任务来培养他人
4. 【优胜劣汰】在绩效周期内及时识别低绩效员工，给予辅导，敢于根据改进效果进行优胜劣汰</td><td>-反向行为表现
1. 不接纳多元化人才
2. 限制下属的发展
3. 袒护不符合要求的员工</td></tr>
<tr><td colspan="3">面试问题：
——【选拔人才】
1. 请介绍你面试挑选团队成员的一次经历，当时你是如何评价衡量候选人的
2. 请谈谈你是如何配置团队成员来满足部门发展需要的，请举例说明
3. 你以前有没有选错人的经历？若有，请给我们介绍一下这次经历
4. 有一种情景：你必须在两个候选人之间做出选择，一位不适合当前工作，但长期潜力不错；另一位很适合当前的工作，但没有太大的潜力。你过往经历中是如何处理的？请举例说明
——【育人意识】【培养人才】
1. 你的团队成员能力不足的时候，你是如何应对的
2. 过往工作中，你是如何培养下属的？请举例分享
3. 以往工作经历中，请介绍你作为 Team Leader 是如何帮助团队成员做职业发展的？具体有哪些措施
4. 你的团队成员不能满足公司未来战略发展规划时，你是如何做的？请举例说明
——【优胜劣汰】
1. 你过往是如何对团队成员进行绩效考核的？如何评估出低绩效的员工？请举例说明
2. 请描述你处理低绩效员工的一次经历，当时是如何做的？结果如何
3. 你有没有辞退低绩效下属的经历？若有，请你分享一个案例，你是怎么做的</td></tr>
<tr><td>能力指标</td><td colspan="2">重行动（基层）</td></tr>
<tr><td>能力定义</td><td colspan="2">用能行的态度，迅速果断采取行动应对挑战</td></tr>
<tr><td>关键词</td><td colspan="2">【心态积极】【行动迅速】【自省担责】【坚韧皮实】</td></tr>
</table>

续表

<table>
<tr><th>+达标行为表现</th><th>-反向行为表现</th></tr>
<tr><td>1. 【心态积极】压力下及时调整心态言行，正向传递公司讯息
2. 【行动迅速】以“我能行”态度接受任务，积极采取行动
3. 【自省担责】通过复盘吸取成功和失败的经验、教训
4. 【坚韧皮实】从挫折中恢复过来，充满活力与动力</td><td>1. 畏难情绪，知难而退
2. 玻璃心，经不起批评
3. 不自省，传播负能量
4. 面对阻力或挫折，尝试一两次就放弃</td></tr>
<tr><td colspan="2">面试问题：
——【心态积极】【坚韧皮实】
1. 请介绍你遇到的最大挑战的一次工作经历
2. 请介绍面对突发危机之下，你带领团队实现目标的一次工作经历
3. 请分享你刻骨铭心的一个工作受挫事件，请具体谈谈
4. 当领导同一时间给你布置好几项额外的工作任务时，你是如何做的
5. 请分享工作中受委屈的一次经历，当时情景是怎样的，你是如何处理的，结果如何
——【行动迅速】
1. 请介绍一下你接受最紧急的挑战性任务的一次工作经历。主要采取了哪些行动达成了目标
2. 请介绍你面对时间紧、任务重、资源缺的情况之下，你带领团队积极应对的一次工作经历，效果如何
3. 针对同一个任务，以往你有过比平级的其他管理者完成得更加高效的经历吗？请具体谈谈
4. 你在实施上级布置任务过程中，上级领导的诉求经常发生变化，你是如何做的
5. 请分享一次你受到领导嘉奖的一次经历，请具体谈谈
——【自省担责】
1. 请介绍你刻骨铭心的工作受挫的一次经历。当时情景是怎样的，你是如何处理的，结果如何
2. 请介绍团队陷入困境的一次经历，当时情景是怎样的？你是如何处理的，结果如何
3. 当团队成员执行挑战性任务失败时，你是如何做的
4. 请分享年度最差的一次绩效考核，请具体谈谈
5. 工作中我们常常会希望别人帮我们分担责任，你是如何做的</td></tr>
</table>

以上案例的面试问题集都是基于 ABC 公司基层管理干部的胜任力模型来设计的。我们以其中一个能力指标“出成绩”为例，它包含“明确目

标、拟订计划、积极行动，肯努力，打胜仗”这些方面的要求，而关键词“【目标明确】【轻重缓急】【善于协作】【寻求反馈】【追求结果】”则是在“出成绩”这个大的能力指标里的具体的能力项要求，所以我们的问题集都是根据这些关键词设计的。每个能力项都有相对应的“+达标行为表现”。前面说过，ABC 公司在胜任力建模的时候也明确了每个能力指标都要有反向行为，所以在招聘面试中，ABC 公司会要求面试官注意观察候选人是否出现反向行为，如果有，将酌情处理或不予录用。

以上案例，每个能力项下面都设计了 3 ~4 个问题供面试官选择发问，这样的面试问题因为是基于胜任力模型设计的，所以问题指向的都是候选人是否具备本岗位的胜任力要求。当然，面试官的面试时间是有限的，一般为1 ~2 小时，所以有限的时间里，我们建议面试官尽量挑选一些对候选人胜任本岗位至关重要的能力项来考核，然后加以辅助的测评手段就能比较全面地精准选拔了。值得说明的是，在实际的应用场景中，我们在设计完并与客户确认好《基于胜任力的面试问题指引手册》后，通常会给面试官安排一场相关的培训，在课堂中用“讲授+模拟训练+现场辅导”的方式让面试官学会如何使用面试问题手册来提问，这样能保证胜任力模型落地应用不走样。

第三节 用于校园招聘

接下来，我们再来看一下胜任力模型是如何用于校园招聘的?

校园招聘所测评的对象是刚毕业的大学生，与社会招聘不同的是，校园招聘选拔时的目标群体人数众多，通常没有相应的工作经验，所以在此类招聘中关注的重点是应聘者的潜质性指标，以及个性特点与组织文化的匹配度。具体校园招聘测什么？怎么测呢？如表 8 -2 所示。

表 8 -2 校园招聘中的测评

测评分类	测什么	怎么测
1. 专业技能指标	专业类知识、技能	简历筛选、笔试专业测试、技能测试
2. 潜质类指标	分析思维、计划组织、人际沟通、团队合作、解决问题	无领导小组、面试、辩论、竞合游戏
3. 动力适配指标	文化匹配、个性匹配、稳定性	心理测评、面试

以上专业技能指标通过筛选简历或是笔试、一些技能测试很容易考核，但是关于潜质类指标和动力适配指标就需要把这个标准先定义清楚，才能作为选拔的一把尺子。所以，很多企业在校招前会先搭建校招生（或是管培生——管理培训生）的胜任力模型，作为校招中测评的人才标准。我们来看图 8 -1 某集团公司管培生能力模型示例及表 8 -3 部分展开示例。

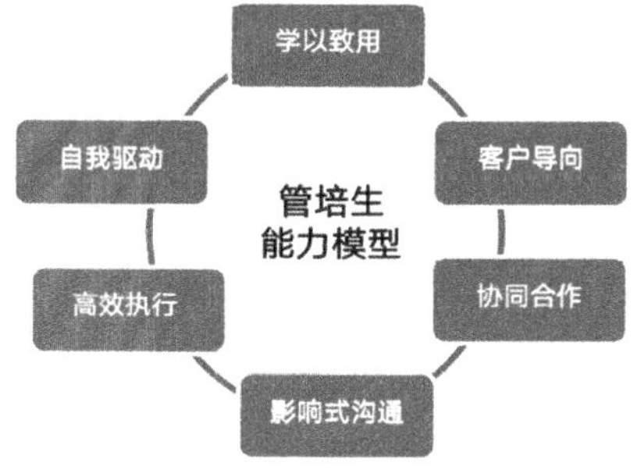

图 8 -1 某集团公司管培生能力模型示例

表 8 - 3 管培生能力模型部分展开示例

	能力	能力定义	行为点	行为点描述
管培生能力模型	学以致用	开放接受新事物、持续学习、立足实践	快速学习	快速接受新的事物并从中学习
			自我认知	了解自己的优缺点，乐于接受批评，从批评反馈中获得成长
			创造力	富有想象力，有新颖独特的想法
	客户导向	理解他人需求，不断提升服务品质	耐心	善待客户，尊重客户，专心聆听客户的心声
			了解他人	站在客户角度思考，通过客户提供的显性或隐性的信息，分析客户的需求
			以客户为中心	准确理解、把握并管理客户需求，提升服务品质，为客户增加价值
	协同合作	理解并承认差异，配合团队工作	亲和力	营造轻松自在的交谈氛围，态度亲切随和，让人觉得容易接近
			富有同情心	尊重并真诚地关心他人，敏锐地洞察对方的心情
			同事关系	与同事一起解决问题，赢得同事的信任和支持
			告知	为团队及时提供有效的信息，有集体意识
			善于社交	与组织内外人员建立和维持积极有效的关系

这家集团公司在校招之前就先构建了管培生的能力模型，解决了“测什么”的问题，校招时他们就将这套管培生的能力模型作为选拔的标准，选拔中采用了面试、无领导小组讨论及商业竞合游戏三种测评手段，解决了“怎么测”的问题。当然，他们也通过一些性格测评（如大五性格测评）及职业内驱力测评，对个性特征及驱动力进行了评价。最后，汇总所有面试官的综合打分，根据每年要招的管培生数量，把综合得分由高到低排列，择优录取。

关于胜任力模型如何应用于人才测评，特别是校招中的“无领导小组讨论”，在后面的章节“基于胜任力模型的评价中心”有详细阐述。

第九章
基于胜任力模型的评价中心

胜任力模型应用于评价中心，就像上篇明道篇关于人才评估体系提到的，有了人才标准后，就要用人才评估体系来找差距（做评估），所以我把所有人才测评的手段工具归纳为一个评价中心（Assessment Center），评价中心里面有各种测评手段工具。总结来讲，就是测评的三个维度：能不能、合不合、愿不愿。注意，这里讲的评价中心是评价手段的集合，而不是评价中心技术。

具体有哪些测评内容和手段，请看表9－1评价中心的测评内容及手段。

表9－1　评价中心的测评内容及测评手段

<table>
<tr><th>测评维度</th><th>测评内容</th><th>测评手段</th></tr>
<tr><td rowspan="2">能不能</td><td>是否具备岗位胜任所需的专业背景、知识、经验、技能等</td><td>简历分析与筛选</td></tr>
<tr><td>是否具备岗位胜任所需的能力、素质、潜力</td><td>心理测验、面谈、公文筐、情景模拟、案例分析、无领导小组讨论、管理游戏、角色扮演等测评手段</td></tr>
<tr><td rowspan="3">合不合</td><td>个性特点是否与岗位要求匹配、个人性格是否与上级匹配</td><td rowspan="3">心理测验、面谈、情景模拟、案例分析、无领导小组讨论、管理游戏、角色扮演等测评手段</td></tr>
<tr><td>个人价值观是否与团队文化、组织文化匹配</td></tr>
<tr><td>职业兴趣、个人职业发展规划是否与岗位的发展路径匹配</td></tr>
<tr><td rowspan="2">愿不愿</td><td>职业内驱力、意愿度</td><td rowspan="2">心理测验、面谈</td></tr>
<tr><td>个人的稳定性</td></tr>
</table>

第一节 测评手段一：心理测验

心理测验是根据一定的法则和心理学原理，使用一定的操作程序将人的认知、行为、情感的心理活动予以量化，帮助当事人了解自己的情绪、行为模式和人格特点的技术。

常见的心理测验可以分为两种：

①能力测验：包括智力测验和能力测验。前者主要测量人的智力水平，后者多用于升学和职业指导服务。

②人格测验：主要测量人的性格、气质、兴趣、态度等个性特征和各种病理个人特征。

例如性格测评，现在市场上用得比较多的性格测评如 DISC、MBTI、大五人格测评、九型人格、PDP 等，这些测评已经很成熟，信效度也比较高，通常我会建议企业客户不用自己开发，直接去买适合的性格测评就可以了，因为开发的成本过高，而且心理测验对开发者的专业要求比较高。而职业兴趣的测评，用得最多的就是霍兰德职业兴趣测评了，感兴趣的读者可以上网了解。

在招聘与选拔中，心理测验最好的应用模式是将两者结合起来，即心理测验既可以做到对工作能力的测量，又能帮助了解个性、价值观、职业兴趣等。

心理测验的特点：大规模施测、测评多方面内容、成本低、效率高，但容易具有掩饰性；主要考察因素有个性、价值观、职业兴趣、基本工作能力、管理能力等。

第二节 测评手段二：公文筐

公文筐测验，通常又叫公文处理测验，是专业性非常强的测评手段之一，对测评开发人员和测评师的要求很高，所以目前在企业的实操案例并不多。在这种测评方式中，测评对象将扮演企业中某一重要角色。然后把这一角色日常工作中常常遇到的各种类型的公文经过编辑加工，设计成若干种公文等待测评对象处理。这些待处理的公文包括各部门送来的各种报告、上级下发的各种文件、与企业相关的部门或业务单位发来的信函等，其内容涉及人事、资金、财务、市场信息、政府法令、工作程序等，既有重大决策问题，也有日常琐碎小事。

这些材料放在公文筐里，要求测评对象以管理者的身份，模拟真实生活中的情境和想法，对每一份文件做出处理，写出处理或解决问题的意见、批示，或直接与相关部门的人员联系发布指示等，并在规定的条件下、在限定时间（通常为1～3小时）内处理完公文。评价者待测评对象处理完后，应对其所处理的公文进行逐一检查，并根据事先拟订的标准进行评价。如分析测评对象是按照轻重缓急有条不紊地处理这些公文，恰当地授权下属，还是拘泥细节，杂乱无章地处理。

处理完毕后，一般还要求测评对象说明处理的理由、原则或依据，对于不清楚的地方或想深入了解测评对象时，主评委还可以与测评对象进行深入面谈，以澄清模糊之处。通过观察测评对象在规定条件下处理公文过程中的行为表现及分析测评对象处理理由说明，评估其计划、组织、授权、决策和问题解决能力等方面的管理潜质。

公文筐测验的特点：考察内容范围广、高度模拟的工作情景，因而被认为是测评深度和精度比较高的一种测评手段，但开发投入较大，对开发者要求很高；考察因素主要有规划能力、授权控制能力、协调能力、创新能力、战略决策能力、分析判断能力、资源配置能力、角色适应能力、书面表达能力等。

我们来看一个全套的公文筐案例分享：

【案例拆解】××集团管理线——经理级　内部竞聘项目

一、文件一：公文筐题本

姓　　名：

部门/中心：

职　　位：

20××年×月

指导语

你好！

欢迎参加××集团管理线内部竞聘项目。你现在正在进行的是公文筐测验活动。在这一环节中，请你暂时忘记身份和职务，以给定的身份和角色处理一系列问题。我们将根据你在模拟情境下的综合表现推测、判断在真实工作情境下最有可能展现出的能力状态。因此，希望你快速进入角色，认真处理文件，提出合理、妥善的处理意见。

在测验过程中，你需要注意以下事项：

● 本次测验时间为 90 **分钟**（含阅读题本），请你务必在规定的时间完成所有文件批阅。

● 共有 7 个文件，文件是随机排列的，每个文件都具有一定的重要性和紧迫程度，需要根据文件的重要程度和紧迫程度排序处理这些文件，并把你的处理顺序用数字标在**答题纸**上的各个文件的顺序栏里（最先处理的标 1，第二个处理的标 2，以此类推）。

● 请就每个文件给出详细的合理、妥善的处理意见，并说明理由或依据。如需要其他部门协助的，请说明需要哪些部门协助及相应处理要点、原则或方案；如需要下属执行的，也要说明相应处理要点、原则或方案。此外，你可以选择邮件、语音、批示等形式处理这些文件。

● 请尽可能保证书写清楚、字迹端正，便于考官批阅。

● 再次提醒，测验时间较为紧凑，请务必快速进入角色，合理利用时间，处理好文件。如果有文件尚未处理完毕，可能会对你的评估成绩有一定的影响。

请注意： 以下情境是模拟一家制造企业，与××集团的真实情境可能有所出入，请以特定情境进行处理。

（一）企业背景

泰华联合集团是一家专注于光伏电力投资、运营、总包及光伏配件一站式供应的高新技术集团公司，前身为一家成立于2004年的太阳能电池组件生产商，于2009年成为集团化公司并逐渐向光伏行业上下游拓展，目前为港股上市公司。作为行业领先企业，泰华联合现主动寻求战略转型和产业升级期，已初步形成能源互联网和金融投资为主，现代服务与农业为辅的产业布局。集团2015年营收总额为87亿元，计划在2016年实现突破百亿销售规模的里程碑愿望，并在2026年成为千亿企业。

泰华联合集团总部位于浙江省湖州市，并在杭州设有管理中心，余杭和萧山设有生产基地。泰华光电为集团公司的前身，专注光伏电池、组件研发、生产制造、销售及服务，主要产能为晶硅电池370MW、组件650MW，员工超过1500人。公司旨在继续打造企业核心竞争力，提升品牌在重点市场上的影响力，建立并完善全球营销网络，加强精益化运营管理，并力争成为在光伏行业中具有领先地位的先进制造企业。如图9－1所示。

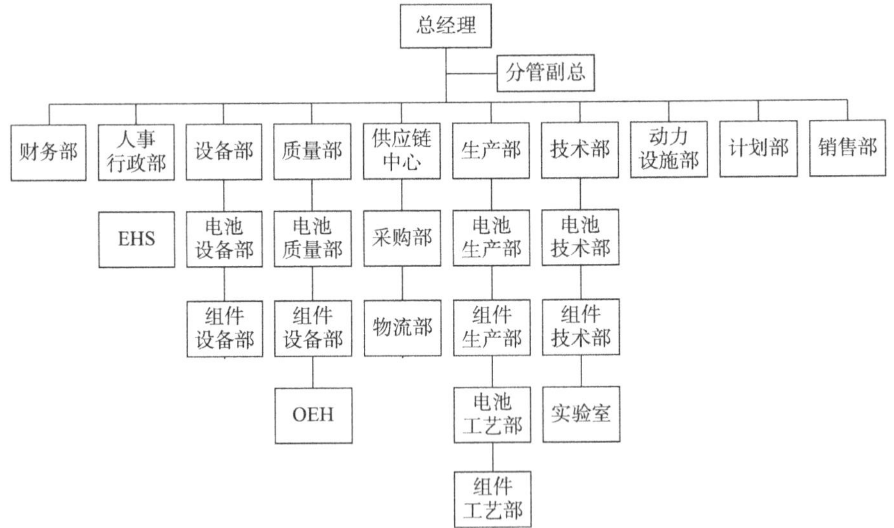

图9－1 泰华光电组织架构图

（二）人物信息

你是泰华光电新上任的组件生产部经理，你的名字叫王海波，你的直接上级是生产部总监徐广文（全面负责部门工作，正在外地参加供应商展会），你的直接下级有部门主管李涛、魏林（分别带领几个不同的班组）。你之前是同业公司的组件生产部门代理负责人。

你的前任，张英平，原准备本周五（4 月 15 日）完成全部工作交付（因此你原计划正式报到的时间是下周一），但是他因为私人原因不得不提前离职，所以，人力资源经理赵可丽紧急给你电话，希望你能够提前到公司处理张英平未能交付清楚的遗留工作。

（三）任务介绍

今天是 2016 年 4 月 13 日，周三，你正式报道的第一天（你上周就开始提前熟悉工作了）。现在是上午 11：30，你刚刚打开电脑准备处理邮件，此时生产部总监徐广文临时电话要求你下午 13：00 从公司出发与他在外地汇合，一同参加展会。展会将于周五结束，因此本周你并没有机会与部门内及其他部门同事相互熟悉。

你电脑里待处理的邮件，部分是前任经理张英平未来得及处理的事件（为了顺利完成工作交接，公司在电脑 Outlook 里给你开通账号的同时，保留了张英平未来得及处理的邮件），你希望利用出发前的一个半小时处理一些紧急事件。

在处理这些邮件时，请注意：

● 直到 4 月 18 日，周一之前，你都在外出差而无法回到办公室处理工作。因此在这一个半小时之内，你需要确保对每个事项的答复和安排都清晰准确。

● 你需要将所有通读并综合来对问题进行考虑。你可以根据自己的判断将一些邮件合并，统一回复。

● 你可以回复邮件来制订计划、安排会议，做出决策，也可以写邮件请其他人提供进一步信息；在写“你的处理意见”时，要求表述准确、清晰；在写“处理依据和理由”时，要求完整而充分。

● 你可以利用本材料中提供的信纸回复邮件，也可以直接将回信写在相关邮件下方。

● 文件是随机排列的，你可以自行根据需要决定文件阅读和处理顺序。

● 再次提醒，测验时间较为紧凑，请务必快速进入角色，合理利用时间，处理好公文；如果有公文尚未处理完毕，可能会对你的评估成绩有一定的影响。

● **现在，你有一个半小时的时间开展工作，尽快开始吧！**

附日历表：

2016 年 4 月

日	一	二	三	四	五	六
					1	2
3	4	5	6	7	8	9
10	11	12	**13**	14	15	16
17	18	19	20	21	22	23
24	25	26	27	28	29	30

1. 邮件一（王海波本人收件箱）

发件人：赵可丽（人力资源部经理）

收件人：王海波（组件生产部经理）

抄　送：徐广文（生产部总监）、王尧（人力资源部总监）

时　间：2016 年 4 月 13 日 8：30

主　题：泰华光电欢迎你的加入

王经理：

你好！欢迎你加入泰华光电这个大家庭，希望你在这里愉快度过每一天！

我在你的电脑里保留了张经理（张英平）的邮箱账号，里面有部分他还没有来得及处理的邮件，这些事务要麻烦你关注和解决一下。

另外，徐总监目前正在出差，他希望在他回来后，具体是 4 月 16 日下周一上午 9：00 – 11：00 与你见面沟通工作。

以下转发的邮件是集团总裁在第三季度会议上的发言，供你学习和了解整个集团的情况，以及本公司在集团中的定位。

赵可丽

转发邮件：

集团总裁第一季度会议发言纪要

……

我们企业追求的是什么？为什么奋斗？

我们要把泰华变成受人尊敬的企业。尊敬不是别人给的，而是你真正值得尊敬。一个企业的成功必须有自己的商业哲学，也有更多的责任和义务为社会创造更大的财富。

泰华十一发展路，一步一台阶。

过去的十年发展之路，我们一步一台阶，第一个五年以制造业为核心，把握住市场机遇，确立光伏制造板块细分产品的龙头地位，建立精益、踏实的工作作风和企业文化；第二个五年我们以投资为核心，确立民营光伏电站运维的领军者，完成资本化，取得产融结合、协同发展。

作为企业领头人，每年我都要否定自己，重新认识自己，思考，再思考。社会在前进，行业在前进，其他企业在前进，没有业绩，我们就在倒退，就不会有机遇。

……

我认为，发展企业和下围棋一样，必须考虑到未来五步，怎么能做到，那就需要一步步的战略转型。泰华经历了十年的发展沉淀，已从一颗种子发展成为枝繁叶茂的大树，下一个五年，泰华要成为有生命力有未来潜力且培育力强的参天大树。

下一个风口，泰华未来五年，最大机遇在哪里？

我们正处于第三个五年的第一年，我们最大的机遇在于能源互联网，目标成为能源互联网的领先者，和全体员工分享成长价值。我们要从重资产向轻资产转变，以服务业为核心，打通金融领域，打造智能化的管理，争取到第四个五年我们能够实现千亿营收的目标。

……

2. 邮件二（前任经理邮件中的未处理邮件）

发件人：魏林（部门主管）

收件人：张英平（前任组件生产部经理）

抄　送：赵可丽（人力资源部经理）

时　间：2016 年 4 月 8 日 9：30

主　题：员工离职申请

张经理：

附件现呈报给你的是邹成辞职报告，人力资源部和我已经通过，现在流程走到你这里了，需要你给出意见。

魏林

附件：

辞职报告

各位领导好：

我是组件生产部的班组长邹成，现申请离职。

我加入公司已经整整 3 年了，是公司的一名老员工。但现在的工作让我感觉非常不适应，非常累，计划部和销售部总是把责任往我们部门身上推，员工们感觉工作总是干不完，我也没法管理他们。

我们部门也有推诿现象，最近一批电池中部分边框组装出了点小问题，工艺部拖着迟迟不给解决，说是我们的问题，又白白浪费了几天赶工。

这些情况我向上反映了很多次都没有得到回复，我不想干下去了。

邹成

2016 年 3 月 16 日

事件背景：

该员工提出离职申请近一个月了，你的前任经理因为处理自己离职的事情，一直没有在流程上正式确认该员工离职。该员工认为人力资源部确认后就算正式离职了，现在离职时间和工资结算上一直没有和人力资源部达成一致，和公司闹得比较僵。

在你入职前，人力资源部经理赵可丽就重点给你介绍过此情况。

3. 邮件三（前任经理邮件中的未处理邮件）

发件人：李涛（组件生产部主管）

收件人：张英平（前任组件生产部经理）

时　间：2016 年 4 月 5 日 15：30

主　题：关于部门员工工作状态的反馈

张经理：

这段时间员工加班一直比较多，普遍比较疲乏，工作状态不佳。之前跟你沟通了好几次，你都因为忙没有时间和我具体讨论。根据你的要求，现在给你发一个邮件备忘，说明具体情况。你还强调说会在阅读完毕后，在回复邮件中给我列举解决思路要点作为后续沟通会议的议题，顺便也是想请你确认下沟通会议时间。以下是这段时间的情况汇总：

最近，我与几个班组长及员工分别谈话，大家都有一些牢骚，我了解到他们的一些真实想法。目前我们和有些部门之间工作职责权限划分不清楚，对于工作内容的理解也不一样——这经常引起工作上的冲突，直接影响了许多工作的有效配合和开展；有些问题明明是其他部门工作不得力或是不按规矩造成的，但是为了保证生产计划指标和节点，却把工作量转嫁给我们部门，比如：

➢计划部没和我们商量，直接调整了这季度的产能指标（指的是第一季度）。

➢销售部冲本季度业绩，擅自提前了交付节点，以确保客户提前打款。

现在感觉加班越来越多，总有干不完的工作。长期下去，员工也吃不消，要想办法调离或辞职了。

考虑到公司、部门的健康发展和员工的士气，这些问题需要尽快反馈，并且给出解决的办法。如果公司从业绩角度出发不能直接解决这些问题，你看是否跟总监和人事部门沟通，看看是否可以在人员编制上帮忙做一些争取工作，其他我暂时没想到好的解决办法，还望领导明示！

李涛

4. 邮件四（前任经理邮件中的未处理邮件）

发件人：周扬（销售部经理）

收件人：张英平（前任组件生产部经理）

抄 送：蔡嘉（组件质量部）

时 间：2016 年 4 月 8 日 16：30

主 题：客户投诉处理

张经理：

我是销售部的周扬，之前接到客户投诉（4 月 1 日）说最近这批电池的合格率过低，客户需要在五个工作日内给一个明确的答复和处理办法。经过质量部的相关诊断，发现是组件封装中边框安装出问题，之前已经将处理流程移交给你的部门。

今天是最后的答复客户时间，我给你打了好几次电话都没有通。现在问题没有及时得到解决，可能造成工期延误，客户非常生气，甚至表示要取消合同并向总经理投诉，请看到邮件以后马上电话联系我，谢谢！

周扬

5. 邮件五（王海波本人收件箱）

发件人：徐广文（生产部总监）

收件人：生产部各经理和主管

时 间：2016 年 4 月 11 日 17：30

主 题：部门工作流程优化

各位经理和主管：

大家好！以下转发的是副总对于近期供应链系统出现的主要问题的总结及相应的要求，请大家认真思考，下周二之前完成以下两个动作：

- 反思本部门在和供应链合作中是否存在问题和对应办法。
- 参考副总发言诊断问题的思路，总结你的部门/团队内存在的问题及相应的解决措施。

完成后必须给我发正式邮件并抄送所有经理、主管，工作流程优化的问题，将在下周三（4 月 20 日）的运营会议上作为额外议题讨论。

徐广文

转发邮件：

各位总监：

近期接连出现生产部与物流部对接不顺畅的问题，一方面产品供应不及时的问题已经影响到产品终端的正常销售；另一方面部分产品严重积压，同时有些同事反映部门之间的协作、对接不顺畅，需要跨部门协调的工作流程非常烦琐，审批也复杂，比较急的事情通常只能请领导出面特事特办，供应链系统职能比较复杂，部门也比较多，为了提高工作效率，降低沟通成本，我们需要进一步优化现有的流程，请你们认真思考现有流程主要存在的问题，并想一想解决的办法，本月中旬之前交到助理小刘那儿。

钟宏（副总经理）

2016 年 4 月 8 日

6. 邮件六（王海波本人收件箱）

发件人：徐广文（生产部总监）

收件人：生产部各经理和主管

时　间：2016 年 4 月 13 日 20：30

各位经理和主管：

接到财务部通知，公司将要开展降本增效的活动，要求结合各自部门的工作，对整个公司的降本增效提出建议。请大家好好思考一下，在下周三（4 月 20 日）的部门生产营运会议，我们最后会留出时间专门来讨论这个议题，请大家提前准备发言思路，谢谢！

徐广文

转发邮件：

关于泰华光电降本增效活动开展的通知

各部门总监：

根据集团的指示和总经理的要求，泰华光电将开展面向整个公司的降本增效活动。其目的是为了公司能够更好地控制成本，从而创造更多收益。因此，各部门需要积极主动地配合集团开展降本增效活动，针对公司现状提出合理建议，并将建议融入各部门下一季度的工作计划。

财务部

2016 年 4 月 6 日

7. 邮件七（王海波本人收件箱）

发件人：徐广文（生产部总监）

收件人：生产部各经理和主管

时　间：2016 年 4 月 10 日 20：30

各位经理和主管：

有两份材料分享给大家参考学习，请大家结合总裁的第一季度会议发言、集团发展战略、公司发展定位、部门工作等谈谈学习心得。大家可以先在部门内部讨论学习一下，本月中旬找时间一起交流。请大家认真学习。

徐广文

资料摘录：

材料一：

展望“十三五”：力促制造业由大变强（节选）

——深入实施制造强国战略，加快发展现代互联网产业体系

当前，以新一代信息通信技术与制造业融合发展为主要特征的新一轮科技革命和产业变革正在全球范围内孕育兴起，给世界产业技术和分工格局的深刻调整带来革命性影响。有三个显著特征：

第一，制造业成为全球经济竞争制高点。国际金融危机后，发达国家

重新审视发展战略，纷纷制定以重振制造业为核心的“再工业化”战略。一些发展中国家则凭借更低的人力和资源成本，加快对外开放和结构调整步伐，积极承接劳动密集型产业和资本转移。各国争相介入新一轮国际分工争夺战，将重塑全球制造业版图，在高端和中低端领域对我国形成“双向挤压”的严峻挑战。随着我国经济发展进入新常态，增长速度、经济结构和发展动力都在发生重大变化，制造业发展站到了爬坡过坎、由大变强新的历史起点上。

第二，互联网日益成为驱动产业变革的先导力量。以互联网为代表的新一代信息通信技术处于跨界融合和群体突破爆发期，技术创新活力和应用潜能裂变式释放。信息网络向高速宽带、泛在融合迈进，融合感知、传输、存储、计算为一体的智能化综合信息基础设施加速形成。围绕数字竞争力的全球战略布局全面升级，打造网络强国成为全球主要大国的共识。

第三，“中国制造 + 互联网”成为未来产业发展的主攻方向。“互联网 + 双创 + 中国制造 2025”，彼此结合起来进行工业创新，将会催生一场新工业革命。从生产方式看，智能制造成为制造业变革的核心。从发展模式看，绿色化、服务化日渐成为制造业转型发展新趋势。从创新方式看，网络协同创新将重构传统的制造业创新体系。从组织方式看，内部组织扁平化和资源配置全球化成为制造企业培育竞争优势的新途径。

“十三五”时期是我国制造业提质增效、由大变强的关键期。“十三五”规划纲要围绕结构深度调整、振兴实体经济，强调深入实施中国制造 2025，优化现代产业新体系，并对实施网络强国战略、拓展网络经济空间做出系统部署，必将对夯实实体经济根基、抢占未来竞争制高点产生重要而深刻的影响。

材料二：

促进制造业高端、智能、绿色、服务化

“十三五”规划纲要首次提出，促进制造业朝高端、智能、绿色、服务四个方向发展。

高端即强化高端引领。近年来，我国高端装备制造业快速发展。但是，与世界先进水平相比，我国高端装备在创新能力、部分核心技术和关键零部件、产品可靠性、基础配套能力等方面仍存在较大差距。《中国制造 2025》明确将高端装备创新工程作为五大工程之一，实现工程化和产业化，引领制造业高端发展。

智能即加快发展智能制造。智能制造是新一轮科技革命和产业变革的核心。建设制造强国必须牢牢把握这一主攻方向，以实现重大产品和成套装备的智能化为突破口，以推广普及智能工厂为切入点，加快提升制造业产品、装备及生产、管理、服务的智能化水平。

绿色即全面推进绿色制造。与以往开展的工业节能减排不同，绿色制造是围绕产品全生命周期，以重大工程、项目为牵引，通过构建绿色制造体系，推动绿色产品、绿色工厂、绿色园区和绿色供应链的全面发展。当前的重点是，加快制造业绿色改造升级。

服务即积极发展服务型制造。未来我国制造业结构优化、产业升级的一个重要工作，就是引导企业围绕创新设计、供应链管理、网络化协同制造、全生命周期服务、总集成总承包服务、融资租赁业务、智能服务新模式等，延伸服务链条、促进服务增值，实现生产型制造向生产服务型制造转变。

这是一份完整的公文筐测验题本，测验用时 120 分钟（阅读题本 30 分钟，答题 90 分钟）。每封邮件的主题都不一样，有处理前任留下的疑难问题、有处理下属的离职问题、有配合财务部进行降本增效的活动，也有处理外部客户客诉的问题等。被测评对象要在短时间内处理 7 封邮件，还是属于难度和密度都非常大的测验，这个公文筐测验很好地模拟了企业的背景情况及企业中真实的工作场景。

这个案例中，这家企业已经有了对这个管理层级——经理级的胜任力素质模型，所以这个公文筐测验的题本是基于已有的经理级胜任力素质模型定制开发的。

我们来看一下测评师是如何依据经理级的能力模型开展评价的，附上评价指南和评分表。

二、文件二：公文筐测评评价指南

（一）考察指标

表 9－2　考察指标

指标／工具	商业头脑	处理复杂情况	财务敏感	有效沟通	优化工作流程
公文筐	★	★	★	★	★

商业头脑：运用商业和市场知识实现组织目标。

处理复杂情况：领会复杂的、大量的，有时甚至是相互矛盾的信息，有效地解决问题。

财务敏感：解读关键财务指标，并利用对它们的理解做出更好的业务决策。

有效沟通：发展和实现多模式沟通，清晰了解不同受众的特定需求。

优化工作流程：了解最有效和高效的流程，并不断改善，完成工作。

（二）评分标准

表 9－3　评估等级划分

指标	待发展 <6 分	胜任 6（含）～8 分	优秀 8（含）～10 分
商业头脑	忽视市场变化；未深入了解这些变化如何影响业务；依赖技术或专业知识；很少关注业务发展情况；缺乏在行动如何影响业务驱动因素方面的意识；关注任务却不考虑业务成果；业务知识和行业知识有限；在不考虑这些更广泛因素的情况下做出决策	确定某些市场变革是如何影响业务的；关注可能会影响自身专业领域的业务最新动态；清晰了解自己的行为如何与关键业务驱动因素相关联；做决策时，借鉴一些业务和行业知识	定期审视市场，并探讨市场变化带来的潜在影响；使用多种方法充分了解业务发展情况；充分了解业务驱动因素；找到新颖的方法，提高自身的贡献；及时了解业务与行业现状；确保自己的决策和活动与主要的目标保持一致

续表

指标	待发展<6分	胜任6（含）~8分	优秀8（含）~10分
处理复杂情况	从有限的角度研究问题；忽视或过度简化重要元素；对不同的选项没有足够的关注；可能在不考虑影响的情况下作出选择；把问题的表象误解为问题的根本原因；可能没有进行足够的探究就确定根本原因；解决问题时忽视新信息或新概念；可能过于依赖自己的假设	从多个角度观察复杂的问题；充分了解相应的主题；认识到不同选择带来的主要后果和影响；探索问题，并揭示根本问题和根本原因；确定解决问题所需的新信息，并将这些概念融入分析	始终从多个角度看待复杂问题；获得丰富而全面的理解；全面评估各种可行的备选方案及其影响；了解每个备选方案的作用；快速找到问题的核心，有技巧地分离根本原因和表面现象；制定解决方案时，全面考虑问题，并恰当地采纳新信息和新概念
财务敏感	未能明确和估计成本的主要开支项目；可能没有考虑间接成本；难以预测决策带来的成本和收入；可能依赖他人来明确和定义这些变量；在开支方面做出有问题的决策，忽视了某些因素；很少使用或不使用财务信息或量化信息来指导行动或绩效	确定并估计主要的直接成本和间接成本；评估想法和机会的主要财务影响；通常能做出关于开支的恰当决策；研究财务信息或量化信息；使用这些数据寻找能提高绩效的方法	仔细研究直接与间接成本并提供准确的信息；对想法与机遇的财务影响提供丰富且严谨的预测；充分考虑多种因素，对开支事项做出均衡决策；从财务信息和量化信息中得出许多见解；运用数据来确定优化绩效的方式
有效沟通	讲话含糊不清；不充分考虑他人的评论；可能打断他人，甚至表现出不感兴趣；隐瞒应分享的信息，或过于选择性地交流信息；很少提供关键行动的书面报告；只提供微不足道的文档或不明确的文档	明确、简要且专业地传达信息；认真聆听他人所说的内容，并且非常感兴趣；始终尽力让他人及时了解相关信息；适当地记录所做的努力，并提供清晰的书面信息	能以精练、严谨且令人信服的方式传递极为复杂的信息；以口头和非口头行为，表现出对他人的评论的高度兴趣；表现出乐于分享信息；积极地传播知识、见解和动态；创建大量文档和报告，完整且有技巧地向利益相关者传递必要的信息

续表

指标	待发展<6 分	胜任 6（含）~8 分	优秀 8（含）~10 分
优化工作流程	很少解决流程瑕疵或推动改进以避免未来的问题；很少通过指标和标杆来分析流程；一直没有意识到改进的机会；专注流程，但以牺牲结果为代价；或追求结果，但没有制定连贯、可重复的流程；坚持采用会导致过于浪费精力和低效的方法	采取及时且有效的行动，修复流程瑕疵；利用相关衡量指标和基准，监控工作方法的准确性和质量；在维持流程与追求结果之间取得平衡；采取一些行动，确保活动和工作方法的效用和效率	快速修复流程瑕疵，确保将对工作流程造成的影响降至最低；采取行动，确保问题不再重现；密切关注各种指标和标杆；发现重要方式和细微方式，优化流程；关注实现主要结果，同时优化流程，确保高质量和高效率；定期评估自己的工作方法，找到能大幅提高效率和质量的方式

（三）评分要点和注意事项

考察被测者有没有信息串联能力，是否能够将各种信息进行组合并提出解决方法。

邮件一要点：注意，这个时候人力资源部不知道生产部总监会在一个小时后临时要求你出差，也就是你可能需要在路上整理下周一需要和总监沟通的工作，转发邮件为干扰信息。

邮件二要点：流程本身对吗？关联到后面部门抱怨工作时间长。

邮件三要点：要分析没处理的潜在原因，前任要离职没有心思，他也管不好，后面的员工离职及客户投诉形成联动，即因为前任的不给力，造成了新经理面对比较混乱的部门管理情况。

邮件四要点：电池合格率过低的问题，销售部转给质量部以后就不管了；组件封装中边框安装的问题其实是由离职员工邹成负责的。

邮件五要点：能不能主动联想到之前邮件里描述的员工对计划和销售的抱怨，新上任没机会了解情况，所以回件无需考虑具休性的问题，但是要考虑到马上要去和总监开会，实际上可以当面沟通这件事情。

邮件六要点：对于成本控制是否敏感，能不能发现财务提升的空间。

邮件七要点：能不能结合时代发展热点，抓住机会，综合考虑发展方向。

三、文件三：公文筐测评评分表

××集团管理线内部竞聘项目公文筐评分表

时间：　　　　　　　　　　　　　　考官姓名：

评级标准：采用十分制（评分时要求0.5分为最小刻度），其中，待发展（不达标）<6分，胜任（达标）6（含）~8分；优秀8（含）~10分。

表9－4　××集团管理线内部竞聘项目公文筐评分表

编号	姓名	指标	得分	考官记录及评价
1		管理复杂情况		
		优化工作流程		
		有效沟通		
		财务敏感		
		商业头脑		

四、文件四：公文筐答题纸

指导语

你好！

欢迎参加××集团经理级人员能力测评。你现在正在进行的是“公文筐测验”活动。在这一环节中，请你暂时忘记你的身份和职务，以给定的身份和角色处理一系列问题。我们将根据你在模拟情境下的综合表现推测、判断在真实工作情境下最有可能展现出的能力状态。因此，希望你快速进入角色，认真处理邮件，提出合理、妥善的处理意见。

在测验过程中你需要注意以下事项：

- 本次测验时间为120**分钟**（含阅读题本），请你务必在规定时间完成所有邮件批阅。

• 共有 7 个邮件，邮件是随机排列的，每个邮件都具有一定的重要性和紧迫程度，需要你根据邮件的重要程度和紧迫程度排序处理这些邮件，并把你的处理顺序用数字标在**答题纸**上的各个邮件的顺序栏里（最先处理的标 1，第二个处理的标 2，以此类推）。你也可以根据自己的判断，将一些邮件进行合并和统一回复。

• 请就每个邮件给出合理、妥善的处理意见，并说明理由或依据。如需要其他部门协助的，请说明需要哪些部门协助及相应处理要点、原则或方案；如需要下属执行的，也要说明相应处理要点、原则或方案。此外，你可以选择邮件、语音、批示等不同形式处理这些邮件，这将由你自行决定。

• 请尽可能保证书写清楚、字迹端正，便于评委批阅。

• 再次提醒，测验时间较为紧凑，请务必快速进入角色，合理利用时间，处理好公文。如果有邮件尚未处理完毕，可能会对你的评估成绩有一定的影响。

请注意：以下情境是模拟一家专注于光伏电力投资、运营、总包及光伏配件一站式供应的高新技术集团公司，与 × × 集团的情境会有出入，请以特定情境进行处理。

（注释：以下仅展示邮件一的答题纸，邮件二到邮件七的答题纸设置与之类似。）

邮件一　　　　　　　　　　　　　　**处理序号：**

处理意见或回复：

处理依据：

以上案例可以看到，一套完整的公文筐测评题本通常包含：公文筐测验题本（被测评对象使用）、答题纸（被测评对象使用）、评价指南（测评师使用）、评分表（测评师使用）。在这个案例的评价指南里，这家企业已经有了针对被测评对象的胜任力模型，而且根据这个模型已经设定了不同行为等级的评分标准，这是本套题本的核心和评价的依据。所以，我们在做任何手段的人才评价前，构建胜任力模型是关键的第一步。

总体来说，公文筐测验的题本开发和评价对开发人员和测评人员的要求较高，需要经过专业的训练和长期的实践，所以很多企业通常会邀请专业的测评公司帮助其开发符合自身情况的测评题本并加以测试。

第三节　测评手段三：无领导小组讨论

无领导小组讨论是将数名测评对象集中起来组成小组，要求他们就某一问题开展不指定角色的自由讨论，评价者通过对测评对象在讨论中的言语及非言语行为的观察来对他们做出评价的一种测评形式。所谓“无领导”，是指参加讨论的这一组测评对象，他们在讨论问题的情境中的地位是平等的，其中并没有哪一个人被指定充当小组的领导者。

无领导小组讨论作为一种有效的测评工具，与其他测评工具相比具有以下优点：

- 能检测出笔试和单一面试不能检测出的隐性能力或胜任力。
- 能观测到测评对象之间的互动。
- 能依据测评对象的行为特征做出更加全面、合理的评价。
- 能使测评对象在相对无意识中展示自己多方面的特点。
- 能在同一时间对竞争同一岗位的测评对象的表现进行比较（横向对比）。
- 应用范围广，且能用于技术和管理领域及其他专业领域等。

无领导小组讨论多数用于校园招聘，在校招时测评对象众多，而且测评对象在专业知识技能上水平差距不大，所以，我们更多考核的是个性特征和基本工作能力及价值观等。

无领导小组讨论的特点是直观、深入、较好地考察互动方面能力，需要5～8人组成一个小组；考察因素主要有个性、表达能力、沟通能力、分析判断能力、决策能力、团队领导、组织协调能力、人际影响力、价值观等。

【案例拆解】无领导小组讨论题本

××公司校招项目——校招生
无领导小组讨论题本
——解决企业内部管理问题（通用类）

一、背景

××公司成立于1996年，是一家集研发、设计、生产、销售于一体的通信集团公司。在全国大中型城市拥有数十家分支机构，员工近千名。公司通信产品不仅在国内占据一定的市场份额，同时远销海外，有一定的知名度。

随着市场竞争加剧，××公司不仅要巩固已有的市场份额，还要提高在新市场的影响力。与此同时，公司内部目前存在不少问题，经过专业咨询机构的调研分析，认为可以考虑从以下六个管理方面努力提升。

（一）基层员工流动频繁，业务骨干流失率不低

过去几年，受经济、环境等因素的影响，公司基层岗位人员变动很大，而这一现象也逐渐在业务骨干身上显现。加薪固然能够降低员工流失比率，但并不管用。此外，集团内部人力成本也是居高不下，过分依赖薪酬激励显然是难以支撑的。

（二）创业功臣激情不再

当年的创业者在取得一定成绩，位居重要岗位后，不愿意继续冲锋陷阵。个别冲上前线的，战斗力也大不如以前。此外，不少创业功臣对公司近年来的改革意见颇大，不愿意过多提及自己的真实想法。

（三）培训空喊口号，不见业绩成效

近年来，公司组织了大大小小培训几十场，但收效甚微，有人甚至直言，培训既费时间又费精力，与其这样，还不如不培训，但不培训显然不行。

（四）集团制度改革举步维艰

为了提升公司的经营实力，近年来对原有的薪酬激励制度、考核制度

等都进行了大刀阔斧的改革，但各分/子公司具体执行时非常困难。分公司老总纷纷用实际行动明里暗里抵触，而集团考虑到情况复杂，因此原本坚决推行的制度也停滞下来。

（五）运营流程复杂，产品成本居高不下

集团为了提升产品质量，早在1999年就开展了ISO9000系列认证，但认证过后，流程似乎变得科学了，但过程变得复杂了，在经过数十个环节流转后，产品成本比预期高出了25%。

（六）服务意识淡薄，客户投诉屡见不鲜

近年来，集团多次接到来自企业客户的投诉，指责在产品销售及后期维护等环节表现差强人意。集团也多次展开讨论会议，但各部门服务意识淡薄，处理效率、效果都没有得到显著改善。

面对以上诸多影响市场发展与战略目标达成的管理问题，决策层决定成立集团内部管理改善委员会，帮助集团对以上管理问题进行会诊分析，提出解决方案。

二、操作流程

任务：现在假定你是该委员会成员，请针对上述管理问题选出应优先解决的三个问题并说明选择的理由，同时对这三个问题按重要性进行排序并说明排序理由。

要求：

- 首先用10分钟独自阅读材料，将你选择的管理问题及理由简要写在答题纸上。**在此期间，请不要相互讨论。**

- 准备环节结束后，请自行发言，分别阐述个人观点，时间为每人2分钟，发言的顺序自行决定。

- 观点阐述结束后，请各位以小组形式进行自由讨论，**在自由讨论期间，每人尽力阐明、推销自己的观点，坚持正确的意见，**在规定的时间（**20分钟**）内达成一致意见。离结束还有5分钟，主考官会提醒大家注意时间。

- 讨论结束后，请推选一名代表进行发言，向主考官报告讨论情况和结果，时间不超过5分钟。

注意事项：

- 每人每次发言时间不要超过2分钟，但对发言次数不做限制。
- 不得通过举手表决的方式达成一致。

请确认是否有疑问。讨论期间，考官将不再回答任何问题。

以上是某公司校招时用的无领导小组讨论的题本，这个题本的设计是基于这家企业校招生的胜任力素质模型，图9－2是某公司校招生胜任力素质模型及部分行为解读。

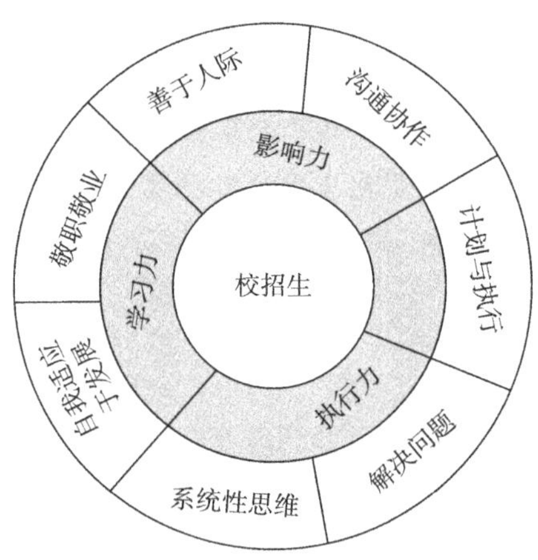

图9－2 某公司校招生胜任力素质模型

解决问题

行为1－分析问题：善于抓住问题的关键，捕捉问题的本质

需要提高	满足期望	超出预期
就事论事，只关注现象，缺乏通过现象探寻本质的意识，更无法预判问题发展趋势	在解决问题的同时，分析问题产生的本质原因，可以预判问题解决过程中的新问题	善于透过现象发现问题的本质，在关注现有问题的同时，着眼可能产生的新问题，并制定出新的解决方案，使问题得到解决

行为2－及时决策：集中精力获取分析信息数据，及时做出问题决策

需要提高	满足期望	超出预期
碰到复杂问题时决策缓慢，做事拖拉，可能需要更多信息增强信心和避免风险	面对问题时，能够及时收集信息，初步形成解决方案，支持问题在推进过程能够得到解决	总是及时做出决策，即使在信息不完全，时间紧迫和压力很大的时候也能做出全面的分析，并针对性地做优先级的处理方案

行为3－处理问题：借助过往相关经验，协调外部资源，灵活解决问题

需要提高	满足期望	超出预期
套用过往经验，总想用同一种方法解决所有问题，没有充足的外部资源，也不愿积极拓展，更无法支持问题解决	善于总结过往经验，灵活转变做事方式，触类旁通，外部资源和储备可以有效支持工作问题的解决	善于将过往问题整理归类，结合当前问题灵活应对，沟通协调外部资源，从多角度分析解决问题

系统性思维

行为1－分析能力：分析判断各种概念和复杂事物，头脑清晰且敏锐

需要提高	满足期望	超出预期
对外界信息理解不清，缺乏对事物的逻辑推理能力，对于分析判断事物的对错、好坏、真假缺乏一定的能力	能够准确理解外界信息，结合自己以往的经验与认知，对事物形成自己的看法	善于对事物经过分析、理解、判断及综合等逻辑思维过程后，得出正确的结论，有很强的逻辑思维分析能力

行为2－全局视角：站在全局考虑问题，善于广泛地从多角度综合性看待问题和挑战

需要提高	满足期望	超出预期
对问题只会从一个角度或有限的几个角度来看待问题和机遇，思考事物片面，缺乏全局观	尽可能广泛地从各个角度来看待问题或挑战，在开展工作时，能由点到面，全面思考，系统分析各部门和环节中的复杂关系	很容易设想到未来的各种情境，能够讨论问题的各个方面和各种影响，并把它们放在未来情境下考虑

行为3－确定轻重缓急：区分事情的轻重缓急，优先完成紧急且重要

的事情

需要提高	满足期望	超出预期
分不出事情的轻重缓急，认为所有事情都同等重要，看似很忙碌但不能抓住重点	在多任务并行的情境下，能判断影响目标达成的关键要素，抓住重点做出决断并采取行动，保证顺利完成任务	准确判断实现目标的助力或阻力，集中时间和精力快速决断，清除障碍，完成当下最重要及紧急的任务

值得说明的是，以上的无领导小组题本重点考察的是图9－2里的两个胜任能力项："系统性思维"和"解决问题"。当然，这家企业还用了其他测评手段考察其他能力项。

最后，附上胜任力评分表供参考，如表9－5所示。

表9－5　××公司20××校招无领导小组讨论能力评分表

面试时间：　　　　　　**考官姓名：**

考生序号：　　　　　　**考生姓名：**

评级标准： 采用十分制（评分时要求0.5分为最小刻度），其中，需要提高（不达标）<6分，满足期望（达标）6（含）～8分，超出预期8（含）～10分。

考察能力项	能力定义	考官记录及评价	能力水平		
			需要提高 <6分	满足期望 6（含）～8分	超出预期 8（含）～10分
解决问题	有逻辑性地分析问题，找出问题的根源，并预测事情的结果，针对可行性方案，做出判断和决策				
系统性思维	具有全局视野，系统性分析问题，快速、准确地判断实现目标的助力或阻力，把时间和精力聚焦在重要的事情				
最终得分					

无领导小组讨论是一项技术性较强的测评技术，为确保其具有较高的

信度和效度，在进行无领导小组讨论时要考虑以下几点：

第一，讨论题的内容。无领导小组讨论的问题应与目标岗位将面临的问题具体高度的相似性，即要求问题具有现实性和典型性，最大限度地进行情景模拟，不但能够检测测评对象对目标岗位的了解状况，而且能够检测测评对象从事目标岗位工作的适合度。一般可以设置这几种问题类别：

- 开放式问题：如你认为什么样的领导是好领导？
- 两难问题：如你认为以工作为取向的领导是好领导，还是以人为取向的领导是好领导？
- 多项选择问题：如某信息中心收集到 20 条信息，只能上报 8 条，请讨论出结果。以上的案例分享就是一个多项选择问题。
- 操作性问题：如给测评对象一些材料，要求他们相互配合，构建一座铁塔或者一座楼房的模型。
- 资源争夺题：如让测评对象担当各个部门的经理，并就有限数量的资源进行分配。

第二，讨论题的难度。讨论的问题一定要一题多议，一题多解，有一定的难度。无领导小组这种测试方式重在“讨论”，通过讨论来观察和评价测评对象的各胜任力要项，关注的不是阐明、捍卫某种观点的对错，而是讨论过程中表现出的个人特质。

第三，角色平等。无领导小组最大的特点是没有明确指定小组讨论中的领导，而对于那些适用角色分工的讨论题，讨论者本身对于角色的分工在地位上一定要平等，不能造成测评对象之间有等级或者优劣之分的感觉。测评对象只有地位平等，才有发挥自己才能和潜质的同等机会，使评价结果有可比性。

第四，考官参与度。考官在给测评对象提供了必要的资料、交代问题背景和讨论要求后，一定不要参与提问、讨论或者回答问题，以免给测评对象暗示。整个讨论过程中，考官可以在场也可以回避，通过摄像机监测、录像，记录讨论的全过程。

第四节 测评手段四：案例分析

案例分析是评价中心情景模拟测试中的重要形式之一，一般是让测评对象阅读一些关于目标岗位的材料（案例），这些材料可能通过对工作中经常遇到的问题进行加工或将工作中的实际问题真实呈现，测评对象被要求对这些材料进行分析，并提出解决问题的建议。通常情况下，测评对象都会被要求进入与目标岗位相同或相关的岗位角色，在分析解决案例问题时，需设身处地地处理矛盾冲突，以当事人或决策者的身体提出建议。这些建议可以采用书面报告的形式呈现给主考官，也可以让测评对象做口头发言。

【案例拆解】案例分析（高级经理/总监）

××公司内部晋升项目——高级经理/总监案例分析题本

<u>阅读完案例背景材料后，请到本页面最后填答 8 道案例分析问题并提交</u>

一、NOA（诺亚）公司概况

全球著名的家庭与商业家具生产与服务提供商，欧洲的百年老店，全球总部设在丹麦的哥本哈根。著名的市场领军企业，在家具的设计、制造与营销等方面具有丰富的经验。NOA 的品牌被消费者视为中档家具中可靠的质量与新潮设计的代名词。

2010 年前进入中国，亚洲总部设在上海，目前在中国只引进了家庭家具这条业务线，通过 NOA 旗舰店、品牌加盟店及多品牌家具大卖场等销售渠道进行分销。

NOA 的使命：不平凡的艺术（No Ordinary Art）

NOA 的价值观：

- 绿色（Green）：我们正在把一个更加清洁、更加郁郁葱葱的地球留给子孙后代。
- 信任（Trust）：彼此坦诚信任、共同肩负责任。我们开诚布公、齐心协力打造团队成员间的信赖。我们用重诺守信、言行一致来赢得客户的信任。
- 卓越（Growth）：我们在业绩上追求卓越，了解自己和组织的期望，勇攀高峰，在成就组织的过程中成就自我。我们在服务客户上追求卓越，不断探索工业如何更好地为人类服务。世界因我们而有所不同。

NOA 公司销售网络——家具业务：

- 一线城市：北京、上海、广州、深圳。
- 二线城市：沈阳、天津、秦皇岛、石家庄、济南、太原、南京、常州、苏州、无锡、武汉、长沙、合肥、杭州、温州、福州。

NOA 组织架构图——大中华区，如图 9－3 所示。

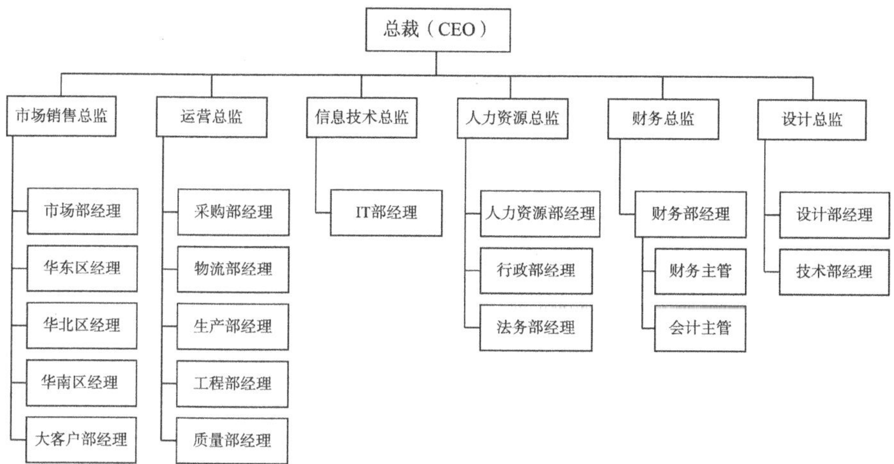

注：大客户部经理为组织架构调整后的新增部门

图 9－3　NOA 组织架构图——大中华区

NOA 的产品与服务如表 9－6 所示。

表9-6 NOA的产品与服务

客户类型	产品							服务			
	成品				中间件			客户服务		设计与全面解决方案	
	桌具	坐具	卧具	储藏具	系统产品	板材	饰材	售前咨询	售后增值服务	效果设计	家具解决方案
商业客户	√	√	√	√	√	√	√	√	√	√	√
家庭客户	√	√	√	√	√	√	√	√	√	√	√

NOA的主要竞争对手如表9-7所示。

表9-7 NOA的主要竞争对手

市场排名	公司名称	企业性质	产品与服务	核心竞争力
1	Mars	美资外企	家用及办公家具产品与服务	·多品牌模式积极的市场营销 ·多年累积的质量信赖和品牌号召力
2	NOA	欧洲外企	家用及办公家具产品与服务	·不断创新的产品设计 ·国际品牌的号召力
3	熊猫	内资民企	家用及办公家具产品 家具/建材大卖场	·成本优势 ·迅速复制设计的能力 ·对上下游价值链强有力的控制
4	三木	日华合资	办公家具产品与服务	·人性化的产品设计 ·关注客户、服务客户的能力 ·解决方案方面具有丰富经验

NOA的主要营销渠道如表9-8所示。

表 9－8　NOA 的主要营销渠道

产品销售					
客户类型	NOA 旗舰店	品牌专卖店（加盟）	多品牌家具大卖场（代理）	电话/网站/销售代表	国际贸易代理商
商业客户	10%	20%	10%	50%	10%
家庭客户	15%	20%	50%	–	15%
服务销售					
客户类型	NOA 旗舰店	品牌专卖店（加盟）	多品牌家具大卖场（代理）	电话/网站/销售代表	国际贸易代理商
商业客户	10%	5%	5%	80%	–
家庭客户	30%	30%	20%	20%	–

NOA 的内外部情况一览如图 9－4 所示。

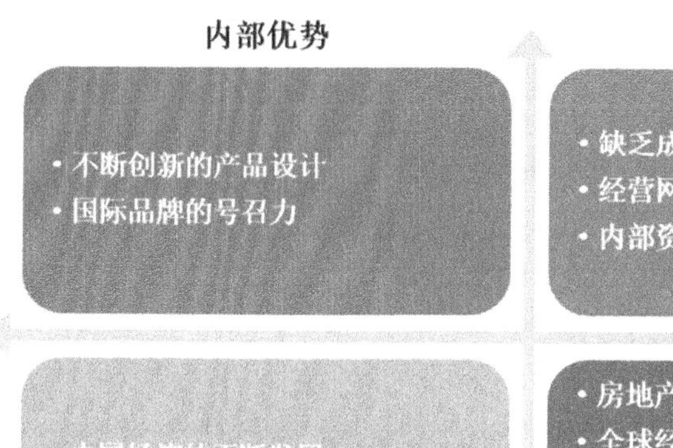

图 9－4　NOA 的内外部情况一览

NOA 的未来：NOA 聘请了 MC 战略咨询公司，针对大中华区未来的发展策略进行规划，该咨询公司递交了两套备选方案：

方案一：继续开展家居业务，开拓国内 10 个二线城市市场。

方案二：在现有的销售覆盖区域中引入新的业务线，开展商业家具业务。

MC 战略咨询公司针对 NOA 大中华区 202Y +1 年业务规划方案如表 9 -9 所示。

表 9 -9　MC 战略咨询公司针对 NOA 大中华区 202Y +1 年业务规划方案

	方案一：扩张家居业务	方案二：开展商业家具业务
初始投资所需金额	1.1 亿元人民币	2.6 亿元人民币
投资回收期	4 年	5 年
稳定期年均税前利润率	6.2%	12.1%
客户状况	· 客户是个人/家庭消费者 · 重复购买率低，需要不断吸引新客户 · 虽然受整体楼市影响较大，但对于中国这个人口大国来说，随着城市化进程的加快，市场空间，尤其是二三线城市的房地产市场发展尤为迅速 · 客户偏好：设计、材质、价格	· 客户是企业单位 · 如果赢得了某大型公司的订单，则该公司在客地现有及新建分公司的时候，会不断从 NOA 购买家具，收入来源稳定 · 受经济增长的宏观影响与区域经济的发展情况影响较大 · 客户偏好：由于差异化的客户需求，客户对服务品质、定制能力要求较高
市场竞争	· 竞争激烈，NOA 现在位居第三 · 主要竞争对手有美资企业 Mars 和本土企业熊猫 · Mars 采取多品牌模式积极的市场营销，多年来在一二线城市奠定了很强的质量信赖和品牌号召力，竞争力体现为品牌、品质 · 熊猫：专营家私家具的本土厂商。特点：成本优势，迅速复制设计的能力，对上下游价值链进行有力的控制。在二三线城市熊猫凭借着此优势具备很好的客户基础	· 竞争比家居市场缓和，主要竞争对手为日华合资企业三木 · 三木是专营办公家具的合资企业，人性化的产品设计，关注客户、服务客户的能力，在办公整体解决方案方面具有丰富的经验 · 在办公家具行业，尚未出现绝对的领先者，以中小型办公家具制造商为主，为固定客户提供订制服务

续表

	方案一：扩张家居业务	方案二：开展商业家具业务
对销售的要求	·现有的销售模式是渠道销售为主，包括直营旗舰店、加盟店和多品牌大卖场（如东方家园、居然之家等） ·依托现有渠道，进驻10个二线城市，现有渠道已覆盖4个一线城市及16个二线城市	·销售模式为直销，需要组建整个直销体系，包括销售代表和呼叫中心等 ·目标为在现有的20个家居业务覆盖的城市拓展商业家具业务

两套方案的未来五年财务预测（基于202Y年的增量）如图9－5所示。

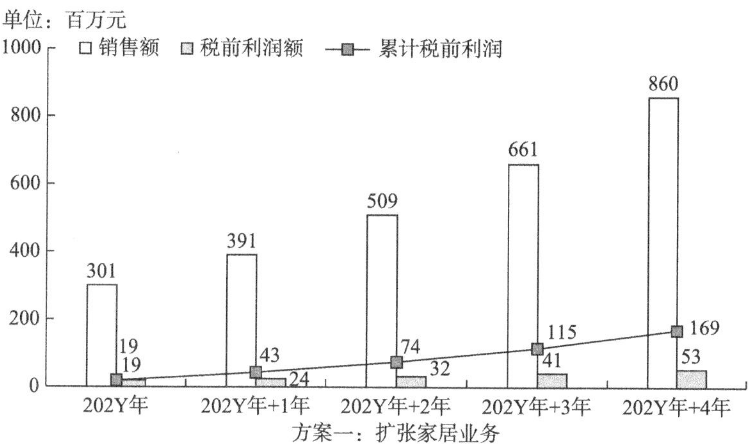

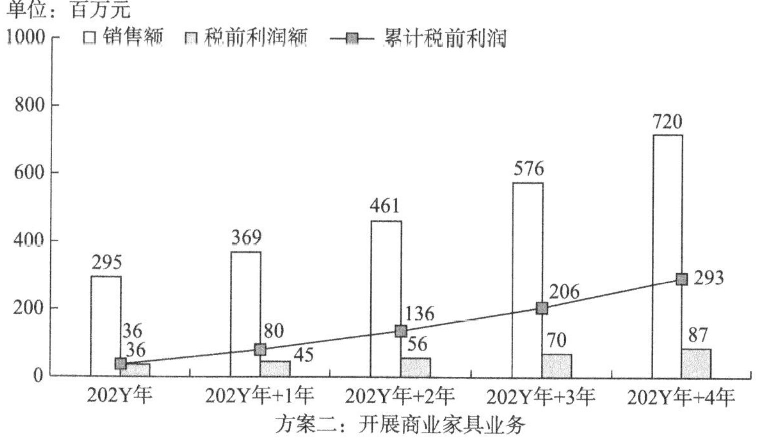

图9－5 两套方案的未来五年财务预测（基于202Y年的增量）

两套方案的未来五年风险预测如图9－6所示。

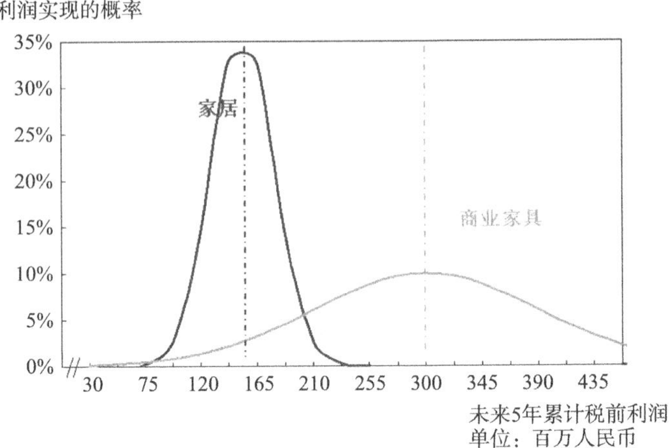

图9－6 两套方案的未来五年风险预测

注释：就风险分布图来看，方案二面临的不确定性要高于方案一，这是由于商业家具对NOA中国来说是一个全新的业务，由于销售模式、系统建设、人员招募及培训都要从头开始，因而面临的风险要素多。而方案一则是对现有业务的延伸，因此风险相对可控。

NOA的内部建设：NOA公司大中华区决定要上马ERP系统，并聘请了国际知名IT咨询公司TATA咨询帮助实施。该系统可以通过提供实时数据，信息共享，帮助各部门做出有效决策。该系统必须在6个月后正式上线，以迎接年底购物节的销售高峰。项目小组的成员分别来自IT、财务、销售、采购和质量控制部，每个部门1人，共5名成员，由来自IT部门的同事担任项目经理，但项目组成员之间不存在直接汇报关系。

项目已经运作一个半月，进展缓慢，项目小组成员彼此不熟悉，大家对ERP项目本身及一些工作标准也不熟悉，团队尚处于磨合期。其中，财务主管是项目的核心成员，平时向财务部经理汇报，负责财务信息分析和财务报表的输出。在ERP系统建立期间，大量的原始数据需要财务部提供，而且其他部门的同事提供的意见和数据，最终都要落实到财务主管处，和他进行反复核对及校准。

财务主管在最近两周里工作积极性不高，几次没有按时提交数据，经再三催促后交上来的数据质量也不高，达不到规范要求。在最近项目小组会议中，财务主管和来自质量控制部的人员发生过争执，最后两人不欢而散。昨天刚刚举行的一次项目会议财务主管则直接缺席，这种缺席会严重影响项目沟通效果及项目进度。按照与外部 IT 咨询公司的协议，因内部原因推迟一个月需要额外增加开支 200 万元。

基于以上提供的背景信息，请回答下列问题。请尽你所能提供详细的答案，这些答案将会在之后由测评师进行评估。

二、案例分析问题

你是 NOA 大中华区的管委会成员，请解决以下问题。

（1）请分析 MC 战略咨询公司提供的两个方案的优势与风险，并说明你的决策结果与依据。

（此问题为必答问题）

（2）请制订 202Y +1 年度的公司战略方向、重要业务举措及具体行动计划。

（此问题为必答问题）

（3）战略发展目标会带来哪些新挑战？你有哪些创新性的应对措施？

（此问题为必答问题）

（4）基于以上发展计划，你打算如何提升客户满意度，怎样为客户创造价值？

（此问题为必答问题）

（5）如果你是ERP实施项目小组的项目经理，为落地该行动计划，你认为需要与内部哪些利益相关方协作？你会如何与之协作？

（此问题为必答问题）

（6）你准备采取什么行动解决当前问题，确保项目进度？

（此问题为必答问题）

（7）如果有机会和财务主管单独开会，你会如何与他沟通？

（此问题为必答问题）

（8）面对目前的团队氛围，你打算如何调动大家的工作积极性？

以上案例分析的题本是某企业测评高级经理/总监管理能力的题本，它模拟了一家公司的背景情况和实际经营状况，给出的需要解决的问题，如战略规划、优势风险评估、提升客户满意度、内部协作、打造团队氛围等都是针对这些高阶管理人员的能力要求而设计的，应该说这样的案例分析测评对被测评对象在管理能力上的考察是十分全面，也是聚焦和有针对性的。这里考察的管理能力包括战略规划能力、风险管控能力、以客户为中心能力、跨部门协作能力、建设高效的团队能力等。

总结一下，案例分析的特点：逼真、效度高，趣味性高，但开发及测评成本较高；考察因素主要有：分析思维、问题解决、语言表达、书面传递信息、统筹规划等。考虑到要开发这样的案例分析的题本成本高，对开发者的要求也高，所以很多公司还是找专业测评机构来做。

第五节　测评手段五：情景模拟

情景模拟测试是指设置一定的模拟情况，要求被测试者扮演某一角色并进入角色情景中，处理各种事务及各种问题和矛盾。考官通过对考生在情景中的表现，进行观察和记录并测评其素质潜能，或看其能否适应或胜任工作。

情景模拟的特点是：

- 针对性：由于模拟测试的环境是拟招岗位或近似拟招岗位的环境，测试内容又是拟招岗位的某项实际工作，因而具有较强的针对性。
- 直接性：不但测试内容可以有针对性，而且测评师能够直接观察被测评对象的工作情况，直接了解被测评对象的基本素质及能力，所以更具有直接性。
- 可信性：由于模拟测试接近实际情况，考察的重点是被测评对象分析和解决实际工作问题的能力，加之这种方式又便于观察了解被测评对象是否具备拟任岗位职务的素质，因此普遍反映模拟测试比笔试和其他面试形式更具有可信性。

正是由于情景模拟的这些特点，它也有局限性，主要表现为测试的规范化程度不易平衡，效率较低。同时，对开发者及测评师的要求较高。

【案例拆解】全套情景挑战题本

××集团管理线——经理级
内部竞聘项目

一、文件一：考生题本

（一）背景资料

你的名字叫王海波，距你担任泰华光电组件生产部经理已经过去3个多月了。

魏林是公司你部的生产一部主管，负责该分部的全面管理。自你上任以来，你发现魏林雷厉风行，执行力很强，但也存在一些问题，特别是他在管理思路上相对陈旧和保守，对一些新思路、新理念的理解和接纳程度一般，做事按部就班。

你刚刚从人事部门拿到魏林2016年第一季度的绩效考核数据，其绩效成绩为B，在公司各部门主管中排名中游（魏林过去两年的年度绩效分别是A-、A）。

***绩效成绩说明：从高到低依次为A+、A、A-、B+、B、C六个等级，其中B代表合格。**

（二）补充信息

魏林比你早5年进入泰华光电，业务能力很强，做事踏踏实实、勤勤恳恳，是典型的老黄牛。两年前他也竞聘过部门经理岗位，但由于学历不高，加之在竞聘演讲时发挥失常，最终没能竞聘成功。

魏林在第一季度关键生产业绩指标上全部达标，但在关注指标上的扣分较多，特别是在涉及本人及分部培训计划达成情况方面的指标，基本都没能达到公司的最低要求。同时，其分部提交的各类数据表单的错误率偏高，对综管部门的统计工作造成了一定的影响。

公司内部一些高层管理人员认为魏林虽然工作热情，业务能力过硬，但作为管理者的大局观不强，只站在自己小团队的角度看待和处理问题，特别是和一些交叉部门同事沟通时，不太能听取他人的合理意见。

从魏林负责分部收集和反馈到的一些信息来看，部分员工（特别是90后员工）对魏林的管理风格颇有微词。一部分员工集中反映魏林的脾气暴躁，情绪控制能力不强，经常因为一些小事当场责骂员工，让人难以接受。

（三）任务要求

你现在需要和魏林进行例行的季度绩效面谈，向其反馈他目前工作中存在的问题，提出改进要求，并进行相应的辅导。

准备时间：10分钟。

情景挑战：20 分钟。

备注：魏林将由测评师扮演。

这个情景模拟的测评是针对这家集团公司的经理级别的人员，考察的场景模拟了绩效面谈的场景，这种工作场景是所有的管理者在管理情境中都会碰到的。此题本是给被测评对象的，他扮演的角色是上级，总体用时30 分钟。

另外，我们还给测评师另一份题本，测评师扮演的角色是下级。所以，测评师在扮演下级和作为上级的被测评对象面谈时会故意制造一些难题，以此观察和评估被测评对象如何反应及如何处理，并评估经理级对应的胜任力水平。

二、文件二：考官题本

（一）背景资料

你的名字叫魏林，是泰华光电组件生产部的生产一部主管，负责该分部的全面管理。

王海波是你的直接上级，上任部门经理 3 个多月。

你刚刚从人事部门拿到 2016 年第一季度的绩效考核数据，发现自己的绩效成绩为 B（你过去两年的年度绩效分别是 A－、A）。你认为自己业务能力很强，做事踏踏实实、勤勤恳恳，同事也认为你雷厉风行，执行力很强，因此你对这个绩效成绩很不服气，想和王海波经理交流沟通，解答自己的困惑。

＊绩效成绩说明：从高到低依次为 A＋、A、A－、B＋、B、C 六个等级，其中 B 代表合格。

（二）补充信息

你比王海波早 5 年进入泰华光电。两年前你也竞聘过部门经理岗位，但最终由于学历要求限制，加之在竞聘演讲时发挥失常，最终没能竞聘成功。

你在第一季度关键生产业绩指标上全部达标，但在关注指标上的扣分较多，特别是在涉及本人及分部培训计划达成情况方面的指标，基本都没能达到公司的最低要求。同时，你所在分部提交的各类数据表单的错误率偏高，对综管部门的统计工作造成了一定的影响。但是你认为现在生产时间紧、任务重，尤其是第一季度的生产量超出原有计划的20%，自己完成生产任务已经非常吃力了，实在是没有时间抓分部的培训工作。

有人反映你在和一些交叉部门同事沟通时，不太能听取他人的合理意见，但你认为自己的沟通没有问题，是其他部门的同事责任心太差，执行力也不到位，觉得和他们的沟通很累。

部分员工（特别是“90后”员工）对你的管理风格颇有微词，其中一部分员工集中反映你脾气暴躁、情绪控制能力不强，经常因为一些小事当场责骂员工，让人难以接受。但你认为自己确实有责骂（但从不体罚）员工的行为，但这也是为了他们好，是为了保证生产不出安全事故。如果不把话说得重一些，是不能引起员工重视的。同时，你对“90后”员工的管理也有很大的困惑，希望领导能给一些具体的指导。

（三）任务要求

你觉得自己2016年第一季度的绩效成绩不公平。你的上级王海波要和你进行例行的季度绩效面谈，你希望通过这次面谈将绩效成绩修改为A以上。

准备时间：10分钟。

情景挑战：20分钟。

（四）测评师（魏林）参考问题

生产时间紧、任务重，尤其是第一季度的生产量超出原有计划的20%，自己完成生产任务已经非常吃力了，实在是没有时间抓分部的培训工作。

上一任经理给自己制订的个人培训计划不切实际，很多培训内容和课程与自己的岗位工作关联度很低，当时反馈过这个问题，但是没有被采纳。

自己的沟通没有问题，是其他部门的同事没有责任心，执行力也不到位，和他们沟通很累。

自己确实有责骂（但从不体罚）员工的行为，但这也是为了他们好，是为了保证生产不出安全事故。如果不把话说得重一些，是不能引起员工重视的。

对“90后”员工的管理也有很大的困惑，希望领导能给一些具体的指导。

三、文件三：评价指南

（一）考察指标

管理复杂情况： 领会复杂的、大量的，有时甚至是相互矛盾的信息，有效地解决问题的能力。

追求结果： 能够一贯地达成绩效，即使是在艰难的情况下也同样能实现绩效的能力。

有效沟通： 发展和实现多模式沟通，了解不同受众的特定需求。

建立信任： 做到诚实、正直和真实，赢得他人的信任和信赖。

（二）评价标准

表9-10　评价标准

等级 能力项	待发展 <6分	胜任 6（含）~8分	优秀 8（含）~10分
管理复杂情况	忽略问题的复杂性，强制实施解决方案；在没收集到足够信息的情况下，匆匆评估问题；习惯性凭直觉填补缺失信息；当问题浮现而没有显而易见的解决方案时，会措手不及，失了方寸	能询问恰当的问题，进而准确分析评估情况；在解决问题时，能从多个来源获取数据和信息；能解决较难的问题，并解释根本原因；能做到对不同解决方案的优点和缺点、风险及潜在收益进行综合评估考量	总是区分相关内容与不重要的内容，理解认识复杂的情况；能够透过表面看到本质，不会停留在最初的答案；能分析多个不同的信息来源，以便在寻找到解决方案之前准确地界定问题

续表

等级 能力项	待发展 <6 分	胜任 6（含）~8 分	优秀 8（含）~10 分
追求结果	在推动结果时犹豫不决；抱有得过且过的心态；属于绩效不稳定的高管；遇到挫折或障碍容易放弃，不会采用多种方法进行多次尝试；经常在最后期限时无法交付成果；只要遇到障碍就会一味拖拉，不管障碍是什么，不会主动尝试克服困难	有很强的结果导向风格；不管遇到什么障碍和挫折，都坚持实现目标；在过往的业绩中，持续做到成功超越原定工作目标；能积极帮助他人达成目标，进而最终帮助自己不断达成目标	能设定有挑战性，且高标准的目标；始终处于绩效最好的群体里；做任何事情都充满活力和动力，不达目标不罢休；在面对挑战和挫折时坚持不懈；始终关注结果，不放松；离最后期限越近越努力
有效沟通	讲话含糊不清；不考虑他人的评论；可能打断他人，甚至表现出不感兴趣；隐瞒应分享的信息，或过于选择性地交流信息；很少提供关键行动的书面报告；只提供微不足道的文档或不明确的文档	明确、简要且专业地传达信息；认真聆听他人所说的内容，并且非常感兴趣；尽力让他人及时了解相关信息；适当地记录所做的努力，并提供清晰的书面信息	能以精练、严谨且令人信服的方式传递极为复杂的信息。以口头和非口头行为，表现出对他人的评论的高度兴趣。表现出乐于分享信息；积极地传播知识、见解和动态
建立信任	不能有始有终地贯彻落实承诺；背叛别人的信任，并掩饰错误；为一己之私歪曲事实；不能取信于人；经常轻易许下承诺，但不能兑现承诺；遇到重大且关键的项目时，无人敢于把事务或责任托付给他；曾经因为不恪守承诺而伤害了合作伙伴或团队成员，在组织内外有不良口碑	能兑现承诺；为人真诚、直率；长期做到取信于人；言行一致，不矫揉造作；前后表现一致；身边长期有一群不同风格和特点的合作伙伴，能为了共同的目标持续努力奋斗	始终能做到开诚布公，重承诺，取信于人；能够轻松获得他人的支持和信任；始终能以令人信服且透明的方式表达自己的真实想法；一贯以高标准要求自己，是真诚和诚信方面的表率

四、评分注意事项

（一）评分前的准备

在结果评定之前，测评师首先要阅读和领会每项能力的定义和具体行为展现。

（二）将情景挑战中观察到的行为归类到相应的能力指标

观察后，测评师需要重新阅读测评时做的笔记，并对被评者所做的事和所说的话进行分析，归结到最基本的行为指标。如果有些行为与能力要素没有关系，就应该剔除。

（三）测评师就每种能力给被评者的表现评分

在此基础上，对照各种能力的定义及其行为指标，根据被评者的具体行为表现，对被评者的每种能力进行评分。如果一种能力的正面证据很多，负面证据很少，自然得分就高，反之则得分低。

（四）测评师讨论确定最终评价结果

给行为打分以后，每一位测评师对所有的信息进行汇总，然后考虑下一位被评者。每位测评师要宣读汇总的结果，对被评者在测评中的行为做一个简单的介绍，并介绍对要素的评分和有关的各项行为。所有测评师对被评者分数进行讨论，直到取得一致的意见。

（五）注意事项

在情景挑战的评价中，需注意轻易判断、光环效应（晕轮效应）、相对比较、评价性格而非胜任力、定型、情绪效应等因素影响测评师对被评者的客观评价。

以上情景模拟案例里，题本包含给考生的题本、给考官的题本及给考官的评价指南。关键是在评价指南里，这家集团公司对经理级别的人员考核的胜任力要求：管理负责情况、追求结果、有效沟通、建立信任，题本给了测评师胜任力的行为等级标准和打分依据。所以，这种基于胜任力模型开发的情景模拟测验聚焦这些被测评对象的工作场景及胜任力要求，在企业实际应用的精准性和信效度还是非常高的。

第六节　测评手段六：BEI面谈

面试是一种经过组织者精心设计，在特定场景下，以考官对考生的面对面交谈与观察为主要手段，由表及里测评考生的知识、能力、经验等有关素质的一种考试活动。通常而言，面试可分为结构化面试和非结构化面试，在使用胜任力模型进行面试时，最好采用结构化面试，其中采用行为化面试方法是最大程度利用胜任力模型的一种方法。行为化面试是指评委围绕测评指标，通过一系列问题，收集测评对象在代表性事件中的行为表现和心理活动的详细信息。通过标准化的提问针对胜任力指标指向的代表性的事件，通过事件进而对胜任力指标得分做出判断。

面试的特点是直观、深入、容易被接受、多方面考察，但需要一对一，成本较高；考察因素主要有个性、价值观、职业兴趣、基本工作能力、管理能力等。

在企业应用场景中，我们经常用到的是BEI面谈（Behavioral Event Interview，行为事件面谈法），在中篇建模篇已经详细阐述了BEI面谈法的特点及操作流程，这里就不再赘述了。

【案例拆解】BEI面谈题本

一、面谈要点说明

本题本仅供顾问进行BEI面谈使用。

顾问在面谈中要遵循STAR原则，每个能力点都应收集一两个完整的事例。

请注意适时采取追问、澄清和打补丁，保证收集的事例完整。

原则上45分钟完成一次面谈，顾问可根据具体情况协调时间。

面谈为十分制，最小刻度0.5分。

二、开场引导语参考

你好！欢迎参加本次管理线内部竞聘的BEI面谈环节。此次面谈主要是为了了解你在领导力方面的特点，从而在后续为你制订领导力提升计划时能够更加具有针对性。

在整个面谈的过程中，希望你尽可能多地列举日常工作中做过的一些典型事例，这些典型事例能帮助我们更好地了解你。整个面谈预计持续45分钟，因为时间关系，我们希望你尽可能简明扼要地阐述。

你对面谈是否还有疑问？如果没有，我们就正式开始。

首先，请简单介绍你在××集团的工作经历，包括你什么时候进入××集团、主要的工作职责等（如果加入时间过短，则可以谈在加入××之前的主要经历）。

（一）商业头脑

请分享一个你基于本专业领域发展趋势，及时调整生产/管理制度、流程、方法等，最终成功达成部门业绩目标的事例。

（二）管理复杂情况

当接到紧急且界限模糊的任务时，你是如何协调工作的？请跟我们分享一个具体的例子。（追问：效果如何？现在来看还有哪些可以优化或改进的地方？）

请描述一下在处理某项重大或负责的问题时，你是如何制定决策的？请结合具体事例说明。（追问：收集和参考了哪些信息和数据？有几种方案？如何做选择的？）

（三）财务敏感

与你工作相关的主要财务指标有哪些？你是否有过通过对主要财务指标的分析，发现和识别潜在风险的例子？请向我们介绍一下当时的情况。

（四）追求结果

请你分享一下最近达成的最具有挑战性的工作任务或目标。这个任务或目标是基于什么情况（是自发的还是上级分配的）制定的？为完成这个任务或目标，你采取了哪些关键行动？

当结果和预期目标有较大的差距时，你是如何应对，保证工作结果的？请举一个例子说明。

（五）优化工作流程

你认为当前部门的工作方法、流程还存在哪些待完善的方面？针对这些问题，你做过哪些方面的努力？请给我们分享一个例子。

（六）有效沟通

请列举一个你通过有效沟通解决工作中实际问题的例子（跨部门沟通、进行向上/下管理、供应商/客户管理、政府关系维护等）。

近期你与上级/同级/下属在工作中是否发生了较大意见分歧？你是如何说服对方的？结果如何？

（七）建立信任

在工作中，对你所在部门具有重要价值的部门/外部合作方有哪些？你是如何与他们建立并维持良好关系的？

你在与他人建立信任感方面遇到的最困难的情况是什么？当时采取了哪些措施？这件事对你后续的行为方式有哪些改善或启发？

以上案例可以看出，BEI 面谈是针对考核管理者的胜任力要求的，如商业头脑、管理复杂情况、财务敏感、追求结果、优化工作流程、有效沟通、建立信任等能力。根据这些能力要求，开发了相应的 BEI 面谈问题集。这些问题集是让测评师通过 BEI 访谈抓取被测评对象在实际工作情况中是怎么做的、说了什么、怎么想的和感觉如何等方面的信息，再通过胜任力模型的评价标准具体给管理者的胜任力水平打分。

细心的读者会发现，这个 BEI 面谈问题集和前面篇章的“基于胜任力的招聘”中的“招聘面试问题指引手册”很像。是的，它们的设计原理其实是一致的，所以像这样的面试问题集既可以用于外部招聘，又可以用于内部晋升与选拔。

第七节 测评手段七：角色扮演

角色扮演是评价中心常用的一种测评方式，是一种主要用来测评人的人际关系处理能力的情境模拟活动。这种活动通常的做法是根据测评目的精心设计一系列尖锐的人际矛盾与人际冲突的“剧情”，要求测评对象根据任务要求和自己的理解，扮演“剧情”中相应的角色，处理各种问题和矛盾，完成特定的“角色任务”。评委通过观察测评对象完成“角色任务”的过程中表现出的行为进行观察和记录，测评其能力素质。

在角色扮演中，评委对测评对象的行为表现一般从以下几个方面进行评价：

第一，角色适应性。看测评对象是否能迅速地判断形势并进入角色情境，按照角色规范的要求采取相应的对策行为。

第二，角色扮演的表现。包括测评对象在角色扮演过程中所表现出来的行为风格、人际交往技巧、对突发事件的应变能力、思维的敏捷性等。

第三，其他。包括测评对象在扮演指定的角色处理问题的过程中所表现出的决策、问题解决、指挥、控制、协调等管理能力。

按表演形式划分，即兴式角色扮演和固定角色扮演是比较常用并适合测评的两种方式。即兴式角色扮演，即事先不编制“剧情”，只给测评对象一个基本要求，角色的扮演由现场气氛即兴决定。即兴式扮演能够真实地表现测评对象的内在特质，但其表现的特质不一定是希望测评的能力素质，不可控因素较多；固定角色扮演是根据活动的目标和要求，设置固定的“剧情”和“角色”，让测评对象扮演该角色。固定的角色和事先设计的“剧情”可以确保测评对象表现出的特质是希望测评的能力素质，可控性较高，因此这种固定角色扮演称为人才招聘、选拔中最常见的一种角色扮演方式。

按有无助手，角色扮演可以划分为有助手参与和无助手参与两种。有助手参与的角色扮演是指角色扮演中有一个以上的助手在情境中承担一定的角色任务，并参与整个角色扮演的过程。在角色扮演的过程中，要求助手根据测评要求，扮演测评对象的上级、同级、下级、客户或合作伙伴等，按照事先设计好的“剧本”对测评对象进行相关提问、刁难、设置一系列困难等，适当引导和激发测评对象的行为。这就要求在测评前安排好助手，并对其进行专门的培训，使其熟悉整个角色扮演的内涵、真正目的、“剧情”设计原因、希望测评的能力素质，并了解扮演过程中的控制技巧等。助手这一角色可以由副评委或有扮演经验的人员担当。在有助手的角色扮演中，对助手的培训、练习要花费较多的精力，但也大大增强了对扮演过程和测评能力素质的可控性，因此有助手的角色扮演也是广泛应用的一种角色扮演方式。

无助手参与的角色扮演是指在角色扮演过程中没有任何助手的参与，可以是单个测评对象扮演某个角色，也可以是几个测评对象分别扮演“剧情”中的不同角色，共同完成角色扮演。在这个过程中，各个测评对象的表现除了完成角色任务外，也受其他测评对象表现的影响。从测评的角度来讲，可控性不强，同时无助手参与的角色扮演对评分、评委的要求更高。

按情境的任务内容，角色扮演可以划分为关系协调型、动手操作型和问题解决型三种。关系协调型的角色扮演要求测评对象以某一特定的身份去协调组织内外部的关系。动手操作型的角色扮演会给测评对象提供一定的操作仪器或材料，要求测评对象具体操作某一仪器或活动。问题解决型的角色扮演就是在情境中设置问题让测评对象以一定的身份来处理和解决。

其中，关系协调型和问题解决型的角色扮演能够考察测评对象组织协调、人际沟通、应变等方面的能力素质，因此是人才招聘和选拔中常见的角色扮演类型。而动手操作型角色扮演由于是考察测评对象的实际动手能力、学习能力等素质，因此在人才测评中并不常用。

中篇建模篇中的敏捷建模部分，建模流程里有一个环节是“IDP 五步法现场演练”，用到的就是角色扮演的形式。

角色扮演的特点：逼真、效度高、对互动类指标能够进行很好的考察，但开发及测评成本较高；考察因素主要有说服影响、人际沟通、团队管理等。

第八节 测评手段八：管理游戏

最后，我们讲一下基于胜任力的管理游戏。管理游戏是评价中心常用的方法之一，它是一种以完成某项“实际工作任务”为基础的标准化模拟活动。在这种活动中，将数名被测评对象集中起来组成一个临时团队，置身于一个模拟的任务情境中，面临特定的现实问题，要求他们在规定的时间内通过合作想办法加以解决，有时还引入一些竞争因素以便分出优劣。评委通过被测评对象在完成任务的过程中所表现出来的行为评价测评对象的素质。模拟的活动大多要求被测评对象通过游戏的形式进行，并且侧重评价他们的管理潜质，管理游戏因此而得名。与公文筐测验类似，管理游戏中涉及的管理活动范围也相当广泛，可以是市场营销管理、财务管理，也可以是人事管理、生产管理等。在测评过程中，主试常常会以各种角色身份参与游戏，给被测评对象施加工作压力和难度，使矛盾激化，导致冲突加剧，目的是全面评价被测评对象的应变能力、人际交往能力等素质特征。

在管理游戏的情境中包含现实环节的不确定性，此不确定性部分来自参与者取得的不完整信息和主观预测，也有部分来自参与者不完全了解游戏的玩法。由于无法完全预测未来，加上对手时常表现出不规律的竞争行为，形成与真实世界若干相符的仿真商业情境。这意味着管理游戏具有的情境很难用理论完全诠释，因此没有所谓提供“正确答案”的需要。如同真实环境中的情况，游戏引导参与者从经验中学习该产业或该职位所需的实际运作状况，参与者要注意每个事件的起因与影响，必须检视相关概念、证据与提出解决问题的技巧和方法。

管理游戏能够突破实际工作情景中时间与空间的限制，使实际中可能几个月甚至几年才会发生一次的工作情形在几个小时甚至数十分钟内发生。另外，管理游戏模拟的内容真实，富有竞争性，被测评对象又能马上获得客观的反馈信息，因而容易引起被测评对象的浓厚兴趣，广泛应用于招聘选拔和内部评价，通常可以用来测评战略思维、商业敏锐度、统筹协调、团队合作等方面的能力。

第十章
基于胜任力模型的人才盘点

人才盘点作为企业人力资源活动的重要基础，能够为企业人力资源管理其他模块的正常运转提供强有力的支持，因此如何正确组织企业进行人才盘点并取得准确的盘点结果，是企业人力资源管理体系能否健康顺利运转的重要保障。通过人才盘点，企业可以充分了解其关键岗位目前的人才数量和人才质量及供给情况，为企业进一步做好人力资源规划工作提供人才现状的数据支持，从而保证人力资源规划工作的准确性。

另外，通过人才盘点，企业可以详细了解目标岗位现有人才的能力水平，了解人才能力短板，为企业的人才培养提供明确的、有针对性的培训需求，进而保证培训的有效性和适用性。最后，通过人才盘点结果反馈，被盘点对象可以对自身情况有更清晰的认知，从而有针对性地设计自己的职业发展路径，获得有效的自我提升。

鉴于人才盘点的重要基础性作用，很多企业会采用年底述职或是360度综合评估的方式进行人才盘点。这些方法虽然简单易行，但由于缺乏科学的理论基础作为支撑，导致人才盘点的内容和深度不足，盘点结果缺乏足够的说服力。通俗来讲，就是只有主观的人为评价，没有客观的理论或工具依据来支撑人才盘点的结果，这在实际的工作场景中很容易受到各方及被评估人员的质疑。

第一节　基于胜任力模型的人才盘点的优势

上篇明道篇里面讲过，人才盘点是人才评估体系的一种方法，但人才评估体系是基于人才标准体系建立的基础上的，而胜任力模型就是建立人才标准体系的有效工具。引入胜任力模型作为人才盘点的理论基础，可以帮助企业提升人才盘点的效果，具体体现在以下三个方面：

第一，提供评估人员能力的工具和方法。人才盘点的作用之一是帮助企业选出高潜人才（也称为“Hipo”人才：High Potential，高潜力），并对其进行针对性的培养和使用，形成本企业的核心竞争力，从而获得企业的可持续发展。高潜人才是指具有出色的绩效结果、胜任能力突出及未来有发展潜力的人才。为找到高潜人才，企业需要对人员的绩效结果和能力水平进行盘点，两者缺一不可。对人员胜任力进行评价需要有评价标准，这个评价标准就是胜任力模型。胜任力模型为评价人员能力提供了标尺和工具，能够使人才盘点兼顾人才的数量和质量。

第二，保证人才盘点标准的统一性。通过胜任力模型，企业可以详细了解每个管理层级或是岗位序列对于不同人才胜任力的要求，建立统一的人才评价标准，保证每个被盘点的员工都能获得公平和公正的评价，提升人才盘点的准确性，减少企业因为人才盘点结果而引发的争议和不必要的人才流失。

第三，人才盘点结果应用后续人才选用育留的方方面面。根据胜任力模型进行人才盘点，不仅能够使企业明确人员现状，还可以明确指导企业开展后续的招聘、培训、人才培养、晋升等人力资源工作。例如通过人才盘点对现有人员的能力进行盘点后，就可以了解现有人员的能力短板，这样企业就可以有针对性地给这些人员制订个人发展计划、对应的培训或是人才培养项目。

第二节 盘点会议前准备

如何操作基于胜任力模型的人才盘点呢？我们将人才盘点会议分为三步：盘点会议前准备、盘点会议进行和盘点后结果应用。如图 10－1 所示。

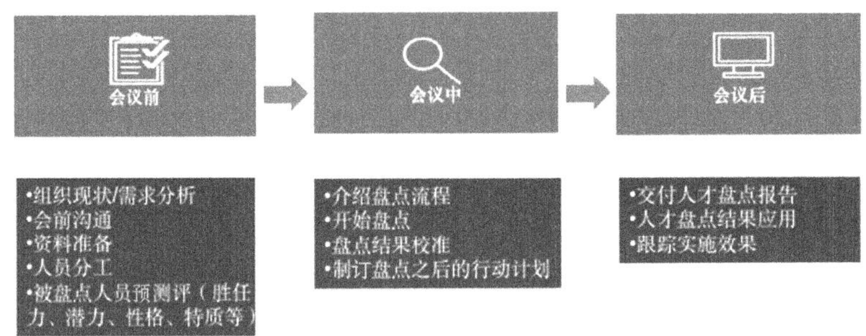

图 10－1 人才盘点会议流程

好的开始是成功的一半，而好的开始来自精心的准备。人才盘点会议前准备包括组织现状/需求分析、会前沟通、资料准备、人员分工及被盘点人员预测评等。而被盘点人员预测评这一步最关键，之所以称为“预测评”，是在盘点会议前先把盘点会议中最关注的三个核心要素：绩效、胜任力、潜力预先做测评，拿到结果后在盘点会议中进行讨论与校准；还有一些企业特别关注价值观，也会把价值观加入核心盘点要素中。至于性格、职业动机等其他因素的预测评，视企业的实际情况而定，很多企业并未开展。

一、绩效预评价

员工的绩效表现主要是指该员工在过去的一年或两年里的个人绩效成绩。

很多企业都有常规的绩效考核机制，所以通常是有绩效考核数据的。绩效考核一般分为 5 档：有 1 ~5 分，5 分优秀、4 分良好、3 分及格、2 分待提升、1 分很差；也有 ABCDE，从 A 到 E 分别为优秀到淘汰递减，不管用分数还是字母，一般都是用5档拉开绩效结果的等级。绩效考核数据可以由人力资源部直接提供，不需要再进行预测评。

对于没有考核数据的企业，也可以通过发放绩效评估表的形式，用360度评估的方式对其进行综合评价。但是，有一点需要强调，在360度评估里，直接上级的评分权重应该最高，我们建议至少50%，因为员工的绩效表现，他的直接上级最有发言权。

对于获取员工绩效成绩，人力资源部需要进行综合比较和分析，一般来说，需要将绩效考核结果按照高、中、低分为三个层级（高、中、低三个层级将对应到九宫格的高、中、低）。如果绩效考核数据以5分5档为例，4~5分（也就是绩效优秀和良好）通常会分为“高”这个层级；3分会分为“中”这个层级（也就是绩效及格）；1~2分（也就是绩效待提升和很差）会分为“低”这个层级。

二、胜任力预测评

我们来看一个盘点前基于胜任力模型预测评的示例，如表10-1胜任力360度评估问卷。

这是某企业针对中层管理者的胜任力360度评价，大家可以看到这家企业对晋升为中层管理者有5个胜任力的要求，分别是战略思维、追求结果、吸引优秀人才、组建高效团队和有效沟通。每一个胜任力要求都有对应的三个行为等级：未达标行为、达标行为和超越期望行为。而未达标行为对应评分1~2分，达标行为对应评分3分，超越期望行为对应评分4~5分，最后每个管理人员5项能力有一个总评分，这个总评分就会用于盘点会议中的九宫格评价，在后面的章节会详细阐述。

评价胜任力的测评手段还有很多，在前面篇章“基于胜任力模型的评价中心”已经详细阐述过了，这里不再赘述。

表 10－1　胜任力 360 度评估问卷

您好！我们正在对核心员工进行 360 度评估，您被邀请参与此次评估，作为人才盘点项目的参考依据之一；以使公司最终评审会能更全面客观地了解该员工情况，也使被评估者清楚自身需改进或继续保持的地方。

请根据您过去所观察到的，以及与被评估者接触了解到的，对下列问题进行评分。非常感谢您能抽时间来完成这份问卷，您在问卷中所提供的信息会被匿名处理，我们会将所有信息综合在一起后提供给公司最终评审会成员做参考，以及反馈给被评估者。

被评估者工号＿＿＿＿＿＿　　被评估者姓名＿＿＿＿＿＿　　被评估者岗位/部门＿＿＿＿＿＿

您是被评估者的：

自己（　　）　直线上级（　　）　本部门同事（　　）　下属（　　）　外部客户（　　）

您的工号＿＿＿＿＿＿　　您的姓名＿＿＿＿＿＿　　您的岗位/部门＿＿＿＿＿＿

能力名称	关键行为	未达标行为（1～2 分）	达标行为（3 分）	超越期望行为（4～5 分）	评分（1～5 分）
战略思维	1. 利用组织的差异性竞争力制定可行的长期战略	制定战略时，常常忽视或轻视组织的重要的差异性竞争因素	制定一项能充分利用组织在市场中的关键差异性竞争力的长期战略	能清晰认识到和利用组织的重要差异性竞争优势，将它们融入可靠的长期策略	
	2. 探索未来情景和可能性，帮助组织应对变革及改变未来	没有充分考虑事情在未来会如何变化，以及组织如何才能更好地应对这些情境	考虑多个情境，以便组织对潜在的改变和可能性做好充分的准备	高度警惕未来，分析多种情境，让组织具备应对各种变化和挑战的能力，并影响新的可能性	

续表

能力名称	关键行为	未达标行为（1～2分）	达标行为（3分）	超越期望行为（4～5分）	评分（1～5分）
战略思维	3. 调整和更新业务战略，应对不断变化的市场动态和组织需求	很少回顾审视业务战略，导致战略过时并变得无足轻重	确保业务战略与时俱进，应对不断变化的市场和组织动态	定期更新商业战略，对不断变化的市场动态和组织需求做出回应，然后清晰地沟通更新后的方向和优先次序	
	4. 制定和整合组织战略，发挥并维持竞争优势	允许不同单元的战略不一致，导致竞争劣势	确保不同单元的组织战略协调一致，从而获得最佳的竞争优势	整合所有部门的战略重点，协调业务，集中力量，并实现可持续的竞争优势	
追求结果	1. 打造一个在困难的情况下奋力前进的组织	建立或营造的氛围让人在面对困境时轻易选择放弃	即使困难，也鼓励组织奋力前进；提供支持，帮助他人克服障碍	培养整个组织的热情，克服挫折；鼓舞人们达成目标，甚至在前进之路充满荆棘时也是如此	
	2. 消除会影响组织绩效的障碍	纵容影响组织绩效的障碍存在	确定行动并采取行动，进而消除影响组织绩效增长的障碍	预测、审视并有技巧地解决当前与未来影响组织绩效的各种障碍	
	3. 获取对业务绩效的清楚、积极和直接影响的结果	没有始终一致地关注达成目标，以至于对组织绩效产生明显、直接的影响	寻求并获得对业务绩效有积极影响的结果	取得对业务绩效的明显、积极和直接影响的突破性结果	

续表

能力名称	关键行为	未达标行为（1～2分）	达标行为（3分）	超越期望行为（4～5分）	评分（1～5分）
追求结果	4. 推进组织实现结果	很少强调或没有始终强调实现结果；可能对组织结果过于理论化、过于精心或关注角度过于狭隘	督促组织关注重要的事项，并采取行动以实现结果	倡导一种注重结果的文化；始终让人们集中精力在有意义的任务上，并采取积极的行动	
吸引优秀人才	1. 打造定位极具吸引力的工作场所的组织	忽视打造极具吸引力的工作场所的必要性；可能只关注目标，而没有关注现有人才或有潜质的人才的需求	采取行动，让组织成为极具吸引力的工作场所	始终探索当前与潜在人才的需求，推动应有的改变让组织成为行业领先的吸引人才的工作场所	
	2. 确保流程能培养出符合未来需求的人才	人才的组织措施，很少有明确的行动来支持吸引未来人才	对吸引和挖掘未来人才的流程持支持态度	支持和推动必要的流程，确保在将来随时供应所需人才	
	3. 发现并吸引具有组织所需关键能力的关键人才	在没有充分考虑能力、适合性和组织需要的情况下，寻找候选人	引进具有组织所需关键能力的新型人才	采用各种方法吸引和挖掘具备能长期取得成功所需的关键能力的顶尖人才	
	4. 发现并弥补组织战略人才库中的重要缺口	没有完全意识到组织战略人才库中的重要缺口	发现并采取措施处理或弥补组织的战略性人才库中的重要缺口	主动采取行动，弥补组织当前人才库需求的缺口，并确保以后不再出现此类缺口	

续表

能力名称	关键行为	未达标行为（1～2分）	达标行为（3分）	超越期望行为（4～5分）	评分（1～5分）
组建高效团队	1. 打造一个能实现组织目标和成功且有凝聚力的领导团队	难以建立能促进组织取得成功且有凝聚力的领导团队	建立能够推进组织战略的领导团队	发展和培养一个具备确立和实现战略性目标所需技能的强大的领导团队	
	2. 建立一种支持跨职能团队协作的系统和流程的文化	很少关注可以促进跨职能团队协作的系统和流程	致力于运用并支持跨职能团队协作	修订流程和系统，在组织范围内营造团队协作的氛围	
	3. 在组织范围内灌输共同思想和团队精神	很少关注可以促进跨职能团队协作的系统和流程	充分利用机会，在组织范围内培养团队精神	在组织范围内定期地、有技巧地培养团队精神和共同目标	
	4. 通过与组织范围内的其他领导者高效地合作，树立团队合作的榜样	在组织内与某些领导一起工作的效率低下；没有体现出强大的团队方式	广泛地与其他领导者有效合作；为团队工作树立榜样	使用以团队为导向的方法；有技巧地与许多领导协作，成为团队协作强有力的榜样	
有效沟通	1. 在组织内创建能进行建设性对话的场所	没有建立足够的或有效的沟通机会让人们公开分享观点和想法	采取行动，创建能定期让人畅所欲言的论坛	创建多种方法和渠道，促进组织内部的建设性和持续性对话	
	2. 当讨论组织的重大计划时，表现出坦诚和开放的态度	对重要计划表达不清晰、不及时、不准确或过于谨慎	以坦诚、及时和恰当的方式解释重要计划	以周到、坦率的方式积极讨论重要计划，引起人们的兴趣和动力	

续表

能力名称	关键行为	未达标行为（1～2分）	达标行为（3分）	超越期望行为（4～5分）	评分（1～5分）
有效沟通	3. 能够与组织内各个层级的受众进行有效的沟通	难以与某些受众沟通；与特定小组或级别的受众的沟通可能有效，但是与他人的沟通不太明确或不太有吸引力	有效地向小组传递信息，从一线员工到高级管理人员无一遗漏	在各个层级的员工面前，展现出强大的影响力和令人信服的风格	
	4. 促进在组织内自由交流信息（例如向上、向下和跨部门）	形式、方式抑制或妨碍组织之间的沟通	采取行动，确保在组织内信息的自由流通	积极倡导并不断促进信息在组织内各个层级之间自由传播	

＊整体而言，被评估者的优势是什么？

＊整体而言，被评估者待提升的方面是什么？

＊您建议被评估者后续如何改进？

再次谢谢您的时间和支持！

人力资源与行政部

三、潜力预测评

还有一个在人才盘点会议里也需要校准讨论的预测评指标是潜力。近年来，潜力的评价困扰了很多专业人士，因为绩效也好，胜任力也好，都是基于过去或现在员工的行为表现或结果来评价的，而潜力是基于未来员工业绩和能力的预判，所以很多学员问我："有没有比较好的潜力评价的工具?"其实，市面上有一些大的咨询公司的潜力评价工具还是不错的，比如国际大咨询公司光辉国际的领导潜能评价工具"KFALP"，提到了"学习敏锐度"这个概念；还有一些本土大的咨询公司也有自己开发的关于潜力评价的工具，都是信效度比较高又方便实用的工具，但是由于测评成本较高，目前只有一些大的企业会选择购买。讲到潜力，用得较多的工具是"学习敏锐度"。如图 10－2 所示。

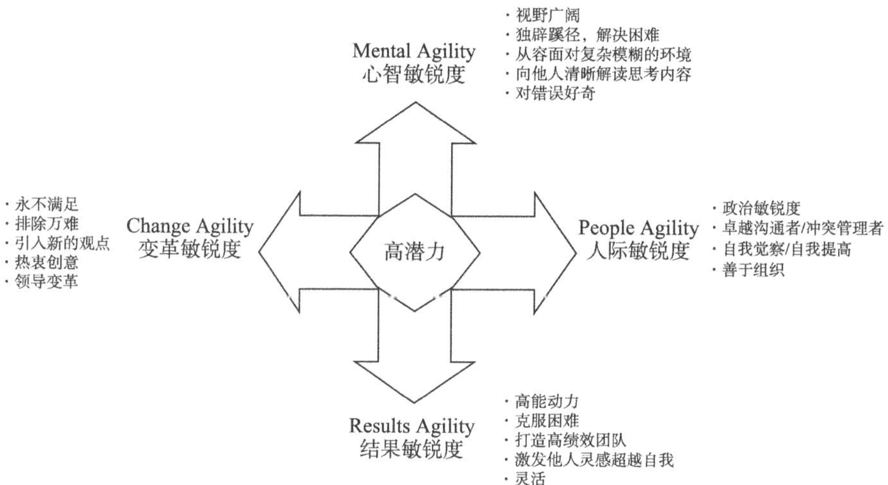

图 10－2　潜力评价工具——学习敏锐度

我们给企业做人才盘点咨询项目的过程中，通常企业并没有相应的潜力测评报告供参考。我们会根据以上学习敏锐度的四个维度所展示的关键定义，用访谈的方式提取企业关于这四个维度对员工的行为要求，把它开发成潜力评价的量表去测评。如表 10－2 所示。

表 10－2　学习敏锐度（潜力）评估表

学习力	心智敏锐度	人际敏锐度	变革敏锐度	结果敏锐度
行为 1	在相关领域有较强的专业能力和视野	对于人际关系有较高敏感度	不满足现状，持续改善	有较强的自我驱动力和能动力
得分	3	2	2	2
行为 2	具有解决问题的有效方法	能够通过交流有力地影响他人	愿意迎接挑战，不轻易放弃难点	愿意付出足够的努力，能吃苦耐劳
得分	2	2	2	3
行为 3	从容面对复杂模糊的环境	能够倾听和接纳不同意见和负面反馈	善于引入新的观点和方式	具有较高的绩效标准，并激励团队达成
得分	2	3	3	3
行为 4	向他人清晰解读思考内容	能够自我察觉内在情绪和弱点并自我进化	热衷收集和尝试新的方案和创意	激励自己和他人发挥潜力
得分	2	3	2	2
行为 5	善于发现错误，并将此视为改进机会	善于组织和协调各方资源	能够拥抱并推动变革	以结果导向，不拘泥方式方法
得分	3	2	2	3
总得分	12	12	11	13

注：按照表现程度：总是/经常/一般/有时/很少，分别给出 5/4/3/2/1 的分数。
依据总得分 15 分及以上、8～14 分、7 分及以下给出高/中/低潜力的评价。

以上量表仅作为示例，每个企业对潜力的要求各有不同，所以我们会用开发的评估量表来做初步测评，初步判断潜力的高中低，在盘点会议中校准讨论。基本上，潜力综合评价在 4～5 分认为是“高”这个层级、3 分是“中”这个层级、1～2 分是“低”这个层级。

所以，我们在拿到绩效、胜任力、潜力这些核心要素的预测评结果以后，就可以开展人才盘点会议了。

第三节　盘点会议进行

很多人把盘点会议称为校准会议，就是因为很多测评工作都放在了盘点会议之前，所以叫预测评；而盘点会议中更多的是对之前的评价结果进行校准讨论，达成一致意见。一般来说，人才盘点会议时，会用“九宫格”这个工具来评价员工的绩效表现、胜任力（能力）及潜力。

九宫格是人才盘点项目中最重要的工具，它被用于评估和展示企业中的人才现状——个体在团队中的位置及团队人才分布的情况。其实，九宫格并不是人才管理中专用的工具，但它的使用渗透到人才管理的方方面面。要将三个核心因素——绩效、胜任力（能力）、潜力应用到九宫格中，就有三种组合。

一、经典九宫格：绩效－胜任力

我们先来看最经典的一种九宫格：绩效－胜任力（能力）。如图10－3所示。

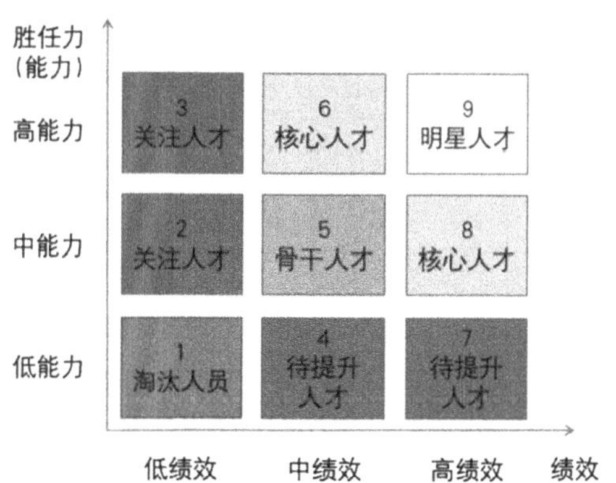

图10－3　人才盘点中使用的经典九宫格（绩效－胜任力）

这种九宫格是最常见的呈现方式，我们将这种类型的九宫格称为“经典九宫格”。它被广泛应用于各类人才盘点，通过绩效和能力的结果数据的强制分布，将人才归类，以期为处在不同位置的人才配置不同的管理方案，从而确保人才发展与组织发展相匹配。

前面说过，我们可以用5分制将绩效结果、胜任力、潜力分为高、中、低三档（注释：如果用10分制统计分数，则通常8~10分为“高”这个层级；6~8分为“中”这个层级；1~6分为“低”这个层级）。所以，在图10－3中可以将每个被盘点人员的绩效和胜任力分数放到九宫格中，就可以看到被盘点人员在九宫格的人才分布了。

二、高潜九宫格：绩效－潜力

在企业中，另一种经常使用的九宫格是绩效和潜力这两个维度的组合。它适用于企业的业绩比较稳定且人员的整体能力水平都不错的情况，盘点着眼于未来，目的是发现高潜人才。这种九宫格也被广泛使用，我们称为“高潜九宫格”。如图10－4所示。

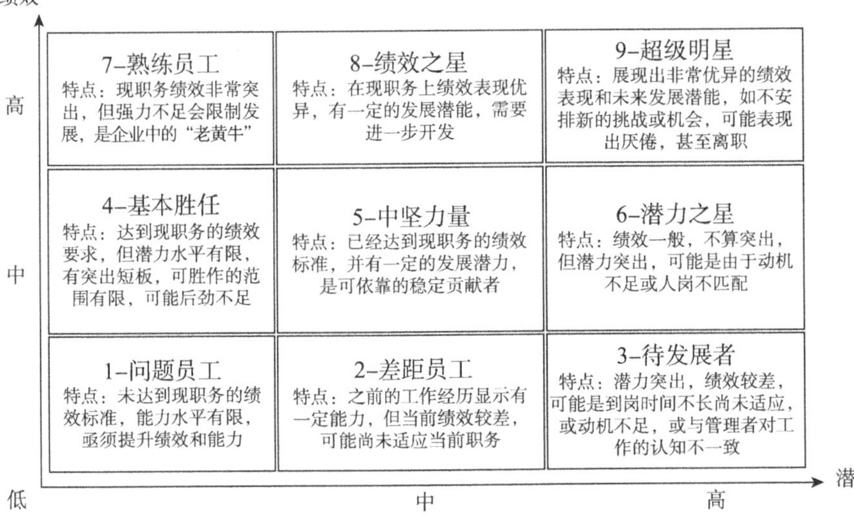

图10－4 高潜九宫格示意图

在高潜九宫格中，人才被分为四个梯次。第一梯次依然是明星人才，绩效和潜力都很高，是高潜力员工也是组织的重点培养对象，组织会有针对性地倾斜培养资源，加速其发展；第二梯次是高绩效－中潜力或高潜力－中绩效的人才，是组织重点关注的对象，可以根据他们的短板设计有针对性的培养计划，以期进一步提升他们的能力，使其走向第一梯次；第三梯次包括高绩效－低潜力、中绩效－中潜力或中绩效－低潜力的人才，针对这个梯次的人才，可以请高绩效的人做导师，或者对中绩效的人提高绩效要求；第四梯次是指潜力和绩效都比较低的人员，可以根据情况适时淘汰。

三、九宫格：胜任力－潜力

最后一种九宫格评价：胜任力－潜力，如图10－5领导能力与潜力矩阵所示（图片经过处理，遮盖了被盘点人员的真实姓名）。

领导能力与潜力矩阵

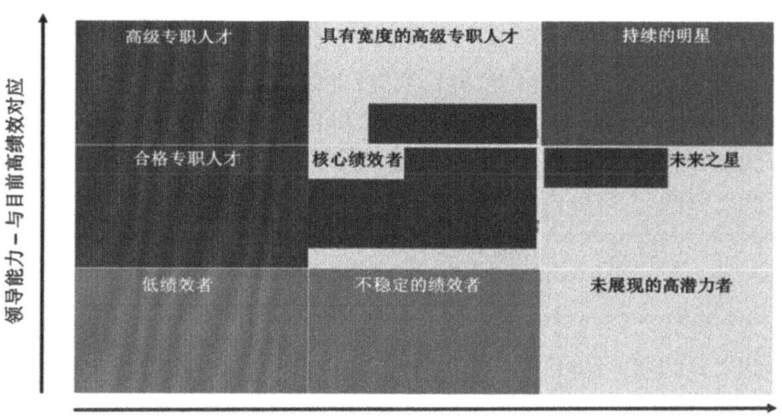

图10－5　领导能力与潜力矩阵

以上九宫格，竖轴是领导力胜任力，横轴是潜力。这些管理者胜任力的评价分数根据高中低，以及潜力分数的高中低都被放到九宫格以后，就形成了以上四类员工。所以，分布在九宫格的9、8、6格子里的人才，也是这家企业重点要用的高潜人才。

有一些学员问我："绩效、胜任力和潜力三个维度，如果我想在盘点会议时用九宫格来体现，如何操作呢？"我的经验是，可以把绩效结果作为一个门槛条件，绩效结果被评为3分（及格）以下的，即1～2分（待提升和淘汰）的员工就不用放到盘点会议作为人才来讨论了。其实，根据绩效结果这个门槛条件就已经筛选掉了企业里不能产出合格绩效的员工，再用九宫格来评价合格绩效以上的员工的胜任力和潜力就能更精准和快速地筛选出高潜人才。值得一提的是，这里的绩效结果必须是1~2年的综合绩效结果，而不能是某个短暂周期如一个季度的绩效结果，这样才能作为门槛条件。

四、九宫格：绩效－价值观

我们介绍一下把价值观引入九宫格评价的情况，这种情况比较少见，通常是重视价值观评价的企业会这样使用。如图10－6所示。

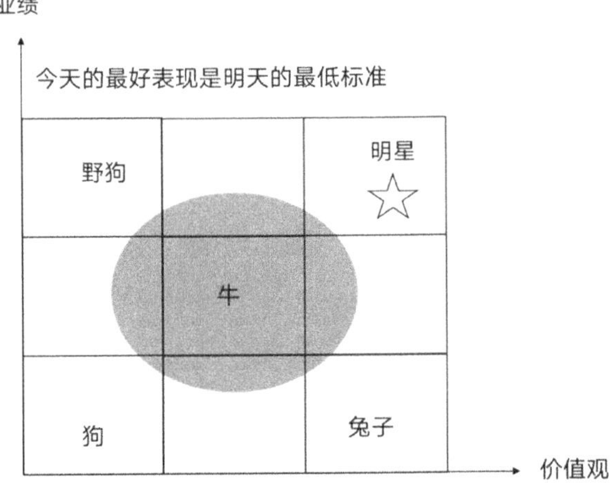

图10－6　阿里巴巴人才地图示意图

这是九宫格变形后的一种四宫格，阿里巴巴选择了“业绩”和“价值观”两个维度。其中，“明星”是指业绩突出、个人能力强、目标和价值观认同度高的员工，这类员工在阿里巴巴会被塑造为典型，鼓励在明处；“狗”是指工作萎靡、价值观认同度低的员工，这类员工是毫不犹豫被清理的对象；“野狗”是指为了追求工作结果，不顾组织利益和价值观的员工；“兔子”是指工作态度好、认同组织价值观，但是个人能力弱、业绩长期萎靡的员工。基于此分类，阿里巴巴的人才策略执行的是坚定的“消灭野狗，请走兔子”的人才管理策略。

第四节　盘点后结果应用

人才盘点会议结束后，人力资源部要对盘点会议上的人员校准后的评价结果做记录、汇总整理。盘点结果产生后，需要由专人对每一位员工的盘点结果进行沟通和反馈，通常我们建议由 HR 一名负责人和部门负责人一起沟通反馈。一方面便于对盘点结果进行进一步的修订和明确，保证员工对于结果的接受程度；另一方面通过反馈沟通，帮助员工尽快找到自身的发展方向，实现自我提升。

反馈的内容主要包括盘点结果、上级领导对于员工下一步发展的建议及员工对其发展的看法等，帮助员工制订相应的发展计划。在实际操作中，我们通常会把盘点结果反馈和个人发展计划面谈结合在一起，通常由 HRBP（或是盘点负责人员）、直接上级和员工一起进行。如表 10 - 3 所示。

给员工制订个人发展计划（IDP）就是胜任力模型在人才盘点结果一个很好的应用。左边一栏“发展领域”，上级在给员工制定 IDP 时，就会先参考员工之前的胜任力评价结果，将下级胜任力评价结果中的能力短板提出来，作为员工一年内“需提升的能力”，面谈时也会和员工界定好这些“需提升的能力”的“期望结果”，这样就能以终为始地发展员工的短板能力了。

在进行盘点结果反馈时，领导者要注意对盘点结果不好的员工进行反馈的方式和方法。对于盘点结果优秀或良好的员工，其对于盘点结果较容易接受，而对于盘点结果不佳的员工，领导者在进行反馈时，可以采用“汉堡包”的反馈方式，首先对员工的表现进行肯定，其次提出其不足的方面，最后再对员工进行必要的鼓励，保证反馈过程能够在良好的氛围中进行。

对于绩效表现优秀但能力潜力不高的员工，应重点肯定其对公司业绩达成所做出的贡献，鼓励其进一步保持并提升；对于能力潜力较好但绩效

表 10 - 3　员工个人发展计划（IDP）

员工姓名： 员工工号： 入职时间：	职位： 主管： 部门：

请参考以下指南填写发展计划

1. 发展领域 写出 2 ~ 3 项对个人业绩产生重要影响的发展领域（如素质能力、技能等）。 团队领导者必须写出至少一项与领导力/团队建设相关的发展领域。 2. 发展方法： 选择不超过 3 项的有助于实现发展领域的方法。70 - 20 - 10 学习法则如下： 70% 在岗学习包括工作实践、轮岗实践、外派锻炼、挂职锻炼、参与项目、标杆学习等方法 20% 人际互动包括教练、导师、与集团分公司交流、360 反馈、个人发展面谈等方法 10% 正式学习包括培训课程、学历提升、参加论坛等方法	3. 发展行动 详细说明与发展方法相对应的行动计划。 如果您选择课堂培训作为发展行动，可以参看年度培训目录获得详细介绍进行选择。 4. 发展进度 目标时间：请指出具体截止日期。 状态跟进：请指出发展行动的状态（进程中、已完成、暂时搁置）

发展领域		发展方法		发展行动		发展速度 目标时间												发展进度	备注
能力待提升项	期望结果	方法类型	具体方法	具体行动	资源	1 月	2 月	3 月	4 月	5 月	6 月	7 月	8 月	9 月	10 月	11 月	12 月	状态跟进	
		在岗学习（70%）																	

续表

发展领域		发展方法		发展行动		发展速度 目标时间												发展进度	备注
能力待提升项	期望结果	方法类型	具体方法	具体行动	资源	1 月	2 月	3 月	4 月	5 月	6 月	7 月	8 月	9 月	10 月	11 月	12 月	状态跟进	
		人际互动（20%）																	
		正式学习（10%）																	
		在岗学习（70%）																	
		人际互动（20%）																	
		正式学习（10%）																	
		在岗学习（70%）																	
		人际互动（20%）																	
		正式学习（10%）																	

员工签名及日期________ 人力资源经理签名及日期________ 上级签名及日期________

表现不佳的员工，应重点强调其未来发展的潜质，帮助其找到绩效不佳的原因，并提供相应的帮助，必要时可以征求员工的意见，考虑为其转岗；对于绩效表现和能力潜力都不佳的员工，在反馈的过程中，应重点关注员工的情绪变化，对于结果的告知，应适当采用婉转的方式。

除了给高潜人才制订个人发展计划（IDP）外，还可以做动态人才审视和项目化人才培养，这也是人才盘点结果应用的主要方向。如图 10－7 所示。

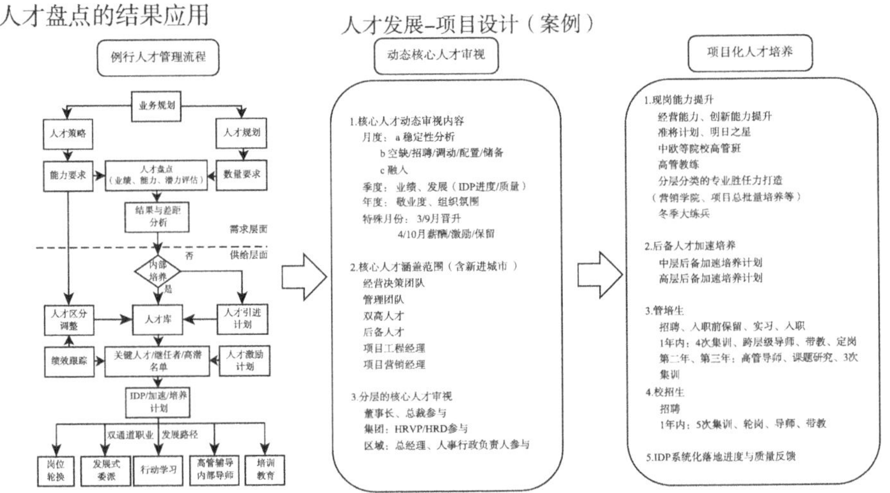

图 10－7 人才盘点结果应用－项目化人才培养

第十一章
基于胜任力模型的培训与发展体系

第一节　基于胜任力模型的培训体系的优势

VUCA时代，人才竞争日益激烈，越来越多的管理者认为人才资本是企业保持竞争优势的关键因素，因此人才培训工作也越来越受到企业的重视。传统的培训是以工作分析为基础的，分析得出的范围比较狭窄，一般局限在知识、技能等表象上。胜任力理论出现后，企业开始应用胜任力理论，从分析一般业绩者与优秀业绩者的特征出发，将涵盖范围扩大，发现了以工作分析为基础的需求分析方法不能探究、发现的一些潜在内容。胜任力理论从绩效差异分析入手，使分析结论与绩效具有很好的表面效度。因此，企业可以借助这一新的理论，改进现有培训需求分析的技术与方法，进而开发与之相适应的培训内容、培训方法与培训效果评价技术，为促进企业绩效的提升提供新的思路和方法。

基于胜任力模型的培训体系比传统的培训体系究竟有何不同呢？基于胜任力的培训是指将企业人力资源开发的注意力从传统的传授知识与技能层面，转移到深层、全面的胜任力提升上的一种新模式。这种以胜任力为基点的模式，突出了培训的深层着力点，兼顾了影响组织和员工的内外环境因素，更适合系统战略背景下对大量员工开展多样化的培训设计。具体来说，基于胜任力的培训体系主要有以下几个方面的优势：

（1）战略导向，基于组织发展的需要

基于胜任力的培训体系不仅能满足企业当前岗位的胜任力要求，还能从战略层面上满足组织当前及今后对人力资源胜任力的要求。另外，这种以岗位胜任力为基点的培训模式，可以让员工感受到组织的支持及更多的公平感，两者都是组织承诺的重要因素。

（2）对能力分层分类，突出对改善绩效的关键胜任力的培养

通过对员工胜任力的分层分类剖析，参照岗位胜任力模型，发现员工当前胜任力水平与工作岗位需求之间的差距，从而确定培训内容与方案，使其更具有针对性。

(3) 使员工培训方案更加个性化

不同员工的胜任力水平各有差异，与各自岗位胜任力模型的差距自然也会不同，利用这些差距进行的人才培养更加个性化，如何定制化的培训发展服务一样，容易取得良好效果。

(4) 注重动机、态度和价值观等隐性特质的培训与发展

传统的培训主要是针对岗位知识技能进行培训，使员工更好地胜任当前的工作。知识和技能往往更容易学习和改变，而态度、动机和价值观等隐性的特质往往很难改变。研究表明，仅依靠知识与技能很难把绩效优异者与绩效平平者区分开，而冰山以下的态度、动机和价值观等隐性特质对绩效优异者与绩效平平者的区分效果较好。

所以，基于胜任力的培训是通过对胜任力特征进行有效的培训与开发，使得组织中的个体实现绩效的提升，以满足企业未来战略的需要。构建基于胜任力模型的培训体系，关键是先建立各关键岗位的胜任力模型，然后以此为基础搭建企业的培训体系。胜任力建模的构建方法前面篇章已经详细介绍过，这里不再阐述。

在建立了客观、有效的岗位胜任力模型后，就应搭建基于胜任力模型的培训体系，具体包括进行基于胜任力的培训需求分析、培训计划的制订与实施，以及培训效果评估等内容。

第二节 基于胜任力模型的培训需求分析

培训需求分析是指在规划培训与开发活动之前，由培训部、主管人员、工作人员等采取各种方法和技术，对组织及其成员的绩效、胜任力水平和职业发展愿望等进行系统的鉴别和分析，以确定培训需求及培训内容的一种活动或过程。

培训需求分析必须综合考虑员工胜任力发展需求和组织内外部环境所得到的培训需求才能符合组织和个人要求。具体可参考图 11－1 基于胜任力模型的培训需求分析模型。

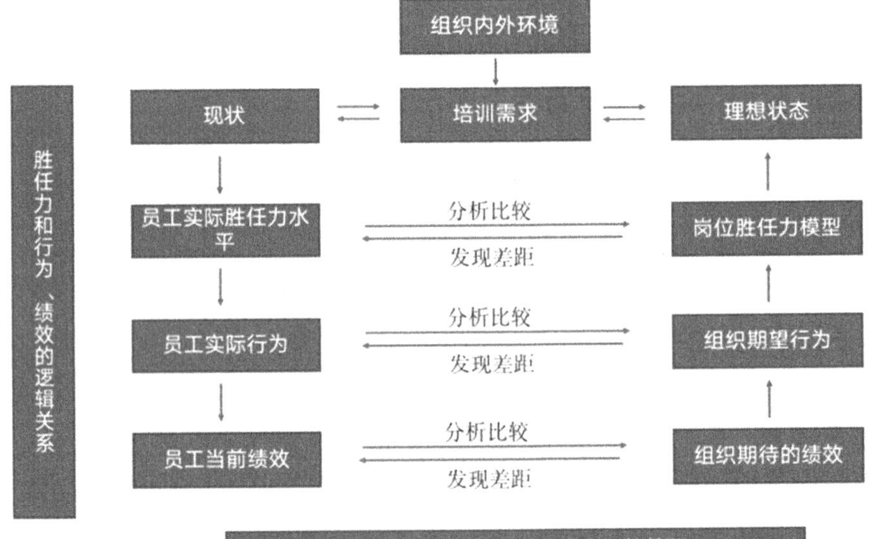

图 11－1 基于胜任力模型的培训需求分析模型

培训需求分析可以按照从上到下、从外到内三个层次进行：

第一，战略层次分析：主要通过对组织的目标、资源、环境等因素的分析，找出组织存在的问题，并确定是否通过培训来解决这类问题的过程。这一层次分析的目的是在收集与分析组织绩效的基础上，确认绩效问题及其病因，寻找可能的解决办法，从而将培训计划与组织发展战略相结合，确定基于战略和未来企业发展方向的培训重点。具体操作步骤如下：

- 组织经营分析：分析企业的经营理念、企业战略、业务战略和培训重点（知识、技能领域及员工群体）；分析组织在哪些业务领域存在绩效未达成目标的情况，并进一步分析哪些绩效问题可以通过培训进行改善。

- 组织文化和组织氛围分析：分析本企业文化和组织氛围对培训的支持程度。

- 组织资源分析：分析企业目前的培训资源情况及资源瓶颈。

第二，工作层次分析：主要是对工作任务的研究为基础，分析各个岗位的员工达到理想的工作业绩、胜任工作必须掌握的知识技能，从工作任务的角度确定培训需求，决定培训目标及培训内容。在基于胜任培训体系中，胜任力模型为培训需求分析提供可参考的标准。如图 11－2 所示。

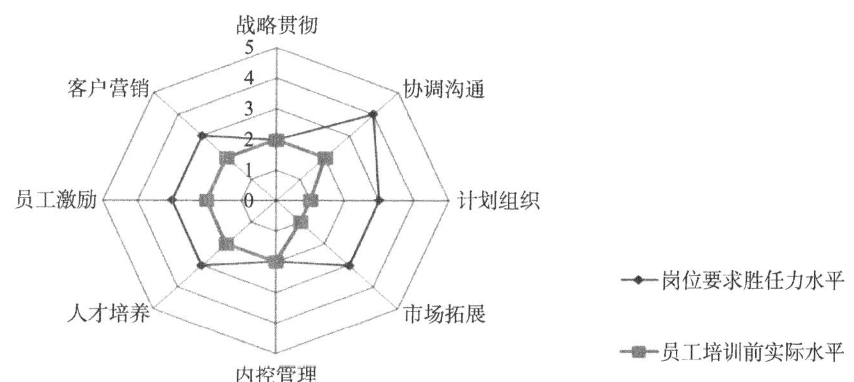

图 11－2　某网点负责人培训前胜任力水平与岗位要求比照雷达图

第三，个人层次分析：主要从个人的胜任能力的短板角度来考察培训需求，分析员工个体胜任力水平与岗位胜任力要求之间的差距，并在此基础上确定“谁需要接受培训”“需要什么样的培训”及“培训到什么样的水平”。即将员工目前的胜任力水平状况做综合评估，与达到岗位胜任力要求的水平进行比较，找出员工需要补齐的短板能力有哪些，以及根据胜任力模型中的行为分级，了解目前员工的短板能力在行为等级中的阶段水平，以此确定“培训到什么样的水平”。

在分析培训需求之前，企业需要对员工的培训需求信息进行收集，为培训需求分析提供良好的依据。收集的方法有很多种，如面谈法、问卷调查法、观察法、数据调研法等。在进行不同层次的培训需求分析时，要根据培训的实际情况，选择合适的调查方法。

第三节　基于胜任力模型的培训计划的制订与实施

我们找到员工实际胜任力水平与岗位要求胜任力水平之间的差距后，培训部人员就要据此制订适当的培训计划，弥补员工的能力缺口。

胜任力模型如何应用在培训计划的制订与实施呢？主要在于培训课程体系的搭建及培训课程的开发。培训课程体系是培训体系中极其重要的一个子系统，是企业为达到培训目的可以提供的全部课程资源。基于胜任力的培训课程体系的搭建主要包含以下几个步骤：

一、逐层分解岗位胜任力

企业应根据岗位要求，选取需要进行培训的胜任力，将每一岗位的胜任力进一步细分，深入剖析各胜任要素的内涵、外延、行为特征、行为案例、将之分解为不可再分的“最小单元”，然后将最小单元进行汇总、归类、合并、归纳、总结提炼。随后，结合各岗位在各胜任要素上的侧重差异，分别设计对应的课程目录，最终完成基于胜任力模型的培训课程体系。按照这种方法建立的培训课程体系，每一课程都是相互独立的，课程之间可按照需要进行灵活组合。

我们来看一个案例，如表 11－1 所示。

表 11－1　某国企管理干部基于能力模型的培训课程体系矩阵图

培训对象与层级	核心能力素质培训课程				授课形式		
	关键模块	素质指标	对应课程	适用对象	知识传授	技能学习	态度养成
新进党组管理干部 在岗党组管理干部	带队伍	知人善任	面试与选材	新进		★	
			人力资资源规划	在岗	★	★	

续表

培训对象与层级	核心能力素质培训课程				授课形式		
	关键模块	素质指标	对应课程	适用对象	知识传授	技能学习	态度养成
新进党组管理干部 在岗党组管理干部	带队伍	影响能力	沟通与影响	新进		★	
			非权威影响力	在岗		★	
		培育人才	绩效面谈与辅导	新进		★	
			教练式经理	在岗		★	★
		激励团队	激励技能	新进		★	
			愿景激励	在岗		★	★
	抓经营	经营意识	企业经营之道	新进	★	★	
		实干求效	企业文化宣导	新进			★
		开拓创新	创新思维与能力	新进		★	★
	定方向	着眼全局	企业文化宣导	新进			★
		战略导向	基于战略的执行力	新进	★	★	
			高级战略规划	在岗	★	★	
		科学决策	问题分析与决策	新进		★	
			高级决策理论	在岗	★	★	
	担使命	追求卓越	企业文化宣导	新进			★
		勇担责任					★
		廉洁自律					★

某国企管理干部的培训课程体系正是基于管理干部的能力素质模型四个维度（带队伍、抓经营、定方向、担使命）的13个能力素质要求去制定的培训课程体系，还根据课程类型选取了不同的授课形式。

二、将培训课程进行分层分类

企业应根据不同发展阶段在同一胜任力上不同层级的培训需要，对课程进行合理的分布与组合，梳理课程间的逻辑关系，形成分层、分类的课程体系。随后，根据“深度梯队法”，将培训项目按一个个台阶，选择几个由浅入深的不同课程对学员分步实施培训，通过边培训、边实践、边提高的学习过程，逐步完成一个个台阶的学习任务，达到某一深度的专业水平。以“团队合作”这个胜任力指标为例，企业可据此设计不同层级的团队合作课程内容，如表11－2团队合作四个层级的行为指标和表11－3团队合作阶梯式课程设计。

表11－2　团队合作四个层级的行为指标

1级	2级	3级	4级
准确理解团队的任务分工及自己的任务内容	与团队成员讨论工作，在团队决策时提出自己的建议及理由，尊重上级做出的决定	根据工作需要组建小型团队，并在团队中营造开发、包容和相互支持的气氛	根据公司战略目标来确定团队建设的目标
能够按时完成自己的工作，不拖累团队的工作进度	随时告知其他成员有关团队活动、个人行动的重要事件，共享有关信息	采用各种方式体感团队的士气和工作效率	确保团队成员之间能力和知识的互补
显示出对团队其他成员的尊重，合群，能够努力融入团队	认识到团队成员的不同特点，并且把它作为可以接触、了解和学习各种知识、信息的机会	明确有碍于达成团队目标的因素，并试图排除这些障碍	为团队争取需要的各种资源
通过实际行动支持团队的决定		在团队内部进行知识和信息的交流和共享	使团队成员接受团队设定的使命和目标

续表

1级	2级	3级	4级
在完成任务的前提下，对其他团队成员提供帮助			通过团队内恰当的竞争提高团队的整体绩效

表11－3　团队合作阶梯式课程设计

1级与2级的差距	2级与3级的差距	3级与4级的差距
是否与团队成员进行充分沟通	组建团队的能力	设置团队战略目标的能力
收集、传递信息的能力	营造团队氛围的能力	构建最优团队的能力
对团队成员的了解程度	有效管理团队的能力	管理团队成员的能力
是否具备学习型组织的概念	信息共享的管理能力	优化团队、提高团队绩效的能力

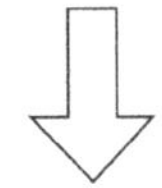

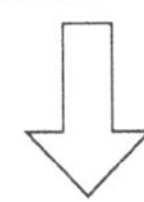

初级课程	中级课程	高级课程
沟通技巧	团队建设	组织战略管理
信息收集与分析	团队管理	领导力
问题分析与解决	打造高绩效团队	项目管理
学习型组织	……	授权管理
……		……

有了这些培训计划的制订和培训课程设计，接下来就可以开始着手开发培训课程了。基于胜任力模型的培训课程开发也是从五个步骤入手：确定课程目标、撰写培训课程大纲、设计课程流程、培训课件制作、培训师手册及学员手册编写。

基于胜任力模型的培训课程开发更加关注冰山下的胜任特质，如动机、价值观、行为方式等。基于胜任力的培训应当注重实践，少讲理论，多讲案例和进行实际操作。企业应根据培训目标和培训内容，在条件许可的情况下确定合适的培训方式。

第四节　基于胜任力模型的培训效果评估

培训效果评估是指在培训完成后，采用一定的形式，把培训的效果运用定性或定量的方式呈现出来。进行培训效果评估的目的在于确定培训结果是否达到了组织的预期目标，了解员工对培训的满意度、学员实际工作中对培训中涉及的技能知识的运用成效，进一步了解公司的投资回报率、获利率，并凭借评估结果对培训方案进行相应的修正和改善。

培训效果评估是整个培训体系中不可或缺的组成部分，大家用得比较多是柯氏四级评估。柯氏四级评估是从反应、学习、行为、结果四个方面对培训成果进行系统的评估，如表 11－4 所示。

表 11－4　柯氏四级评估具体操作

反应	学习	行为	结果
评估被培训者的满意程度	测量受训人员对知识、技能、态度等培训内容的理解和掌握程度	由受训人员的上级、同事、下属或者客户观察他们的行为在培训前后是否发生变化	判断培训是否能给企业的经营成果带来贡献
包括对讲师和培训课程、设施、方法、内容等方面的看法	可以采用笔试、实际操作和工作模拟等方法来考察	可以通过 360 度评估表来测量	可能通过一系列指标来衡量，如销售业绩、生产效率等
一般采用问卷法进行评估			

柯氏四级评估的关键在于系统地将培训结果的评估分为四个层次：通过反应层评估来对培训的组织和实施及培训本身的质量进行评估；通过学习层评估来评价学员对培训内容的掌握情况；通过行为层评估来检验培训给学员带来的行为上的改变；通过结果层评估来看培训是否使学员和组织的工作绩效得到提升。四个层次的递进关系明显，评估的复杂程度也越来

越深。

综合来看，基于胜任力模型的培训效果评估，也可以用雷达图来直观展现员工培训前胜任力水平和培训后胜任力水平，与岗位要求胜任力水平的对比情况。

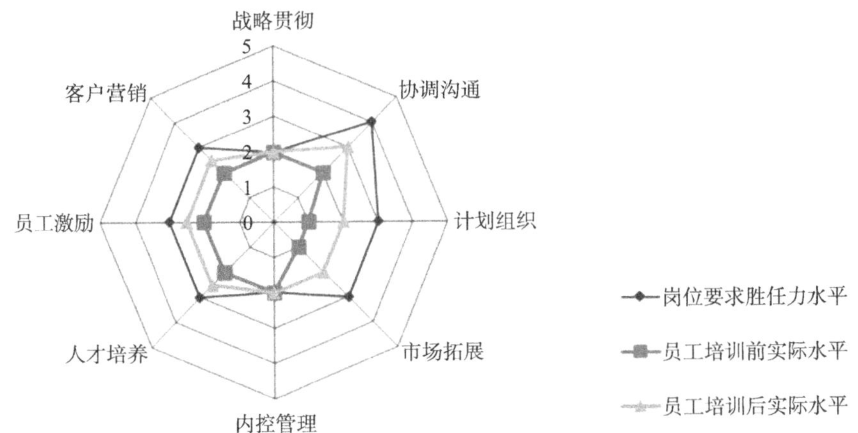

图 11－3 某网点负责人培训后胜任力水平与岗位要求水平对比

图 11－3 直观地说明，某网点负责人经过系统、科学的培训后，培训后比培训前的胜任力水平全面提升了一大步，更靠近岗位要求的胜任力水平。所以，对比分析雷达图也是在培训中展现培训效果比较常见的方式。

第五节 基于胜任力模型的学习地图构建

学习地图是一个比较新的概念，它是一个舶来品，并不是国内发明的，而是国外研究和实践提出来的，称为 Learning Map 或 Learning Path。之后这一概念被引入中国，受到热捧。很多企业甚至把学习地图当作解决企业培训难题的一把金钥匙，试图通过实施学习地图来全面提升企业培训的品质和层次。在初期的运用中，很多企业并不了解学习地图的内涵，而是跟随潮流，照葫芦画瓢，结果画出来的并不是瓢。现在，企业对于学习地图的运用慢慢回归理性，认识到学习地图并不是“空中楼阁”，而是一个体系工程。

那么，什么是学习地图呢？学习地图是指企业基于岗位能力而设计的员工快速胜任的学习路径图，也是每一个员工实现其职业生涯发展的学习路径图和全员学习规划蓝图。基于岗位胜任力模型的学习地图是最常见的学习地图。

最初，企业的培训是以讲师及培训资源为基点的，就是企业有什么样的讲师就开什么样的培训课程，这些培训效果显然有限。而基于胜任力的培训，则是以员工能力素质要求为基点来规划培训体系。简单地说，就是员工的能力要求缺少什么就培训什么。如果目前没有相应的讲师或课程资源，就创造这些资源。在众多需要培训的能力素质要求中，有的适合用集中授课的方式培训，有的适合行为化的培训，有的需要自我反思总结等。因此，进一步发展的学习地图不仅仅是一个传统的课程体系，还是一个整合多种学习方式和学习资源的胜任力发展体系。无论是员工的晋级、转岗或者更长远的职业发展规划，在基于岗位能力模型的学习地图中，都可以很容易制订出学习计划。

学习地图的构建，通常基于胜任力模型。在企业实践中，通常有专业条线类的学习地图及重点岗位的学习地图。这只是根据不同的对象进行区分，本质是一样的。

学习地图的构建，首先要做的就是岗位胜任力模型的构建。在此基础上有针对性地设计学习内容，并将这些学习内容和资源体系化。

第一步：能力分析。

通过岗位胜任力的全面评估，构建岗位胜任力模型。运用多种工具进行胜任力诊断，找到胜任力的短板。当某些胜任力短板存在共性时，就是培训发展需要考虑的方向。

对于不同的胜任力指标，其培训发展的方式也可能存在较大差异。只有运用相对应的方式，才能取得事半功倍的效果。如图 11－4 所示。

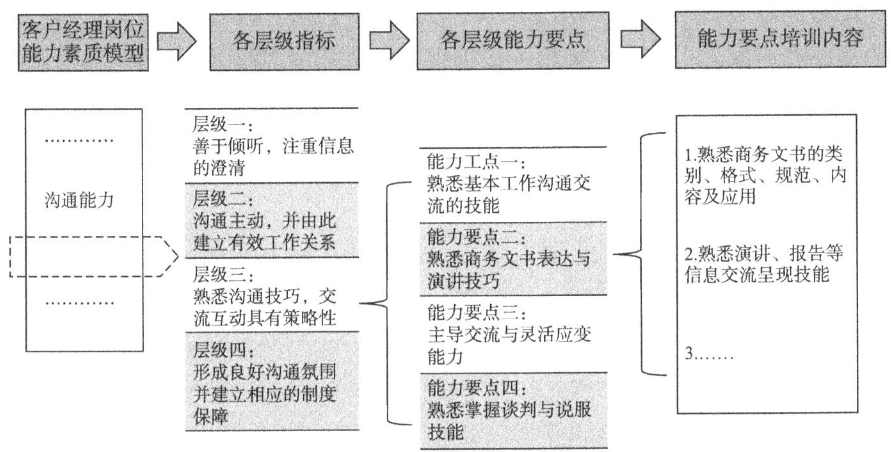

图 11－4　客户经理类岗位素质能力分析

一般来说，能力素质指标可以分为三级行为等级：基本合格、胜任、优秀或是未达标、达标、超越期望，行为程度可根据公司实际情况来定。培训前需要确定每个胜任力指标的学习目标。同时结合能力素质模型的整体架构，能力可以分为知识（K）、技能（S）、职业素养（C）三个类别，这可以为后续的学习方式的选择提供依据。

第二步：学习内容设计。

根据培训基点，确定每个指标的学习课程，经过课程整合之后，形成某层级客户经理的课程学习包。课程学习包括学习目标、学习要点和建议采取的学习方式。如图 11－5 所示。

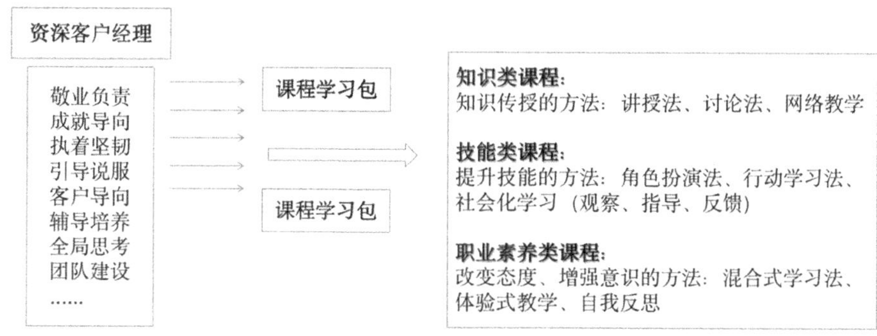

图 11－5　资深客户经理学习内容设计样例

学习地图的关键在于基于能力素质模型、职业生涯发展（包括内部晋升、轮岗）和公司内外可供整合的资源，绘制符合企业内部实际情况的学习地图。

就培养的模式而言，可以从信息的接受方式（单向/互动）及影响范围（意识层、知识层、行为层）两个维度，对常用的学习方式进行分类。以"沟通能力"提升为例，制订"沟通能力"培训方案，如表 11－5 所示。

表 11－5　"沟通能力"培训方案列表

"沟通能力"培训方案列表		
影响范围	单向方式	互动方式
行为	工作实践：利用工作中出现的机会对掌握的知识技能进行实践练习，并及时总结	拓展训练：通过拓展活动中的情境，演练目标能力的相关行为
	模仿学习：通过模仿相似风格人员的行为，从而实现自身对该能力行为的掌握	身传言教：发挥领导或成熟员工的示范与榜样作用
知识	书籍视频：《优势谈判》《如何说"不"》……	分享会：分享交流各自在商务沟通中的成功经验
	培训课程：《商务沟通》《商务沟通与谈判》……	
意识	培训课程：《素质指标解读》	沟通反馈：收集所需提升能力的信息
	个人规划：职业发展目标	

第三步：体系建立。

按照职业发展路径形成相应的晋级学习包，依据岗位核心工作要点形成轮岗包。汇总“晋级学习包”和“轮岗学习包”，根据员工不同职业发展路径的要求，可以将学习内容分为通用的新员工学习内容，初级员工学习内容、中级员工学习内容、高级员工学习内容及领导者的学习内容，并可按专业业务条线划分。至此，可形成清晰完整的企业学习地图。将岗位能力、学习资源和职业发展有机整合在一起的学习地图，对于企业学习发展及培训管理工作而言，不仅可以在运营层面上进阶提升，还可以在战略层面上发挥卓越的功效。根据学习地图构建方法，我们可以将公司的战略地图转化为能力地图，再将能力地图转化为学习地图，从而把公司战略发展和员工能力提升紧密关联。如图 11 －6 所示。

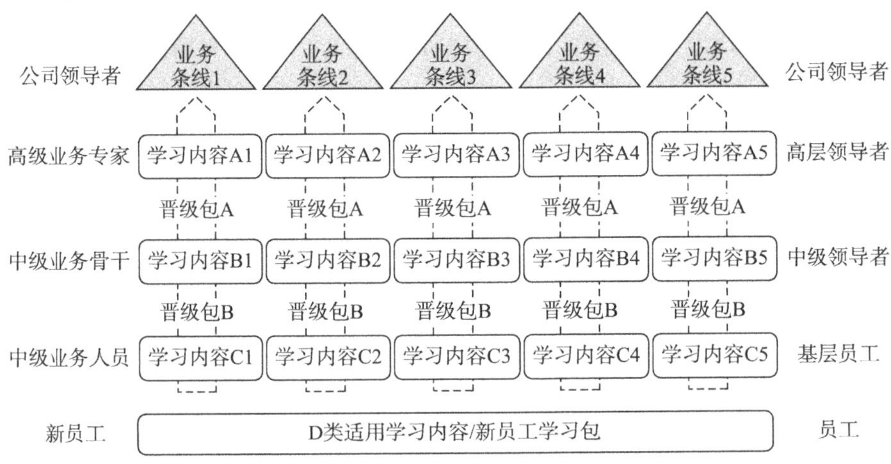

图 11 －6　新员工学习包样例

总结一下，构建基于胜任力模型的学习地图也是培训发展体系的一种很好的手段，学习地图是员工在企业中学习发展的导航系统。学习地图能清晰地告诉员工，在能力发展的每个阶段应该学习什么内容，努力的方向和目标是什么，晋级和轮岗应具备什么样的能力。

第十二章
基于胜任力模型的绩效管理

第一节　基于胜任力模型的绩效管理有何不同

绩效是指组织、团队或个人，在一定的资源、条件和环境下，完成任务的出色程度，是对目标实现程度及达成效率的衡量与反馈。绩效是组织的使命、愿景、价值观和战略的重要表现形式，也是决定组织竞争成败和可持续发展的关键因素。而绩效管理是企业实现战略目标的有效途径，通过对部门和员工的工作业绩实施有效的管理，使每个员工、每个部门的努力方向与企业的战略目标保持一致，从而达到通过每个个体目标的完成来实现企业总体战略目标的目的。

由于绩效在企业发展中发挥重要作用，在现代企业管理实践中，绩效管理备受广大企业管理者和人力资源管理者的重视。随着管理实践的不断发展，人们对绩效管理的认识也在不断发生变化。对于绩效管理的理解，存在绩效管理“结果论”、绩效管理“行为论”、绩效管理“结果+行为论”等观点。与此同时，在各组织实施绩效管理的过程中，都遇到了很多相似的问题，例如在针对不同岗位的员工进行考核时，往往侧重对前台岗位（如销售）的考核，而忽略对中后台岗位（如技术、研发、财务、人事等）的考核，由此会导致两个方面的问题：一方面前台岗位员工的工作好坏完全由业绩结果说话；另一方面忽略对中后台支撑前台工作的价值和意义。

评价一位员工是否优秀，有两种方式：第一种是对工作结果进行衡量，它属于绩效管理的范畴，很多企业较多地采用关键绩效指标法（Key Performance Indicator），简称KPI。如果仅有KPI，即完全以结果论英雄，只看重考核，不注重发展，不能充分发挥考核结果在人才培养发展方面的激励导向作用。基于这些原因，另一种对工作过程进行衡量的方式越来越受到人们的关注和重视，可以称为关键能力指标（key Competency Index），简称KCI，这种绩效考核方式我们认为是基于胜任力模型的绩效管理方式。

经过在多家企业的调研和实践经验总结，我们认为这些相似的问题大多源于传统的基于岗位的绩效管理模式带来的弊端和不足。基于岗位的绩效管理模式主要通过对考核对象设置关键绩效指标（俗称 KPI：Key Performance Indicator）来进行考核；以计划体系为基础的 KPI 考核迫使考核者与被考核者都要以结果为重，业绩考核常常忽视"过程"，或过于侧重"结果"，这使得 KPI 考核带有一定的片面性。

近年来，以关键绩效指标（KPI）和关键能力指标（KCI：Key Competency Index）相结合的绩效考核方式被越来越多的管理者接受和认可。KCI 的考核增加了对过程的考察，例如对销售人员的考核，除了要考核他们销售目标的达成外，还需要考察对业绩达成必要或关键影响因素的过程中的行为，如"主动拜访及开拓潜在市场和潜在客户，每季度开发 3 家及以上新客户"等方面的行为，进而可以观察出他们是否具备"开拓新市场能力"。KPI 引导人们重实效、重实绩，积极有所作为；KCI 则引导人们注重个人的全面发展和团体协作。前者是对"事"的考核，强调"做事"；而后者更重视"人"的存在，是对"做人"的认可。另外，KCI 还可以帮助管理者及时发现人才，这是业绩考核做不到的。KCI 考评可以及时发现被考评者所具备的其他特长，从而通过培训和岗位轮换，将其安排到更合适的岗位上，这样既保证不浪费人才，还能保证业绩目标的实现。

从以上的分析可以看出，我们认为基于胜任力的绩效管理，如 KCI 考核有如下几个特点：

第一，基于岗位的绩效管理，如 KPI 考核更侧重结果评价；而基于胜任力模型的绩效管理，如 KCI 考核更侧重过程的评价。对于很多岗位来说，工作成果的达成不仅仅是该岗位员工通过自身努力就可以实现的，而是依赖多种因素的综合作用。对这些岗位员工的绩效管理，如果依旧从结果角度进行评价，难免有失偏颇。通过基于胜任力模型的绩效管理，对这些员工的日常行为表现进行观察，并于该岗位的胜任力要求进行对照，可以更好、更准确地对其工作进行评价。

第二，基于岗位的绩效管理侧重任务评价，而基于胜任力模型的绩效管理更侧重能力评价。因为胜任力模型的建立基于绩优员工能够产出优秀绩效的关键行为和心理特质，对胜任力的准确评价，有利于从根源上解决人的能力和主观能动性问题。基于岗位的绩效管理聚焦某一岗位所要达成的任务和目标，其达成的程度与组织战略能否实现有着更为直接的关系。

第三，基于岗位的绩效管理侧重定量评价，而基于胜任力模型的绩效管理更侧重定性评价。胜任力具有抽象性，不容易被直接观察到，需要通过行为事件来判断，因此对胜任力的评价，不像对销售目标的评价那样可以高度量化。对胜任力的评价，需要评价者结合胜任力的行为指标及被评价者的日常行为，以相对统一的标尺来衡量被评价者的绩效水平。

第四，基于岗位的绩效管理侧重短期评价，而基于胜任力模型的绩效管理更侧重长期评价。基于岗位的绩效管理注重对结果的考核，侧重可量化的硬指标，可能会导致员工为了获得更好的绩效成绩，采取一些不利于企业长远利益的短期行为。基于胜任力模型的绩效管理是以某一岗位应具备的胜任力作为被考评者的评价标准，在一定程度上可以避免不利于企业长远利益的短期行为。

如果我们将基于岗位的绩效管理如 KPI 和基于胜任力模型的绩效管理如 KCI 结合起来进行考核，将是一种更科学、全面、完善的管理方式。但是，在实际操作中应当如何结合呢？

可以从绩效管理的四个循环入手来拆解，如图 12－1 所示。

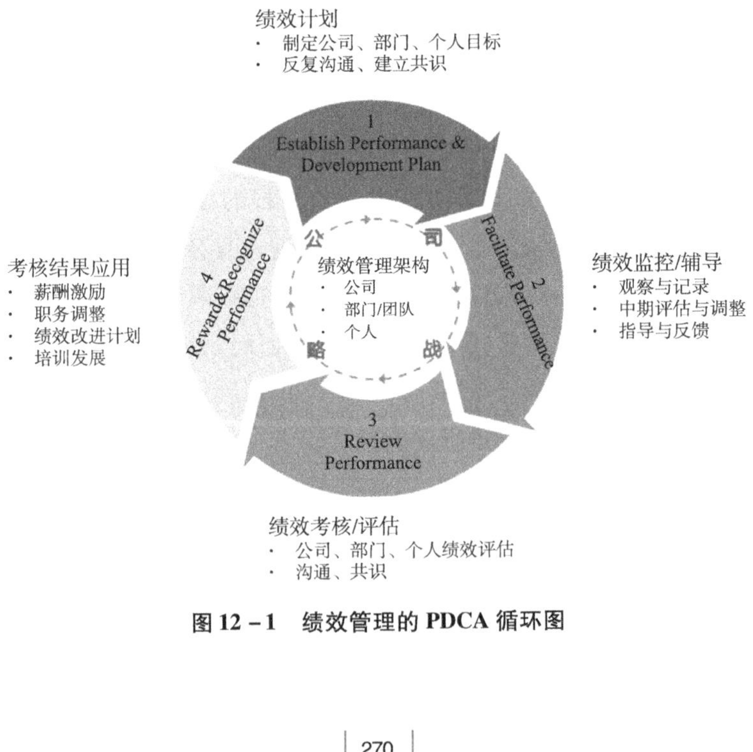

绩效计划
· 制定公司、部门、个人目标
· 反复沟通、建立共识

1
Establish Performance &
Development Plan

2
Facilitate Performance

3
Review
Performance

4
Reward&Recognize
Performance

公 司 战 略

绩效管理架构
· 公司
· 部门/团队
· 个人

绩效监控/辅导
· 观察与记录
· 中期评估与调整
· 指导与反馈

考核结果应用
· 薪酬激励
· 职务调整
· 绩效改进计划
· 培训发展

绩效考核/评估
· 公司、部门、个人绩效评估
· 沟通、共识

图 12－1 绩效管理的 PDCA 循环图

第二节　绩效计划

我们先来看循环图里的第一步绩效计划，绩效计划是绩效管理的起点，也是确保绩效管理成功的最关键一步。绩效计划是指确定组织对员工的绩效期望并得到员工认可的过程。同时，组织架构的层级性决定了绩效计划的制订也具有一定的层次性。在新的绩效周期开始时，依据组织的战略和核心能力，直线管理者与下属员工进行沟通，针对员工在考核周期内应该达成的绩效进行沟通并达成一致。

沟通的内容主要包括：在考核周期内，员工要做什么、为什么做、需要做到什么程度、应何时做完、做得好坏程度对员工的影响、员工的决策权限等内容。待直线管理者与下属员工就以上沟通内容达成一致后，应形成书面契约，即绩效计划的成果性文件，通常称为“绩效合约”“绩效考核表”或是“绩效任务书”等。直线管理者需对下属员工在考核周期内对之前约定的绩效计划的完成情况进行检查、评价，然后由双方在绩效成果性文件上签字确认。

我们以一份企业实际应用的“绩效合约”为例，来看一下都考核什么内容，如表 12－1 所示。

这份“个人绩效承诺书”是某集团公司对分公司总经理的绩效合约，这份绩效合约没有像传统的绩效计划那样只制定了业绩结果指标，而是把业绩结果指标 KPI 和 KCI 胜任能力指标结合起来。这样不只是考核业绩结果的达成，对过程中能力的提升也提出了要求并制订了计划。

值得一提的是，因为是总经理的岗位，所以绩效合约中加入了组织绩效目标，且占比达到 60%，而个人绩效目标占比 40%，总经理的岗位上这么设置是合理的。级别越往下，原则上个人绩效目标的占比应该越高，组织绩效目标占比越低，甚至是不设。

大家可能注意到，在这里 KCI 胜任能力指标作为一项考核项在考核，

表 12－1 《××××公司个人绩效承诺书》

姓名	×××	工号	×××
所在部门		所任职位	
考核周期	季度	考核责任者	×××

第一部分：组织绩效目标（60%）

【填写说明】

1. 主要以 KPI 形式表现。管理者组织绩效目标是指其所负责组织的绩效目标，员工组织绩效目标是指其所在组织的绩效目标。
2. 指标设置不宜过多。

分类	考核点	考核指标	权重	下半年目标/全年目标			实际完成结果	得分
				可接受（80）	达标（100）	挑战（120）		
经营	KPI	预算收入完成率	15%～30%					
	KPI	可控成本率	10%～20%					
	KPI	贡献毛利率	10%～20%					
运作	KPI	时间计划基线偏差率	10%～20%					
	KPI	CR 收入	10%～15%					
	关键事件	iSales 有效线索录入	每条有效线索 1 分，5 分封顶					

续表

分类	考核点	考核指标	权重	下半年目标/全年目标			实际完成结果	得分
				可接受（80）	达标（100）	挑战（120）		
运作	关键事件	EHS 重大事故	每个 EHS 重大伤亡事故扣 10 分					
	关键事件	人为网络事故	每个人为网络事故扣 5 分					
	关键事件	网络安全与内控成熟 KCI	每个网络安全违规事件或考核期间有第三方发现并查实（审计、稽查）的内控风险/损失，扣 10 分					
客户满意度	关键事件	重大客户投诉（客户 CXO 向代表处/地区部/机关领导正式投诉）	每次扣 3/5/10 分，10 分封顶					

第二部分：个人绩效目标（40%）

1. 个人业务目标

【填写说明】

1. 强调个人而非组织目标，体现个人对组织的独特贡献，支撑组织绩效目标的达成。
2. 岗位职责中重要的、关键的工作目标，是工作方向，不是工作计划。
3. 目标项设置不宜过多，以 6 ~ 8 项为宜。

分类	序号	重点工作目标	完成时间	关键举措	衡量标准	辅助部门	目标完成情况	个人自评等级
经营	1	早期介入阶段交付方案落地合同		完成 DRB 评审（包括工期表，责任矩阵，验收标准与流程，变更管理方案，项目管理建议书，服务交付/实施建议书等）及相应服务成本测算				
	2	概预算拉通，落实经营责任		1. 做好预算编制，对概预算的差异做好分析回溯，售前售后拉通，相关遗留问题要落实到具体责任人，包括售前人员 2. 做好预算 6 件套（D 级可按简化版），并承担项目经营责任				
	3	按预算执行，做好三报一会和闭环管理		1. 月度例行召开项目经营预测和分析例会（D 级可季度召开），经营分析会要对项目风险、假设、基线和关键经营措施进行跟踪分析和闭环管理 2. 预计或已经可控成本超全周期预算或贡毛恶化时，要及时对预算进行差异分析，必要时向对应的项目经营管理团队进行述职，并对预算进行变更或调整				

续表

分类	序号	重点工作目标	完成时间	关键举措	衡量标准	辅助部门	目标完成情况	个人自评等级
经营	4	年度预算和年度经营目标刷新		完成项目年度预算和年度经营目标刷新并上载至 PFM （1）ABC 级项目分解至月度，D 级项目分解至月度或者季度 （2）年度经营目标包含但不限于收入、可控成本率、贡献毛利率等				
运作	5	工程转维		按 PMP 流程和 ISD 工程转维流程制订转维计划与转维标准（checklist），完成 DR 评审，并按计划完成工程转维交接，与维护 SPM 签署工程转维交换报告				
	6	项目管理规范化运作		规范化项目质量管理运作，落实软件质量 15 点				
				规范项目 Sponsor/Owner 运作。与 Sponsor 保持通畅沟通渠道，邀请 Sponsor 参加项目开工会，定期邀请 Sponsor 参加 Steering Committee 会议及项目述职会				
				项目组建立对内、对外的沟通机制。每月/每周组织与客户的项目例会，每周组织项目组内部例会。例行发布项目 OPPM 周报				

续表

分类	序号	重点工作目标	完成时间	关键举措	衡量标准	辅助部门	目标完成情况	个人自评等级
运作	7	内控		建立项目内控管理组织，保证内控管理流程落地，保障执行效果				
	8	EHS		制定项目 EHS 管理机制，落实对项目组成员 EHS 规范的培训和宣传；加强对合作方 EHS 的资质审查及培训、宣传				
	9	Cyber Security 管理		1. 组织面向项目组学习 Cyber Security 政策、知识和相关案例 2. 组织分包商（如果涉及）学习 Cyber Security 的政策和知识（培训材料科从 GTS CSO 获取，根据本地情况进行裁剪）				

第三部分：能力提升计划

【填写说明】

为了有效支撑绩效目标的达成，针对员工在本岗位能力或经验的提升要求而制定。能力提升计划完成情况不作为绩效评价的内容。

需要提升的能力	能力提升的目标	序号	发展/学习活动计划	目标完成情况及效果	个人自评等级
	Lesson learned 项目案例贡献				

续表

需要提升的能力	能力提升的目标	序号	发展/学习活动计划	目标完成情况及效果	个人自评等级

承诺人签名：　　　　考核责任者签名：

签名日期：　　　　签名日期：

第四部分：考核责任者整体评价

考核责任者整体评价	

第五部分：绩效评价等级

绩效评价等级：

承诺人签名：　　　　考核责任者签名：

签名日期：　　　　签名日期：

但并没有计分数，这缘于这家集团公司正处于绩效管理的变革中，希望把KPI和KCI考核结合起来，但变革的起初并没有将KCI计分，而是先加入了考核项。在公司内部达成了绩效考核也需要考核“胜任能力指标”的共识后，将KPI结合KCI考核的分数比重做一些调整。有的公司会设置为“KPI 80% + KCI 20%”的综合考核，有的会设置“KPI 60% + KCI 40%”的综合考核。如何设置最合理，我想没有一家公司是一样的，只有结合企业的实际特点去摸索和逐步调整才是最好的。

第三节　绩效监控/辅导

绩效监控/辅导是绩效管理的第二个环节，是收集信息、整合信息，根据实际情况对绩效考核表做出调整并对下属给予反馈的过程。这里包含两部分内容：第一，通过绩效沟通，对下属员工的工作给予支持，并修正其工作中的实际表现情况与目标之间的差异；第二，记录下属员工工作过程中的关键事件或绩效数据，为绩效评价提供信息。下属员工的主要责任就是根据绩效计划制定的绩效考核表，结合岗位的职责要求，完成相关工作达成绩效目标。

在绩效执行的过程中，最关键、最重要、最困难的工作就是绩效辅导沟通。绩效辅导沟通是一个充满细节的过程，是直线管理者与下属员工在共同工作的过程中分享各类与绩效有关的信息的过程。这些信息包括有关工作进展情况的信息、有关员工工作中潜在障碍和问题的信息及各种的可能的解决措施等。直线管理者应对下属员工进行定期的、持续的辅导，以便在某些困难发生前帮助下属员工识别并指出困难，避免其在工作中走弯路。在辅导过程中，沟通不良会使管理者与员工之间产生各种各样的摩擦。因此，在管理者与员工之间进行与绩效相关的辅导沟通时，可以结合教练的工具 GROW 模型进行辅导。

GROW 模型是企业教练常用又比较便捷的一种工具，是指围绕设定目标和寻找解决规划的有效办法，经由过程教练式辅导、帮助和启发、推动他人负责地找到答案，确定解决方案并有效执行的沟通模型，如图 12－2 所示。

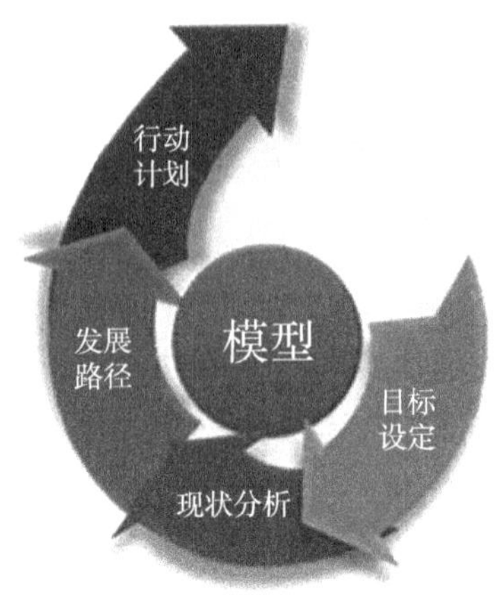

定义：
GROW 的意思是成长，帮助员工成长
G（Goal setting）目标设定：确认员工业绩目标
R（Reality）现状分析：要搞清楚目前的现状、客观事实是什么，寻找动因
O（Options）发展路径：寻找解决方案
W（Will）行动计划：制订行动计划和评审时间

具体内容：
GROW 代表辅导的一个程序，你要向员工陈述谈话目的，不要让员工觉得云里雾里所以G要清楚向员工陈述谈话的目的
第二步 R 描述发现的问题，要求员工分析原因，避免盲目下结论，设身处地地倾听
第三个 O 是解决方案，最重要的是要询问员工对问题的看法及解决方案；通过提问鼓励创造性思考还有没有更好的做法
最后，W 与员工一起商讨行动计划

图 12－2 GROW 模型

直线管理者如何将胜任力模型结合 GROW 模型来给下属做绩效辅导呢？如表 12－2 所示。

表 12－2 《某企业绩效辅导问题清单》

热身问题：
· 在这个绩效周期里，你觉得做得好的是哪些方面？为什么？
· 有哪些不满意的地方？差距在哪里？（如果对方提到外部因素，只记录下来，再追问到自身因素）热身问题：

一、目标设定（Goal Setting）
·你想要提升的部分是什么？具体来讲都是什么？（收拢聚焦能力行为） ·为什么你要提升这个能力？ ·如果这个能力现在就实现了会怎样？ ·这个能力不提升会怎样？ ·出现什么样的情况后，你会知道你的能力已经提升？（你的能力提升的标志是什么？请列出 1、2、3 项） ·提升能力后，你的成功场景是什么？ ·为提升这个能力，你的第一步计划清晰度是几分？（1 ~ 10 分）
二、现状分析（Reality）
·针对这个能力，你目前是怎么做的？ ·除了你刚才说的……还有什么？ ·我复核一下你刚才讲的……是这样吗？ ·为了达到或实现你的目标，你曾经做过什么努力？ ·你做的事情中，哪些关键行为是有效的？ ·你的优势和劣势各是什么？ ·如果目标是 10 分，现在是几分？你是怎么得出这个分数的？
三、发展路径（Options）
·你觉得接下来要提升这个能力，可以怎么做？ ·你想过但没有做的事情是什么？ ·如果你是 × ×，你会怎么做？ ·如果你提的限制不存在，你会有什么选择？ ·如果戴上企业家精神（选用能力项）等帽子，你会怎么做？
四、行动计划（Will）
·前面提到的措施，你打算做哪几项？什么时候做？ ·做了这些事，可以让你的 × × 提升到什么程度？ ·1 ~ 10 分打分，你有几分确定会做这些事？ ·有什么或谁能支持你？ ·有什么或谁会阻碍你做这些事？你有什么优势/资源能克服阻碍？ ·你做到这些，实现了目标，你会如何奖励自己？

结束语：感谢员工并表达你对他的信心

《绩效辅导问题清单》可以让直线管理者在对下属进行绩效辅导时，可以把对他的能力要求结合到以上 GROW 的四步骤，用以上的问题清单来和员工进行绩效沟通。不过，现实情况是企业中有很多直线管理者都不太注重绩效辅导这一步骤，更别提熟悉教练的 GROW 模型了，这也是目前我们在绩效管理中的常见问题。所以，我们会建议企业应用胜任力在绩效管理中时，先给业务管理者开展绩效辅导工具的培训，提升业务管理者掌握胜任力模型在绩效辅导中的应用，这样能够提高胜任力模型在结果应用的效率。

第四节　绩效考核/评估

绩效评估是指对组织或组织内员工的价值做出判断的一种活动，是绩效管理过程中技术性最强的环节之一。在基于胜任力模型的绩效管理体系中，胜任力是绩效评估的基础，而胜任力又难以被直接观察和衡量。因此，在基于胜任力模型的绩效管理体系中，做好绩效评估更具有挑战性。基于胜任力模型的绩效管理体系中，在绩效评估这一环节，针对管理者的评估通常采用360度评估法；针对基层员工的评估，可以采用直接上级评价法。

一、360度评估

360度评估又称360度全方位评估或多源评估，该评估方法是由与被评估者又密切工作关系的人，匿名对被评估者进行评估，同时被评估者也可进行自评。然后，专业人士根据他人的评估结果，对比自评结果，出具评估报告并向被评估者提供反馈，帮助被评估者提高能力和业绩水平。我们来看一个360度评估的案例，如图12－3所示。

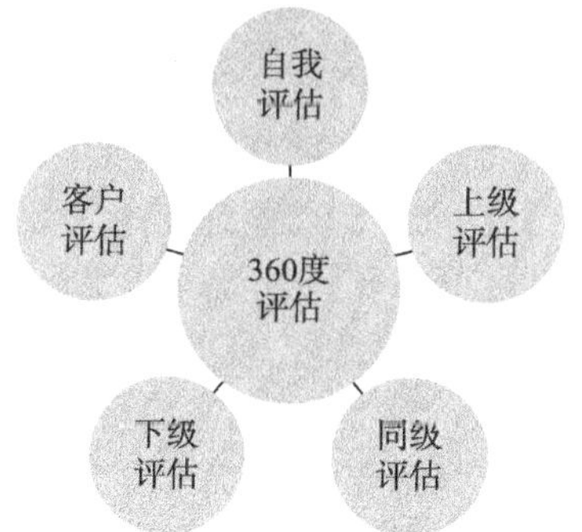

评价人	自评	上级	同级	下级
扬长项：专业能力	5	4.75	5	4.56
扬长项：组织协调	5	4.5	3.78	4.27
扬长项：结果导向	5	5	3.54	4.85
补短项：团队建设	5	4.75	4	4.39
补短项：换位思考	5	5	3.95	3.84
补短项：分析能力	5	4.5	4.33	4.56

图12－3　某公司经理人员360度评估结果

在360度评估中，应该首先根据评估目的和组织文化来确定评估者，这里涉及两个方面的问题：选什么人评和选多少人评。360度评估中评估者的数量设定，如表 12－3 所示。

表 12－3 360 度评估中各类评估者的数量

评估者	上级	同级/客户	下级	自评
参与人数	最少 1 人	3 人以上	3 人以上	1 人

值得一提的是，360 度评估可以引入外部人员作为评估者，和“同级”这些评估者视为横向维度的评估。有的公司根据邀请外部供应商给“采购”这个岗位的被评估者进行评估，也有的公司根据需要邀请外部客户给“客服人员”这个岗位的被评估者进行评估。但是不管邀请的人数如何，这些人数和“同级”一起视为横向评估，也是“3 人以上”。当然，邀请外部人员来做 360 度评估的情形不多，主要是内部人员为主。

360 度评估时，还有一个重要问题是关于评估分数的权重设置，这个会直接影响总得分。按照我们的经验，360 度评估建议上级的分数权重为 50%，因为上级最了解下属的工作表现，也是下属绩效计划的制订者，所以上级的比重通常最高，如果有两个上级来评，如上级和上级的上级，以及直接上级和斜线上级，加起来的比重也不超过 50%；同级比重在 30% ~ 35%，因为工作交往密切的同级通常比较了解被评估者的工作表现，且级别和工作界面大致相同，所以占比相对高一些。

最后，下级一般占 15% ~20%，占比是最低的，这是因为下属来看上级的工作情况时因为工作界面不同、眼界视野和考虑点都不尽相同，下属比较难以看清上级工作的全貌，所以占比最低。如果有的被评估者没有下级时，建议将下级评估人数和占比分到同级里去。注意，这里还有一个评估的维度：自我评价。自我评价在 360 度评估中很重要，一定要评，但通常不计分数，这是因为自我评价比较主观，通常会比实际略高一些。所以，我们建议可以看一下员工自我评价的打分，看一下他的自我认知如何，也有助于上级做绩效面谈时帮助员工提升，但分数通常不计入总分。

二、直接上级评价

前面讲到，针对基层员工的评估，可以采用直接上级评价法，不需要用360度评估，相对来讲效率更高也更务实。我们来看一个上级对下级绩效评估的示例，如图12－4所示。

No. 序号	Core competence 核心胜任力	Self-assessment 自评	Supervisor Evaluate 直接主管评价	Remarks 备注
1	Planning 制定计划	3	2	
2	Strategic Agility 策略的敏锐性	3	3.5	
3	Problem Sliving 解决问题	2	3	
4	Drive for nesult 追求成败	2	2	
5	Bulid Effective Teams 建立高效团队	3	2.5	
6	Conflict Management 冲突管理	2	2.5	

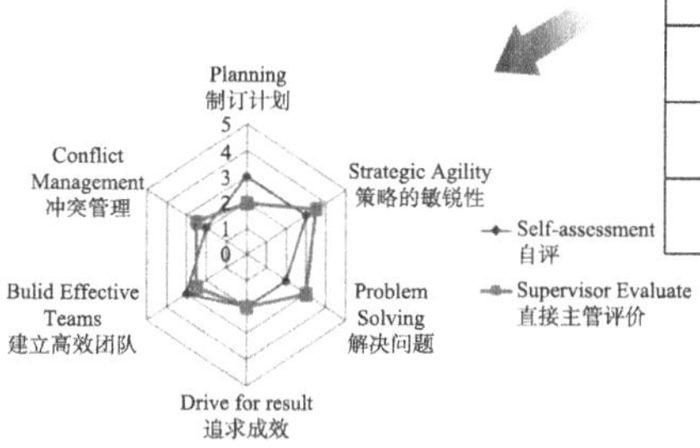

Planning
制订计划
Strategic Agility
策略的敏锐性
Problem
Solving
解决问题
Drive for result
追求成效
Bulid Effective
Teams
建立高效团队
Conflict
Management
冲突管理
5
4
3
2
1
0
Self-assessment
自评
Supervisor Evaluate
直接主管评价

图12－4　胜任力绩效评估雷达图

图12－4直观地展现了上级评价和员工自评的绩效差距，所以这个绩效差距就可以用在上级给下属做绩效辅导时，和员工一起具体沟通来制订各项能力的提升计划。

第五节 绩效考核结果应用

绩效考核结果应用是绩效管理的关键环节，关系到整个绩效管理系统的成败。在基于胜任力模型的绩效管理体系中，评价结果主要应用于两个方面：

第一，通过分析结果，找出员工的实际能力与所在岗位胜任力的差距，进而诊断存在的问题，提出绩效改进计划。

第二，作为招聘、晋升培训与开发、薪酬发放等决策依据。

绩效改进是指通过采取一系列行动来提高员工的能力和绩效的行为。基于胜任力的绩效考核结果应用于绩效改进时，需要直线管理者分析员工的绩效考核结果，找出员工绩效不佳的原因，然后针对存在的问题，与下属进行有效沟通，一同制订合理的绩效改进计划，或者在新一轮的绩效管理循环中，适当加大对绩效改进计划中的内容的考核力度，不断提高员工的胜任力水平和绩效水平。

“没有规矩，不成方圆。”在一个组织内，要构建基于胜任力的绩效管理体系，就需要制定绩效管理制度。绩效管理制度是组织内实施绩效管理的“军规”，是为了科学、公正、务实的绩效管理而制定的规范。通常情况下，绩效管理制度包括绩效管理的目的、适用范围、原则、流程、组织分工与责任界定等内容。人力资源部是绩效管理制度的起草者，是确定组织内部关于绩效管理统一体系的提议者和组织者。

另外，鉴于基于胜任力模型的绩效管理与传统的基于业绩的绩效管理相辅相成，互为补充，我们建议：

第一，建议企业采用“1 + 1”的绩效考核模式，即 KPI + KCI 的考核模式，考核中既包括基于业绩的结果考核，也包括基于胜任力的行为考核。

第二，建议根据企业所处行业、文化及发展阶段，以及绩效考核结果的应用领域，合理设置两者的权重。

第十三章
基于胜任力模型的薪酬管理

第一节 基于胜任力模型的薪酬体系有何不同

基于胜任力的薪酬体系是对传统薪酬体系的一次革命。传统的薪酬体系过于强调员工过去的绩效，以及员工所在岗位在企业中的重要程度，而忽略了能够创造绩效、增强企业核心竞争力的员工胜任力。在这种新的体系中，支付薪酬的依据是员工拥有的胜任力，即知识、技能、社会角色、自我概念、人格特质和动机/需要，薪酬增长取决于他们胜任力的提高和每一种新胜任力的获得。基于胜任力的薪酬体系实现了胜任力与报酬的匹配。

我们来看一下，传统的基于岗位定薪的薪酬体系和新的基于胜任力定薪的薪酬体系具体有何不同点？如表 13 – 1 所示。

表 13 – 1 传统薪酬体系与基于能力的薪酬体系的区别

项目内容	基于岗位	基于胜任力
评价内容	报酬要素	能力水平
价值量化	岗位要素等级权重	能力等级
付薪的依据	分配用于反映标准薪酬结构的点数	认证和外部市场能力导向
薪酬结构	基于岗位的工作职责或市场	基于所开发的能力或市场
涨薪的依据	晋升	新能力的开发
实施流程	岗位价值评估	能力分析和认证
员工关注	通过晋升职级涨薪	通过提升能力涨薪
优势	员工有明确的期望和晋升空间 成本容易估算和控制	鼓励员工持续学习、提升能力 灵活性
不足	职级体系的框架阻碍了员工希望晋升的期待 流程僵化，缺少灵活性	人力成本不易估算和管控 能力体系的更新和认证需要实时进行，管理成本较大

续表

项目内容	基于岗位	基于能力
适用企业类型	传统企业，业务变化不大，管理体系相对稳定	新兴企业、高科技公司、互联网公司等管理扁平化、智力资本型的公司

应该说，基于胜任力的薪酬体系是一种新的薪酬管理的探索，操作上还存在不少实际问题，我们分析一下这种新的探索有哪些优缺点。

一、优点

有利于员工个人胜任力的提升和拓展。新的薪酬体系不再依靠岗位晋升的方式加薪，淡化了官本位的思想，引导员工将专业水平往纵深方向发展，也鼓励员工学习相关的新知识与新技能，提高综合水平，通过员工胜任力水平的提高来获得更高的薪酬。

有利于企业核心竞争力的增强，实现企业战略。员工的胜任力是企业核心竞争力的基础。基于胜任力的薪酬体系就像一根指挥棒，指引员工努力学习和提高企业需要的各种胜任力，提高企业人才的整体水平。

有利于企业的组织变革。全球竞争的加剧和日趋激烈的信息技术要求组织减少管理层级，重组业务流程。基于胜任力的薪酬体系淡化了岗位在薪酬结构中的作用，引导员工注重自身胜任力水平的提高，有利于企业进行组织变革，提高管理的灵活性，适应外部市场的变化。

有利于吸引和留住高水平人才，形成你争我赶、良将如潮的局面。高水平的人才往往希望在自己的专业领域有所建树，他们更追求自我价值的实现，而且高水平的人才也希望和同样高水平的人才一起共事，互相切磋一起提高。基于胜任力的薪酬体系为他们搭建了一个发展平台，涨薪以胜任力为依据，就激励了他们专注专业水平的提高和自身价值的实现。

二、缺点

基于胜任力的薪酬体系会增加企业的管理成本，提高管理难度。企业为了科学、公平、公正地考核员工的胜任力水平，必须建立一套有效的胜任力评价体系，设置评价的完整胜任力指标和行为等级标准，并对每个员工进行评价。随着企业战略的调整，企业需要的胜任力指标也要进行相应的调整，对员工评价的胜任力评价体系就要相应地更新。所以，建立体系、评价、更新体系、再评价的过程往往耗时耗力，最好设置一个专门的组织来负责。即便这套胜任力评价体系不变，员工的胜任力也会不断有变化，评价工作就得频繁地开展，这对企业的管理成本是比较大的挑战。

基于胜任力的薪酬体系必须有强有力的培训体系和绩效管理体系支撑。基于胜任力的薪酬体系对企业人力资源工作提出了较高的要求。企业对员工开展评价后，员工会发现某些胜任力指标需要进一步提高。同时，企业因为战略的变化也会增减一些胜任力指标，这些指标都需要开发相应的培训项目或课程，为员工提供学习和提高的机会。

第二节　如何搭建基于胜任力模型的薪酬体系

薪酬管理是一个比较大的体系，前面说到基于胜任力的薪酬体系是一种新的探索，目前大家对于能力素质模型在薪酬方面的应用，主要讨论的是与能力素质相关的薪酬应用。

我们知道薪酬的应用流程主要分三步：第一步，确定薪酬的框架；第二步，确定薪酬的水平；第三步，调整薪酬的水平。我们就这三步看一下能力素质模型如何应用在每一步骤里。

一、确定薪酬的框架

岗位的薪酬构成一般由固定工资（基本工资）、浮动工资（如绩效工资、奖金等）、福利三部分组成。如图 13－1 所示。

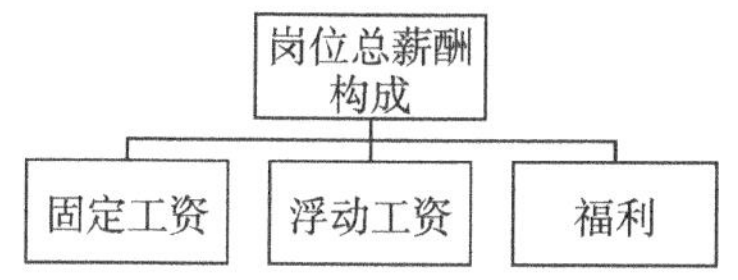

图 13－1　岗位总薪酬的构成

与能力素质模型相关的薪酬应用，我们要确定一个问题，与能力素质模型相关的薪酬应该被纳入哪一部分，是固定工资、浮动工资还是福利等。

（一）固定工资中设立与能力素质模型直接挂钩的薪酬

如果在固定工资中设立与能力素质模型直接挂钩的薪酬，应该如何操作呢？首先，岗位薪级很多公司用 IPE 来设定。

注解：IPE，International Position Evaluation 的缩写，是一种国际职位评估工具，用于工资调查，衡量竞争力，确定工资水平及结构，招聘、职业发展规划、升职和工作变动时的职位评估，组织发展时的职位评估。也称为“美世岗位价值评估”，通过“因素提取”并给予评分的职位价值测量工具。这套职位评估系统有4个因素，10个纬度，104个级别，总分1225分。评估的结果可以分成48个级别。这套评估系统的4个因素是指影响（Impact）、沟通（Communication）、创新（Innovation）和知识（Knowledge）。

还有一些企业用“海氏三要素评估法”（注解：Hay group 的海氏系统法也是国际上使用很广泛的一种岗位价值评估法，它认为所有职位所包含的付酬因素可以抽象为三种具有普遍适用性的因素，即知能水平、解决问题能力和风险责任，他设计了三套评价量表，最后将所得分值加以综合，算出各个工作职位的相对价值），感兴趣的读者可以深入学习相关信息。而岗位薪档由个人与岗位任职资格（包含知识、经验、技能等）的匹配程度及能力素质要求的匹配程度共同决定。

而浮动工资（绩效工资和奖金等）还是由绩效结果来决定，福利等保持不变。与能力素质相关的薪酬纳入固定收入部分，因为能力作为一种较为稳定的个人特质，是不容易发生明显变化的，特别是以能力素质模型为标准设立的能力薪酬，短期内（半年到一年）能够使其中一两项能力指标有明显的提升就很不容易了，因为人的能力提升不是一蹴而就的，一般在培养后半年到一年能看到能力的明显提升；一两项指标的变化对以模型为整体标准的评估来说影响不大。浮动工资不变，固定工资就由能力决定，如图13－2能力素质体现在固定工资。

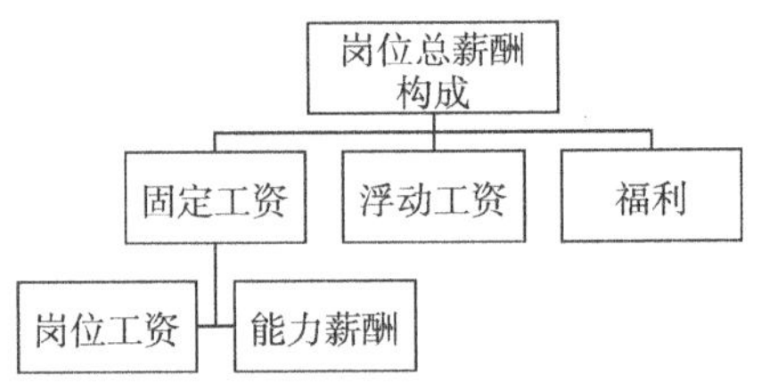

图13－2 能力素质体现在固定工资

（二）浮动工资中设立与能力素质模型直接挂钩的薪酬

如果在浮动工资中设立与能力素质模型直接挂钩的薪酬又该如何操作呢？有一些快速发展的公司特别强调能力素质的发展，强调个人的不断进步，可以在浮动工资中设立与能力素质相关的部分进行特殊的激励。即固定工资不变，浮动工资里加入能力奖金部分，如图 13 - 3 能力素质体现在浮动工资。

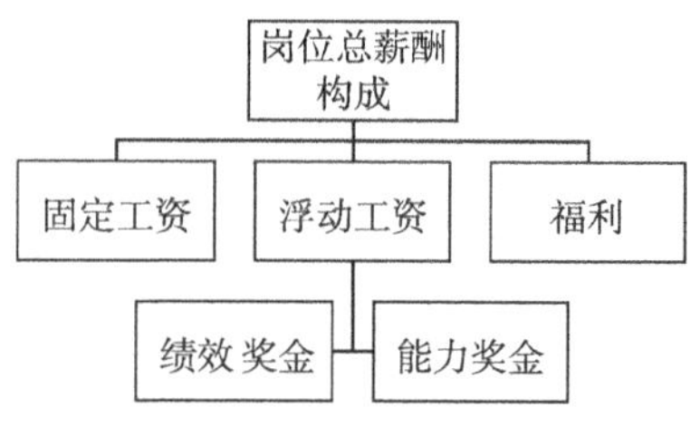

图 13 - 3　能力素质体现在浮动工资

当设立能力奖金后，并不是说绩效奖金不要了，或是能力奖金更重要，对于企业来说，过程是为结果服务的，不论多强调过程，也不能失去对结果的追求。浮动工资部分与结果的关系更密切，因此这部分绩效奖金的比重不能小。具体的操作原则如下：

- 能力奖金占个人浮动工资 20% ~30%，绩效奖金占 70% ~80%。
- 奖金的等级应该按照能力的提升水平来对应，而不是对于能力的绝对水平。
- 明确某一年度岗位重点发展能力指标 1 ~2 项，能力奖金就针对1 ~2 项能力指标在这一年度的提升情况进行相应的奖励或扣除。
- 先设定能力奖金的总额，然后设定不同的发放等级，根据年度能力或素质的提升情况确定发放水平。

在福利中一般不会设立与能力素质模型直接挂钩的薪酬，这里就不予介绍了。

二、确定薪酬的水平

（一）能力薪酬和固定工资挂钩

当能力薪酬作为固定工资的一部分时，并不意味着岗位工资与能力薪酬的地位相同，一般是在岗位分级的基础上进行能力薪酬分级。而能力薪酬占固定工资的比例一般在 20% ~50%，各级企业的激励导向有所不同。

我们看一个企业薪酬表的案例，如表 13 - 2 所示。

表 13－2　某企业薪酬表

薪酬等级	职位系列	岗位工资（元）	级差（元）
9.3	总监三级	7000	2000
9.2	总监二级	5000	2000
9.1	总监一级	3000	2000
8.3	经理三级	5000	1000
8.2	经理二级	4000	1000
8.1	经理一级	3000	1000
7.3	主管三级	3000	500
7.2	主管二级	2500	500
7.1	主管一级	2000	500

当能力薪酬占固定工资的 20%～50% 作为基准，因为低级别岗位在高等级时可能超过低等级的高级别岗位固定薪酬，而岗位级差就处于这个范围，并且直接与岗位级别挂钩体现岗位级别价值，因此将岗位级差作为能力薪酬的基准。如表 13－3 所示。

表 13－3　能力薪酬分配档位

薪酬等级	级差	能力薪酬水平		
		未达标（0.8）	达标（1.0）	超越期望（1.2）
9	2000	1600	2000	2400
8	1000	800	1000	1200
7	500	400	500	600
能力素质与岗位要求匹配程度		未匹配	匹配	超越

根据能力素质模型，或者根据入岗时的岗位能力素质模型评价，获取具体员工的能力素质水平与岗位胜任水平的匹配程度。我们还是以能力模型中常用的三级行为等级来区分员工的能力薪酬水平。当然，如果企业的能力素质模型分为四级或五级，这里对应的能力薪酬水平就要分为四级或五级了。

（二）能力薪酬和浮动工资挂钩

能力素质并不容易改变，因此能力薪酬与浮动工资挂钩的调整一般一年进行一次就可以了。能力薪酬的调整应该结合公司年度能力考核，公司可采用360度行为反馈进行评估。

我们还是以能力模型中常用的三级行为等级为例，如表13－4所示。

表13－4　能力奖金分配档位

能力薪酬总额	能力薪酬水平（分三档）		
	未达标（0.8）	达标（1.0）	超越期望（1.2）
1000	800	1000	1200
能力提升后水平	没有提升	提升到达标水平	提升到超越预期

调整依据年度个人在岗位素质模型所要求的各项能力素质项的综合表现，当考核出来的能力素质水平与前次考核的能力素质水平存在明显差异时，应该就能力薪酬水平进行调整。即根据新的能力素质与岗位胜任要求的匹配程度调整能力薪酬档位，同时允许跨级和跨系数调整。另外，入公司不满一年或还未过试用期的员工不参与调整，除此之外不设特别调整申请通道。

三、调整薪酬的水平

基于胜任力的薪酬体系是一种新的尝试，所以建议企业在一开始做基于胜任力的薪酬体系的变革时可以逐步引入、分步实现、小范围试点。

第三节 操作的适用性和风险点

了解了基于胜任力的薪酬体系的优劣势和实际操作后，为了让读者避开一些“坑”，我们看一下它有哪些适用性和风险点？

第一，适用知识性员工为主的公司，基于胜任力的薪酬体系能够使员工不断获得让自己更优秀的能力，并且这种能力得到公司的重视和应用，不论个人还是组织都会受益。

第二，适用扁平型的组织结构。VUCA 时代下很多的公司，特别是新兴公司、高科技公司、互联网公司越来越希望组织扁平化，弱化层级意识；高能力的员工队伍要求较少的监督，工作的设计也强调员工在较大范围的参与，越来越强调激活个人在组织中的能量，希望能人能够给组织带来变化和机遇，这样的公司应用基于胜任力的薪酬体系比用传统的基于岗位的薪酬体系会带来更多的灵活性，也给组织中的人才创造了更多机会。

第三，适用鼓励员工职业发展的公司。这样的公司鼓励员工对自身发展负责，使员工对自己的职业生涯有更多的控制力，为在组织内推行员工自我管理奠定了基础。同时，增强了员工控制自己报酬的能力，因为他们知道要想加薪需要做什么、提升什么能力及提升到什么水平。

第四，适用构建学习型组织文化的公司。学习型组织的基础是个人学习，基于胜任力的薪酬体系可以引导员工不断地、自主地学习，使人力资源政策与学习型组织文化的构建匹配起来，使企业不断投资学习能力的提高，为促进员工和组织的共同成长做出贡献，并最终构建学习型组织。

同时，我们在实操基于胜任力的薪酬体系时有一些风险点，提出以下几点供参考：

第一，基于胜任力的薪酬体系有优点也有不少缺点，前面也列举了这种体系的四种适用企业。哪些企业不适合推行基于胜任力的薪酬体系呢？务实地看，在传统企业推行基于胜任力的薪酬体系有一定的风险，从人力成本的不可控、管理难度的增加到新旧体系的变革、员工的意识等都存在实操的困难，所以传统企业推行时需慎重考虑。

第二，要建立以胜任力为基准的人力资源系统，这可以保证薪酬体系与胜任力的匹配不会导致冲突或限制胜任力的发展，以及保证组织中胜任力的建立和达成共识。基于胜任力的薪酬体系的引入，通常需要1～2年，所以不可能一蹴而就，而是一个逐步适应的过程。

第三，要让员工了解自己胜任力的水平及做什么可以提高，花多少时间可以掌握每一能力要求。另外，要加强胜任力的评估，如果缺乏有效的周期性的评估，基于胜任力的薪酬体系容易异化成一个资历等级系统。在制定全套胜任力素质模型时要对每一等级的标准做详细的说明，增加表面效度。通过笔试、面试、360度综合评估等形式进行正规和周期性的等级证明，保证胜任力的获取和保持。

第四，要加强培训体系和绩效体系对胜任力全面提升的支撑。

总结一下，基于胜任力的薪酬体系有优点也有缺点，它值得我们在这里用一章的篇幅来介绍，是因为它是一种新的薪酬管理的探索，它更关注组织中的人，关注组织中的人的成长给企业创造的价值，它是鲜活的、动态的、以人为本的。对于一些新的组织或新的管理模式，它具备了传统的薪酬体系不具备的特点，但如何操作还需结合每家公司的实际情况来定。以上介绍，纯属一家之言，仅供参考。

老板·创业			
一、经理人			
书名	内容	书名	内容
老总有想法，高层有干法 王清华　著	企业将、帅之间的定位问题、角色问题、方法问题、思维问题、管理问题等	**历史深处的管理智慧1：组织建设与用人之道** 刘文瑞　著	通过历史鉴照当今企业选人用人、二代接班人、创业团队管理等问题
历史深处的管理智慧2：战略决策与经营运作 刘文瑞　著	通过历史鉴照当今企业决策、战略规划、战略冒进、决策监督等问题	**历史深处的管理智慧3：领导修炼与文化素养** 刘文瑞　著	通过历史鉴照当今企业的领导修养、用权、管理风格等问题
老板经理人双赢之道 陈明　著	经理人怎么选平台、怎么开局，老板怎样选/育/用/留		
二、用人			
用好骨干员工 王敏　著	系统化分享关键人才打造与激励方法	**领导这样点燃你的下属** 孟广桥　著	领导者如何才能让员工积极主动地工作
让用人回归简单 宋新宇　著	帮助管理者抓住用人的要害，让用人变得简单	**激活新生代员工** 史量　孙斌　著	走进新生代的世界，一套行之有效的管理、激活90后、95后、00后的方法
三、转型·创业			
创业要过哪些坎 董坤　著	15年创业咨询经验总结的创业遇到的问题及办法	**高潜牛人** 董坤　著	创业和事业发展中如何找到牛人
成为下一个SaaS独角兽 崔牛会　主编	19位SaaS领专家，7个不同的视角总结SaaS行业实践	**创模式：23个行业创新案例** 段传敏　著	CEO社群23位企业家的思考与实践分享
重生——中国企业的战略转型 施炜　著	本书对中国企业战略转型的方向、路径及策略性举措提出了建议和意见	**7个转变，让公司3年胜出** 李蓓　著	企业估值、业务模式、营销、生产制造、客户服务、用户黏性、组织管理7个转变
企业二次创业成功路线图 夏惊鸣　著	五步骤给出了一幅企业二次创业经营突破、管理提升的成功路线图	**跟老板“偷师”学创业** 吴江萍　余晓雷　著	如何通过“偷师”学习与积累当老板的阅历
公司由小到大要过哪些坎 卢强　著	企业成长路线图，现在我在哪儿、未来还要走哪些路都清楚了	**跳出同质思维，从跟随到领先** 郭剑　著	66个精彩案例剖析，帮助老板突破行业长期思维惯性
极速增长：企业扩张策略 董坤　著	以“8shoes扩张法则”为思考框架，帮助处于这个阶段的创业公司及以创业公司形式孵化的变革型项目做出清晰的战略选择		
企业经营			
经营打造你的盈利系统 高可为　著	选择最有效的经营策略，打造属于自己的商业模式	**中国企业的觉醒** 王涛　著	企业告别自私、野蛮，转向善良、爱，才会赢得消费者
成为敏感而体贴的公司 王涛　著	未来有竞争力的企业，一定是那些敏感而体贴的公司	**有意识的思考** 王涛　著	对头脑中固有观念保持觉察，从而超越它们的局限
简单思考 孔祥云　著	著名咨询公司（AMT）CEO创业历程中的经验与思考	**写给企业家的公司与家庭财务规划** 周荣辉　著	以企业的发展周期为主线，介绍各阶段企业与企业主家庭的财务规划

续表

书名	内容	书名	内容
从10亿到100亿的企业顶层设计 刘建兆　著	重新定义企业成长方式，有效益、有效率、有效能、有效果、有品质的良性成长	**活系统：跟任正非学当老板** 孙行健　尹贤　著	造活系统，使系统活，靠系统活，活的系统
宗：一位制造业企业家的思考 刘建兆　著	发展20年营业额近亿元制造业企业家的思考与心得	**使命：驱动企业成长** 高可为　著	用大企业发展轨迹及企业家的心路历程，揭示企业成长的基因、做事的逻辑
让经营回归简单 宋新宇　著	战略、客户、产品、员工、成长、经营者的经营法则	**边干边学做老板** 黄中强　著	86个案例讲述中小公司成长过程中遇到的问题和方法
盈利原本就这么简单 高可为　著	跨越业务与财务边界，为企业提高盈利水平提供方法	**战略参谋：写出管用的战略报告** 蔡春华　著	企业对自己、市场、行业其实了解更深，助你高质量完成战略规划
不战全胜：给企业家读的孙子兵法 王吉坤　杨伟霞　著	从《孙子兵法》提炼和总结了帮助企业打造行业龙头品牌的体系	**公司离不开的全栈运营高手：产品运营与推广获客** 王虎　著	涉及运营案例、思维理论、实操复盘、管理方式、推广策略等，是作者八年运营推广经验的浓缩
公域引流　私域经营：这样经营用户关系 王庆云　汪洋　著	为大中型企业提供私域建设的顶层和全景式框架，探索不同业务特性可能适配的不同私域模式	**平台生态：价值创造与价值获取** 彭毫　罗珉　著	厂商之间的竞争已经从产品转到平台，如何创造新的价值创造和获取模式，是企业最想得到的答案
合伙制经营：有效激励，而不丧失控制权 胡八一　著	重点阐述实施合伙制的流程，通过四步为企业家提供一种有效激励而不丧失控制权的工具和方法	**机制创造人才** 彭剑锋　尚艳玲　著	华夏基石专家团著作，为个体赋能，经营人成就人，进行机制创新和价值管理
管理·管理学			
一、企业管理			
让管理回归简单 宋新宇　著	从目标、组织、决策、授权、人才、老板自己等提供方案	**管理的尺度** 刘文瑞　著	西医式的体检化验，又要施加中医式的望闻问切
管理：以规则驾驭人性 王春强　著	人性驾驭角度权度运筹安排的可兑现性，管理有效性	**看电影，学管理** 刘文瑞　著	十六部电影的解读，揭示电影内含的管理之道
好管理　靠修行 曾伟　著	从佛法、道法思想中寻找管理智慧	**公司大了，怎么管** 金国华　著	成长型企业发展中的共性问题，通过案例实录解开
低效会议怎么改 王玉荣　葛新红　著	从梳理公司会议体系的层面改变低效会议的现状	**年初订计划年尾有结果** 郭晓　著	总结七步落地方案让战略计划切实落地实现
分股合心 段磊　周剑　著	围绕股权激励，详细介绍相关知识和实行方法	**员工心理学超级漫画版** 邢磊　著	以漫画形式对组织中个体心理的全面介绍和深入探讨
让投诉客户满意离开 孟广桥　著	投诉法律法规，应对各种投诉技巧等提升客诉能力	**管理就是定计划，抓落实** 张国祥　著	员工“看了就会、拿来就用”的计划制订操作指南
不读韩非子，怎么当老板 王春强　著	通过集中分析有关人性的内容，引导现代管理者更深理解人性是如何影响企业运行，以及管理者应如何因人性而实施管理	**重新想象组织** 彭剑锋　尚艳玲　著	华夏基石专家团著作，通过组织变革逐步进化，找到成长之道，让企业可持续发展

续表

书名	内容	书名	内容
战略管理有方法 和恒咨询　著	结合中国企业实践总结的一套独创性、实操性的战略方法，100+工具轻松做战略	高管如何为公司创造高增长 彭剑锋　尚艳玲　主编	战略驱动着企业成长，企业又该如何突破增长的瓶颈
二、管理思想			
管理学的奠基者 刘文瑞　著	近代以来的管理思想发展揭示管理思想的演化奥秘	巴纳德组织理论研读 郭威　著	深度研读巴纳德《经理人员的职能》，帮你理解和看懂
管理学在中国 刘文瑞　著	科学看待管理学流入中国，对继承发展进行深入的阐述	德鲁克管理学 张远凤　著	以德鲁克管理思想发展为线展示20世纪管理学的发展
德鲁克与他的论敌们 罗珉　著	德鲁克与马斯洛、戴明等诸多管理大师论战的故事	德鲁克管理思想解读 罗珉　著	全面解构德鲁克思想的精髓与实践价值
治论：中国古代管理思想 张再林　著	深入分析中国古代哲学基本精神的基础上，梳理分析了儒法墨三家的管理思想	流程经理10年案例笔记 王焕东　著	用自身工作和生活中的鲜活案例及思考后的心得呈现不一样的流程管理思想
透过决策看组织 李慧才　著	对西蒙管理行为进行贴近企业的通俗化解析和阐释	为什么高管爱读德鲁克 王鹏　著	辅助深读德鲁克、提升管理认知
营销·销售			
一、企业销售			
大客户销售这样说这样做 陆和平　著	大客户销售活动的十大模块，68个典型销售场景	向高层销售 贺兵一　著	销售人员与客户高层打交道需要重点掌握的知识、技巧
资深大客户经理 叶敦明　著	将大客户经理必须具备的规划、策略、执行三种能力运用自如	成为资深的销售经理 陆和平　著	让销售经理成功把握销售管理的6个关键点，并提供工具
销售是个专业活 陆和平　著	据客户采购流程拆分销售过程十阶段，讲解方法技巧	学话术　卖产品 张小虎　著	手机、电动车、家电、食品等消费品的一线销售话术
工程项目大客户销售攻略 陆和平　著	三十八讲循序渐进，全方位透视工程大项目拿单的奥秘，通俗易懂，看了就能用	大客户销售谈判：获得利润的最快途径 陆和平　著	从不会谈判到成为谈判专家，帮助你在与大客户的谈判中轻松说服对方，实现从一次成交、成本价成交到高价成交、持续成交的转变
二、企业营销			
新营销组织力 迪智成　著	适应最新数字化外部环境，系统化协同组织能力建设	营销按钮 老苗　著	讲述存在于人性及各个营销环节中的“按钮”
精品营销战略 杜建君　著	“精品营销战略”核心逻辑与营销组合策略	360°谈营销 王清华　古怀亮　著	营销是立体的，从不同角度观察不同企业的营销精髓
互联网精准营销 蒋军　著	互联网时代整体策划、包装品牌和产品	招招见销量的营销常识 刘文新　著	做好基本的营销动作都可以提高销量、降低成本
用数字解放营销人 黄润霖　著	用数字说话覆盖营销工作的方方面面	用营销计划锁定胜局 黄润霖　著	让营销计划落地，营销人员只需解决两个问题：基数与概率

续表

书名	内容	书名	内容
我们的营销真案例 联纵智达研究院　著	五芳斋粽子、诺贝尔瓷砖、利豪家具、保健品、娃哈哈	中国营销战实录 联纵智达研究院　著	51个案例，46家企业，46万字，18年积淀
弱势品牌如何做营销 李政权　著	产品与物流通道、服务通道、促销互动通路，提供方法	解决方案营销实战案例 刘祖轲　著	十大工业品作者实操案例解码解决方案营销
升级你的营销组织 程绍珊　吴越舟　著	根据企业的实际情况建立有机性营销组织	变局下的营销模式升级 程绍珊　叶宁　著	十年大量案例归纳三种核心驱动要素、三种升级方向
老板如何管营销 史贤龙　著	十六个招式，理论与案例相结合，高段位营销方法	孙子兵法营销战 刘文新　著	理解《孙子兵法》原意的同时，还可体悟到营销之用
新营销2.0：从深度分销到立体连接 刘春雄　公方刚 牛恩坤　等著	立体连接打通三度空间，在互联网时代诞生快消品领域的超级巨头		
三、品牌			
中国品牌营销十三战法 朱玉童　著	深度演绎最符合企业品牌营销策划的十三套实战战法	中小企业如何打造区域强势品牌 吴之　著	从如何建立强势品牌的角度解析扩张难题
小众战略：小资源打造强势品牌 吴修利　著	从品牌观念、市场调研、竞争机会、内部调整等角度，对产品、渠道、传播等核心原则进行了系统梳理	把品牌建在顾客心里：4步实现品牌IP化 张学军　著	让品牌自带话题，自主传播
四、营销策划			
这样写文案，就没有卖不动的产品 秦剑　刘安丽　著	术、法、道三个层面由浅至深培养商业文案创作能力	洞察人性的营销战术 沈坤　著	介绍了28个匪夷所思的营销怪招，大部分可以直接运用
双剑破局：沈坤营销策划案例集 沈坤　著	双剑公司8年来的实操案例，每个项目诞生过程、策划角度和方法	社区团购就这么干：供应商•平台•团长•用户 陈海超　杨顶刚　著	分享最新实践经验，一看就懂，照着就能做
企业案例			
鲁花：一粒花生撬动的粮油帝国 余盛　著	鲁花如何成长为优秀的带动农业产业发展的品牌，鲁花你一定学得会	金龙鱼背后的粮油帝国 余盛　著	以金龙鱼为脉的一部中国粮油行业的史诗
你不知道的加多宝 曲宗恺　牛玮娜　著	以时间为轴线，详细叙述了加多宝品牌的发展历程	静水流深 黄治国　著	作者在美的十五年对何享健内部讲话资料的整理
娃哈哈区域标杆 罗宏文　快车君 赵晓萌　寇尚伟　著	讲娃哈哈豫北市场如何成为娃哈哈全国第一大市场、全国增量第一的市场	借力咨询：德邦成长背后的秘密 官同良　王祥伍　著	德邦将自己积累的与咨询公司发展共赢的合作逻辑和盘托出
六个核桃凭什么从0过100亿 张学军　著	全视角深度解读养元企业的裂变成长，复盘十年蜕变轨迹	像六个核桃一样 王超　著	六个核桃为什么卖得这么好，产品畅销的6大要义36条简明法则

续表

书名	内容	书名	内容
中国首家未来超市 IBMG 集团　著	对乐城超市的掌门人及内部员工的采访详细阐释了乐城的经验	**三四线城市超市如何快速成长：解密甘雨亭** IBMG 集团　著	甘雨亭的许多关键经营指标均高于行业标准，学习其成功的方法
集团化企业阿米巴实战案例 初勇钢　著	作者在某酒厂推行阿米巴经营模式的心得		
经销商			
新经销：新零售时代教你做大商 黄润霖　著	探访近 100 位经销商在传统营销手法上的创新，传统营销微创新和新营销本地化	**商用车经销商运营实战** 杜建君　王朝阳 章晓青　著	对商用车经销商的经营与管理、4S 店运营做了全方面的总结
跟行业老手学经销商开发与管理 黄润霖　著	从管理耐用消费品经销商角度提炼了 48 个代表性问题并给出解决办法	**快消品经销商如何快速做大** 黄润霖　著	经销商如何通过经营实现规模，通过管理实现规模效益
建材家居经销商实战 42 章经 王庆云　著	经营管理的心法和战法，帮助经销商成为“业务妙手”和“管理能手”	**成为最赚钱的家具建材经销商** 李治江　著	针对建材家居行业的经销商，从销售模式、产品、门店、市场等方面给出方法
白酒经销商的第一本书 唐江华　著	对经销商如何选择厂家、合作、运营品牌等问题给出建议	**快消品招商的第一本书** 刘雷　著	从招商理论到招商动作进行系列化分解，化繁为简
大商方法：榜样经销商与厂家的合作之道 唐道明　著	洞察厂商合作的核心，为经销商提供可行的方法，手把手教你做大商	**快消品经销商成功密码** 舟谱商学院　著	通过 8 个真实经销商案例，分享快消品经销商成功经验与方法
中小企业			
中小企业如何打造区域强势品牌 吴之　著	从如何建立强势品牌的角度解析扩张难题	**用流程解放管理者** 张国祥　著	8 个板块构成，共 66 篇文章，14 幅流程管理图
用流程解放管理者 2 张国祥　著	对中小企业规范化流程管理进行系统的阐述	**弱势品牌如何做营销** 李政权　著	产品与物流通道、服务通道、促销互动通路提供方法
本土化人力资源管理 8 大思维 周剑　著	用最贴近中国中小企业现实管理情境的案例讲述周围人的“家事”	**中小农业企业品牌战法** 韩旭　著	农业企业需要全产业链视野，更需要品牌实战方法
门店管理			
门店销售冠军复制系统 王吉坤　著	门店型企业如何打造可复制的销售冠军系统	**新零售动作分解与实操：建材·家居·家具** 盛斌子　著	对泛家居行业趋势、店面管理、团队管理、促销推广、五感营销等提供策略
家具建材促销与引流 薛亮　李永锋　著	对泛家居营销执行模式和工具、关键环节等进行汇总	**建材家居门店 6 力爆破** 贾同领　著	产品力、导购力、形象力、推广力、服务力、组织力
家具行业操盘手 王献永　著	总结家具终端门店发展的现状及问题并给出策略	**手把手教你做专业督导** 熊亚柱　著	系统梳理督导的核心技能，岗位职责、工作流程及技能

续表

书名	内容	书名	内容
手把手帮建材家居导购业绩倍增 熊亚柱　著	针对建材家居门店的业务人员，用案例故事还原场景教你成为好导购	**10步成为最棒的建材家居门店店长** 徐伟泽　著	梳理店长管理的核心工作职责、店面管理规范，帮助销售人员成长
建材家居门店销量提升 贾同领　著	9个板块讲述建材门店一个单店如何做到经营的良性循环	**总部有多强大，门店就能走多远** IBMG集团　著	五大方向综合阐述连锁零售企业总部如何提升管理能力
赚不赚钱靠店长，从懂管理到会经营 孙彩军　著	注重专卖店的经营思路拓展、门店管理细节方面能力的提升	**新医改了，药店就要这样开** 尚锋　著	从药店定位的思考，内部和会员管理等方面探讨中小型药店发展方向
电商来了，实体药店如何突围 尚锋　著	新时代药店经营的三驾马车：药学专业服务、会员贴心服务和精准定向促销	**引爆药店成交率1：店员导购实战** 范月明　著	药店人的零售工作，怎样接待顾客，完善销售技巧
引爆药店成交率2：药店经营实战 范月明　著	从药店经营角度建立改善门店现状的实用标准	**引爆药店成交率：专业化销售解决方案** 范月明　著	从简单的拿药服务到提供多角度的专业解决方案
口腔门诊盈利倍增：精益口腔 杨伟霞　王吉坤　著	为口腔门诊定制业绩提升管理系统并落地实施		
互联网			
一、互联网转型			
画出公司的互联网进化路线图 李蓓　著	18个“可以……吗”的问题作为产品、客户和价值方面的指引牌	**7个转变，让公司3年胜出** 李蓓　著	企业估值、业务模式、营销、生产制造、客户服务、用户黏性、组织管理7个转变
重生战略移动互联网和大数据时代的转型法则 沈拓　著	四个重生战略对应四个法则，告知传统企业的转型重生之路	**创造增量市场：传统企业互联网转型之道** 刘红明　著	为读者提供了寻找这些互联网的切入点和接触点的具体方法，带来增量市场
互联网+变与不变 本土管理实践与创新论坛　著	61篇精华文章，聚焦传统行业如何互联网+时代转型	**今后这样做品牌** 蒋军　著	顶层设计、营销创新、产品战略、渠道变革、品牌策略
移动互联新玩法 史贤龙　著	立足现实，剖析新时代背景下的移动互联趋势与热点	**互联网时代的成本观** 程翔　著	多维组合成本的互联网精神和大数据特征及应用
正在发生的转型升级实践 本土管理实践与创新论坛　著	100多位本土管理专家当年对最新一年的思考和实践	**1000铁杆女粉丝** 张兵武　著	如何让普通女性成为忠实追随的铁杆粉丝，磁力点、情感结、甜蜜区、信任圈
混沌与秩序Ⅰ：变革时代企业领先之道 彭剑锋　施炜　苗兆光 王祥伍　孙波　夏惊鸣	新环境下企业面临变革应如何应对，企业家如何坚守并与企业共同成长	**混沌与秩序Ⅱ：变革时代管理新思维** 彭剑锋　施炜　苗兆光 王祥伍　孙波　夏惊鸣	对处于时代变革下的企业管理新机制、人力资源管理新思维，组织与人的新型关系，结合案例提出优化建议
消费升级：实践·研究 本土管理实践与创新论坛　著	从经营、管理、行业三个方面记录消费升级下的实践	**互联网精准营销** 蒋军　著	互联网时代整体策划、包装品牌和产品
智能推荐：让你的业务千人千面 刘国昊　周波　著	从资讯、电商、文娱行业来详细讲解智能推荐的应用，用户时间的争夺战	**制造业外贸营销网站建设** 宋金亮　著	介绍整个网站从无到有的实现过程，从分析思路、撰写内容到规划页面，列举了大量正反面实例，帮助读者理解和投入实践

续表

二、抖音、微信微商、电商			
书名	内容	书名	内容
抖音营销系统 刘大贺　著	抖音系统的实战营销知识，上百个从0做大的案例	**金牌微商团队长** 罗晓慧　著	微商团队长创业实操的指导工具书
微商生意经：真实再现33个成功案例操作全程 伏泓霖　罗晓慧　著	精心挑选的33个微商成功案例，阐述具体操作过程	**快速见效的企业微信营销方法** 孙巍　著	站在微信生态的立体高度系统讲述企业微信快营销方法论
阿里巴巴实战运营：14招玩转诚信通 聂志新　著	产品定位、阿里巴巴排名因素、数据分析、标题优化等	**阿里巴巴实战运营2：诚信通热卖技巧** 聂志新　著	打开诚信通运营的金钥匙，十大具体运营技巧
三、行业新营销			
餐饮新营销 杨勇　程绍珊　著	聚焦餐饮企业转型，系统的餐饮企业营销管理体系	**新零售进化路径** 李政权　著	预先复盘新零售及商业的未来，找到方向
珠宝黄金新营销 崔德乾　著	珠宝业新营销/新品牌/新产品/新零售/新连接/新场景/新服务/新传播/新管理	**新经销：新零售时代教你做大商** 黄润霖　著	探访近100位经销商在传统营销手法上的创新，传统营销微创新和新营销本地化
新零售动作分解与实操：建材·家居·家具 盛斌子　著	对泛家居行业趋势、店面管理、团队管理、促销推广、五感营销等提供策略	**新营销** 刘春雄　著	让品牌商和渠道商掌握获得独立流量的能力，能够与平台商博弈
快速见效的企业网络营销方法 B2B　大宗 B2C 张进　著	数据和案例90%来自作者服务的中小企业，快速全面地学习企业网络营销方法	**移动互联下的超市升级** 联商网专栏　著	超市未来的发展趋势，对社区超市、生鲜、全渠道建设、O2O等提出观点
百货零售全渠道营销策略 陈继展　著	零售行业的竞争重点、行业本质、战略转型、未来趋势、经验和案例	**互联网时代的银行转型** 韩友诚　著	银行业在互联网金融变革浪潮中所做的积极应对和转型布局
触发需求：互联网新营销样本·水产 何足奇　著	通过鲜誉案例解读阐述水产行业如何进行互联网转型	**新农资如何弯道超车** 刘祖轲　著	从农业产业化、互联网转型、行业营销与经营突破四个方面阐述农资企业转型
新零售　新终端 迪智成　著	将新零售系统打法做梳理并落地在新终端建设上		
医药医疗			
一、药店			
新医改了，药店就要这样开 尚锋　著	从药店定位的思考、内部和会员管理等方面探讨中小型药店发展方向	**电商来了，实体药店如何突围** 尚锋　著	新时代药店经营的三驾马车：药学专业服务、会员贴心服务和精准定向促销
引爆药店成交率1：店员导购实战 范月明　著	药店人的零售工作，怎样接待顾客，完善销售技巧	**引爆药店成交率2：药店经营实战** 范月明　著	从药店经营角度建立改善门店现状的实用标准
引爆药店成交率：专业化销售解决方案 范月明　著	从简单的拿药服务到提供多角度的专业解决方案	**连锁药店新风口：资本　智能　大数据** 动脉网　著	对我国连锁药店的市场环境、行业现状等进行分析，给出对连锁药店未来发展趋势的预判
药店导购关联销售技巧与成交话术 范月明　著	以药店情景案例导入，介绍常见疾病的导购销售话术与顾客心理分析，进而提供关联销售解决方案		

续表

书名	内容	书名	内容
二、药品销售			
医药第三终端：从控销到动销　诊所　基层医疗 王祥君　张芳文　著	用大量案例来梳理药企落地动销的策略、方法和技战术	**医药营销：诊所开发维护与动销** 张江民　著	从六个方面系统阐述基层诊所市场营销攻略
处方药合规推广实战宝典 赵佳震　著	对处方药推广体系搭建、推广人员岗位内容等六个方面进行阐述	**医药代理商经营全指导** 戴文杰　著	从产品选择、价格体系设计、路径管理等维度描述代理商产品操作的基本策略
处方药零售这样做 田军　著	处方药零售的重要性及做市场的具体措施和方法	**OTC医药代表药店开发与维护** 鄢圣安　著	一位从初级OTC医药销售代表成长起来的销售经理的经验分享
OTC医药代表药店销售36计 鄢圣安　著	以《三十六计》为线，阐述OTC医药代表向药店销售的技巧与策略	**做医生信赖的医药代表** 邹晓徽　宁剑锋 朱文虎　著	医药代表如何在合规要求下做好药品推广工作的操作工具书
三、药企转型			
药企战略·运营与医药产业重构 杜臣　著	医药产业的深度认知与发展趋势结合，战略思考与经营操作相统一	**医药行业大洗牌与药企创新** 林延君　沈斌　著	围绕创新介绍医药行业，介绍近百家医药企业创新实践案例
医药新营销 史立臣　著	从药企最关心的八个方面阐述制药企业、医药商业企业营销模式转型	**医药企业转型升级战略** 史立臣　著	从商业模式转型、管理转型、定位转型、运营模式转型和跨界转型五方面阐述转型
新医改下的医药营销与团队管理 史立臣　著	立足新医改相关政策的解读，为中小医药企业出谋划策	**在中国，医药营销这样做** 段继东　著	时代方略在医药营销领域思想、方法文章的精选合集
四、新医疗			
成为医疗器械领军者 王强　著	中小医疗器械生产企业和代理商怎样转型	**新型诊所经营与创新** 动脉网　著	对新型诊所从标准化管理、经营方式、团队建设、连锁模式四个方面进行解读
医美新风口：颜值经济下的亿万市场 动脉网　著	详细介绍中国医疗美容行业的发展趋势、现状及医美产业链等	**互联网医院：正在发生的医疗新变革** 动脉网　著	介绍互联网医院的建设与运营、管理，发展模式和市场布局，以及发展规律
快消品			
一、快消案例			
中国快消品营销这些年 史贤龙　著	一本书浓缩快消品营销15年的实战历程与前沿思考	**这样打造大单品** 迪智成　著	通过13个大案例帮助企业梳理打造大单品的路径
你不知道的加多宝 曲宗恺　牛玮娜　著	以时间为轴线，详细叙述了加多宝品牌的发展历程	**娃哈哈区域标杆** 罗宏文　快车君　赵晓萌 寇尚伟　著	娃哈哈豫北市场如何成为娃哈哈全国第一大市场、全国增量第一的市场
六个核桃凭什么从0过100亿 张学军　著	全视角深度解读养元企业的裂变成长，复盘十年蜕变轨迹	**像六个核桃一样** 王超　著	六个核桃为什么卖得这么好，产品畅销的6大要义36条简明法则

续表

书名	内容	书名	内容
5小时读懂快消品营销 陈海超　著	20年快消品市场风云洞察解码，丰富的案例解析		
二、快消品区域经理			
快消品营销团队管理 刘雷　伯建新　著	快消品团队管理相关的20余个工具+20余个案例	**这样打造快消品区域标杆** 罗宏文　牛玉龙　著	分两篇解决如何成功打造标杆市场和进行持续增量管理两大问题
成为优秀的快消品区域经理（升级版） 伯建新　著	作为区域经理的“速成催化器”，升级版增加11篇内容	**快消老手都在这样做：区域经理操盘锦囊** 方刚　著	一线成长起来的资深快消品营销人“压箱底”绝活
快消品营销人的第一本书 刘雷　伯建新　著	针对一线厂家业务员工作中常遇到的问题给予建议	**销售轨迹：一位快消品营销总监的拼搏之路** 秦国伟　著	一个普通营销人的故事，16年背井离乡的职场拼搏之路
快消品营销：一位销售经理的工作心得2 蒋军　著	从市场操作、团队管理、传播推广、营销的具体策略和战略等方面提供方法		
三、快消品动销			
动销：产品是如何畅销起来的 余晓雷　著	从怎么被消费者买走和竞争对手是谁这两个原点解决动销问题	**动销操盘：节奏掌控与社群时代新战法** 朱志明　著	用七个章节阐述关于动销操盘的要诀，节点、节奏、主次、条件匹配性等问题
动销四维：全程辅导与新品上市 高继中　著	从产品、渠道、促销和新品上市四个方面详细讲解提高动销的具体方法	**快消品经销商这样做才赚钱** 张宇　著	从全新的角度，解读经销商的经营困境，并提供可实操的解决方法
四、快消品渠道			
深度分销 施炜　著	渠道价值链、模式选择、渠道策略与管理、零售经销商管理、最佳实践、团队建设	**通路精耕操作全解** 周俊　陈小龙　著	对康师傅的制胜法宝通路精耕进行系统的介绍与说明，图表和完善入微的操作方法
酒水饮料快消品餐饮渠道营销手册 朱伟杰　著	对餐饮渠道深入挖掘，建立适合餐饮渠道发展的服务模式和组织保障措施	**快消品经销商如何快速做大** 杨永华　著	经销商如何通过经营实现规模，通过管理实现规模效益
快消品营销与渠道管理 谭长春　著	解决日常涉及的渠道管理、市场、产品等营销事务	**快消品招商的第一本书** 刘雷　著	从招商理论到招商动作进行系列化分解，化繁为简
采纳方法：化解渠道冲突 朱玉童　著	21个最新的渠道冲突案例立体地介绍渠道冲突的现象和方法	**快消品促销管理与方案：规划 技能 工具** 张荣举　著	涵盖促销规划、打法、具体落地执行的细节和终端人员技能及训练，结合线上线下运作，提供全套方法
五、快消品企业战略			
重构：快消品企业重生之道 杨永华　著	从战略、品牌、市场、产品、营销、系统、管理7个方面进行重构	**变局下的快消品实战策略** 杨永华　著	从5个角度针对快消品企业如何应对行业变局给出答案
新营销 刘春雄　著	让品牌商和渠道商掌握获得独立流量的能力，能够与平台商博弈	**采纳方法：破解本土营销8大难题** 朱玉童　著	破解困扰营销人的八大难题，给出解决方法
白酒营销培训宝典：复制高业绩 刘孝鞅　著	总结白酒营销人员系统运作市场的要点，转化为易学可复制的动作和工具表单	**酒水饮料快消品餐饮渠道营销手册** 朱伟杰　著	对餐饮渠道深入挖掘，建立适合餐饮渠道发展的服务模式和组织保障措施

续表

白酒			
书名	内容	书名	内容
白酒营销的第一本书 唐江华 著	多角度阐释白酒一线市场操作的最新模式和方法	白酒经销商的第一本书 唐江华 著	对经销商如何选择厂家、合作、运营品牌等问题给出建议
白酒到底如何卖 赵海永 著	多角度阐释白酒一线市场操作的最新模式和方法	白酒到底如何卖 2：从市场培育到动销 赵海永 著	系统化、标准化、模式化的促成动销的实战操作方式和方法
变局下的白酒企业重构 杨永华 著	白酒企业重构期的营销战略与实操策略 6 大方法	酒业转型大时代 微酒 著	酒水营销、新闻资讯及行业分析、预测的知识宝典
区域型白酒企业营销必胜法则 朱志明 著	以 36 条法则从战略、营销、推广、产品线、品牌、市场、战术等方面提供方法	10 步成功运作白酒区域市场 朱志明 著	从市场攻守、产品攻略、新品上市、占领渠道、促销等十个层面阐述
白酒营销 1：中小酒企操盘与崛起 徐伟 徐涛 著	深入分析品牌与行业、操作方法，提供营销实操宝典	白酒营销 2：品类创新策略升级 黑格咨询 著	立足行业现状，建立品类创新、营销模式创新路径，提供市场建设方法、营销策略与工具案例
茶·调味品·油·乳业			
营销中国茶：2 小时读懂茶叶营销 史贤龙 著	中国茶营销的“困局”“破局”和“创举”	中国茶叶营销第一书 柏龑 著	纵览中国茶叶市场的全局，并且有针对性地提出问题并阐述解决方法
调味品营销第一书 陈小龙 著	15 年监控中国市场 50 个中外著名调味品品牌市场运作、管理等的经验总结	调味品企业八大必胜法则 张戟 著	提炼了调味品企业八大规律性的关键成功要素
食用油营销的第一本书 余盛 著	从小包装油行业概述到产品的基本知识，从基本执行动作到品牌整体策划等	鲁花：一粒花生撬动的粮油帝国 余盛 著	鲁花如何成长为优秀的带动农业产业发展的品牌
金龙鱼背后的粮油帝国 余盛 著	以金龙鱼为脉的一部中国粮油行业的史诗	乳业营销的第一本书 侯军伟 著	区域型乳品企业如何才能稳健发展
调味品经销商公司化运营 张戟 著	调味品和快消品经销商如何从“个体户”到“公司化”，一步步推进的具体方法		
工业品			
一、工业品销售			
大客户销售这样说这样做 陆和平 著	大客户销售活动的十大模块，68 个典型销售场景	销售是个专业活 陆和平 著	据客户采购流程拆分销售过程十阶段、讲解方法技巧
成为资深的销售经理：B2B 工业品 陆和平 著	让销售经理成功把握销售管理 6 个关键点，并提供工具	一切为了订单：订单驱动下的工业品营销实践 唐道明 著	以订单流程的三个环节为主线讲述工业品营销管理新思路
订单是这样拿到的 郑文洲 著	作者近 10 年销售生涯的回顾，真实销售故事和成功经验分享		
二、工业品营销			
工业品营销管理实务（第 4 版） 李洪道 著	是信任导向工业品营销体系的深化版、工业品营销管理体系优化咨询的升级版	工业品企业如何做品牌 张东利 著	为当下中国制造的品牌化转型提供经过实践证明的理念、方法和体系

续表

书名	内容	书名	内容
工业品市场部实战全指导 杜忠　著	解决职能不清、市场部五大职能如何运作、职业发展路径等具体问题	**解决方案营销实战案例** 刘祖轲　著	十大工业品作者实操案例解码解决方案营销
资深大客户经理：策略准　执行狠 叶敦明　著	将大客户经理必须具备的规划、策略、执行三种能力运用自如		
三、工业品企业			
变局下的工业品企业7大机遇 叶敦明　著	探索工业品企业成长的新机会，7大战略与战术性机会	**两化融合管理体系贯标流程与方法** 戴勇　著	融合五十多家企业在两化融合贯标过程的经验，总结重点与举措
丁兴良讲工业4.0 丁兴良　著	多角度阐述中国在工业4.0的机遇和挑战		
建材家居			
一、建材家居门店			
家居建材促销与引流 薛亮　李永锋　著	对泛家居营销执行模式和工具、关键环节等进行汇总	**新零售动作分解与实操：建材·家居·家具** 盛斌子　著	对泛家居行业趋势、店面管理、团队管理、促销推广、五感营销等提供策略
家具行业操盘手 王献永　著	总结家具终端门店发展的现状及问题并给出策略	**手把手教你做专业督导** 熊亚柱　著	系统梳理督导的核心技能、岗位职责、工作流程及技能
手把手帮建材家居导购业绩倍增 熊亚柱　著	针对建材家居门店的业务人员、案例故事还原场景，教你成为好导购	**10步成为最棒的建材家居门店店长** 徐伟泽　著	梳理店长管理的核心工作职责、店面管理规范和帮助销售人员成长
建材家居门店销量提升 贾同领　著	9个板块讲述建材一个单店如何做到经营的良性循环	**建材家居门店6力爆破** 贾同领　著	产品力、导购力、形象力、推广力、服务力、组织力
二、建材家居经销商			
新经销：新零售时代教你做大商 黄润霖　著	探访近100位经销商在传统营销手法上的创新，传统营销微创新和新营销本地化	**建材家居经销商42章经** 王庆云　著	经营管理的心法和战法，帮助经销商成为“业务妙手”和“管理能手”
成为最赚钱的家具建材经销商 李治江　著	针对建材家居行业的经销商，从销售模式、产品、门店、市场等方面给出方法		
三、建材家居企业			
定制家居黄金十年 韩锋　翁长华　著	对中国定制家居行业20年发展历程进行深度、系统、专业的解读	**建材家居营销：除了促销还能做什么** 孙嘉晖　著	探索家居建材行业营销的革命，发现行业“营销天花板”的突破口
建材家居营销实务：新环境、新战法 程绍珊　杨鸿贵　著	针对建材家居市场特点提出以客户价值为基础的整体营销价值链	**全屋整装　高利润运营手册** 翁长华　陈平　著	十大维度解决实际问题，是0到1极具操作性的整装指南
零售·餐饮·服装·影院·美容院			
新零售进化路径 李政权　著	预先复盘新零售及商业的未来，找到方向	**新零售　新终端** 迪智成　著	梳理新零售系统打法并落地在新终端建设上

续表

书名	内容	书名	内容
移动互联下的超市升级 联商网　著	超市未来的发展趋势，对社区超市、生鲜、全渠道建设、O2O等提出观点	**百货零售全渠道营销策略** 陈继展　著	零售行业的竞争重点、行业本质、战略转型、未来趋势、经验和案例
超市卖场定价策略与品类管理 IBMG集团　著	零售企业的市场拓展与商品定位、商品结构与商品陈列、毛利分析与库存分析	**连锁零售企业招聘与培训破解之道** IBMG集团　著	围绕零售企业组织架构、培训体系建设等内容进行探讨
总部有多强大，门店就能走多元 IBMG集团　著	五大方向综合阐述连锁零售企业总部如何提升管理能力	**三四线城市超市如何快速成长：解密甘雨亭** IBMG集团　著	甘雨亭的许多关键经营指标均高于行业标准，学习其成功的方法
中国首家未来超市：解密安徽乐城 IBMG集团　著	对乐城超市的掌门人及内部员工的采访详细阐释了乐城的经验	**零售：把客流变成购买力** 丁昀　著	通过大量的实际案例对中国零售业态的升级转型之路提出思考
餐饮新营销 杨勇　程绍珊　著	聚焦餐饮企业转型，系统的餐饮企业营销管理体系	**电影院的下一个黄金十年** 李保煜　著	介绍了中国电影产业的运作模式及电影院的开发、设计思路
餐饮企业经营策略第一书 吴坚　著	阐述餐饮企业产品之道、市场之道、顾客之道及盈利之道	**赚不赚钱靠店长，从懂管理到会经营** 孙彩军　著	注重专卖店的经营思路拓展，门店管理细节方面能力提升
时装买手自学通 范敏娜　编著	从流行趋势调研、商品企划、采购渠道、数据管理到店铺销售等时装买手需要具备的能力与操盘技巧	**美容院/养生馆高盈利经营模式** 陈鹏飞　著	5步实现店铺高盈利方法与策略
		农牧业	
一、农资			
饲料营销有方法 陈石平　著	饲料营销的7大核心命题	**农资营销实战全指导** 张博　著	在农资市场行之有效的营销策略和工具
新农资如何弯道超车 刘祖轲　著	农业产业化、互联网转型、行业营销与经营突破		
二、农牧企业			
中国牧场管理实战 黄剑黎　著	对牧场管理标准、管理制度、操作规程做出剖析和指引	**中小农业企业品牌战法** 韩旭　著	农业企业需要全产业链视野，更需要品牌实战方法
变局下的农牧企业9大成长策略 彭志雄　著	为农牧企业量身打造了9个立足现在、展望未来的成长策略	**农产品营销实战第一书** 胡浪球　著	针对33个农产品营销的核心问题提供具体招数
农产品全网营销 吴之　著	帮助全国农业合作社、家庭农场打造农产品品牌		
		地产·汽车	
一、地产			
中国城市群房地产投资策略 吕俊博　刘宏　著	挖掘主要城市群的现状特征、发展因子、演化趋势、竞争关系等，给出分析建议	**产业园区/产业地产：规划、招商、实战运营** 阎立忠　著	从认知、规划、招商、运营四方面系统解读产业园区的建设精要和运营技巧
人文商业地产策划 戴欣明　著	“全球化视野（创意）”+“人文+”思维	**产业园区/产业地产2：系统化经营与操盘攻略** 阎立忠　著	全方位系统解析产业园区运营策略
从零开始打造产业园区 刘晓君　著	全流程，系统化，注重细节，多角度教你打造产业园区		

续表

二、汽车			
书名	内容	书名	内容
商用车经销商运营实战 杜建君　著	对商用车经销商的经营与管理、4S店运营做了全方面的系统总结	**汽车配件这样卖** 俞士耀　著	适合轮胎、机油、维修、快保、美容、洗车等汽车服务业态销售实操办法
润滑油销售：这样说，这样做更有效 张金荣　著	总结润滑油销售面对三大客户常遇到的200余个营销问题解决方法	**润滑油品牌营销** 张金荣　著	没有说教，只有方法，适合小微企业、代工品牌、经销商、营销人阅读
投资理财·收购资本			
交易心理分析 马克·道格拉斯 【美】　著	一语道破赢家的思考方式，并提供了具体的训练方法	**财报背后的投资机会** 蒋豹　著	零基础轻松掌握财务报表的相关知识，快速入门
写给企业家的公司与家庭财务规划 周荣辉　著	以企业的发展周期为主线，介绍各阶段企业与企业主家庭的财务规划	**分股合心** 段磊　周剑　著	围绕股权激励，详细介绍相关知识和实行方法
成功并购300问 浩德并购军师联盟　著	系统学习资本运作和企业并购知识的金融工具书	**并购名著阅读指南** 叶兴平　著	从全球5000多本并购图书中精选200本并进行评价
避开股权合伙这些坑 苏雯静　著	根据创始合伙人、外部合伙人、内部合伙人等方面的实际案例做归纳和梳理	**产业并购操盘手** 张军杰　著	15个案例，11个范本，38个图表，拿来即用
科创板IPO上市全流程指导 丁先云　刘海旭　著	不仅有各项制度的深入剖析，更有各种问题和解决方案的详细论述，配合案例，轻松操作		
阿米巴			
阿米巴经营的中国模式 李志华　著	基于阿米巴经典理念提出了适合中国本土的员工自主经营的“1532”模型	**集团化企业阿米巴实战案例** 初勇钢　著	作者在某酒厂推行阿米巴经营模式的心得
中国式阿米巴落地实践之激活组织 胡八一　著	划分原则、裂变与整合、组织管控、重新定位、巴长竞聘和组阁	**中国式阿米巴落地实践之从交付到交易** 胡八一　著	从6个方面阐述经营会计，从交付到交易是成功实施阿米巴的标志
中国式阿米巴落地实践之持续盈利 胡八一　著	企业做成平台、平台做成阿米巴、阿米巴做成合伙制		
人力资源管理			
一、绩效·薪酬			
回归本源看绩效 孙波　著	从目的和概念帮助企业梳理绩效管理与经营的关系	**走出薪酬管理误区** 全怀周　著	从7个常见的薪酬误区入手为企业提供一套系统解决方法
曹子祥教你做绩效管理 曹子祥　著	作者核心授课课程的还原，掌握绩效管理的核心内容	**曹子祥教你做激励性薪酬设计** 曹子祥　著	作者28年咨询经验总结，如何进行科学的薪酬体系设计
把招聘做到极致 远鸣　著	资深招聘经理多年工作心得的提炼	**把招聘做到极致2：灰度招聘全攻略** 黄渊明　李佳倩　著	从实战需求出发，兼容并包各种优秀的招聘理论、方法、经验与工具，并进行创新性的应用

续表

书名	内容	书名	内容
二、招聘·面试·培训			
把面试做到极致 孟广桥 著	一套实用的确定岗位招聘标准，提升面试官技能方法	**世界500强资深培训经理人教你做培训管理** 陈锐 著	构建培训体系、培训组织、培训文化、开发培训资源，教你做培训管理
人才评价中心漫画版 邢雷 著	用漫画形式写成的人才测评专业书籍		
三、HR高管·劳动法			
经营型HRD 黄渊明 著	总结企业HRD如何支撑企业经营，抓好七件关键事情	**人才供应链：实现高绩效均衡的人才管理模式** 许锋 著	打造人才供应链的四大支柱、十项修炼的完整体系
新任HR高管如何从0到1 新海 著	到互联网创业型企业担任HRVP，从0到1建立较完善的HR体系	**人力资源体系与e-HR信息化建设** 刘书生 陈莹 王美佳 著	6大框架、28个关注点、5大目标、6大优势、166个交付物咨询体系和盘托出
集团化人力资源管理实践 李小勇 著	针对集团型企业人力资源管理的问题提出科学建议	**我的人力资源管理笔记** 张伟 著	第三方咨询视角跳出"技术方法"看人力资源管理
人力资源的5分钟劳动法 李皓楠 著	入职管理、在职管理、离职管理中遇到的劳动法问题及应对	**海外人力资源管理：帮企业成功"走出去"** 黄渊明 著	弥补了中国企业海外人力资源管理实践体系建设的空白，具有开创性意义
从零开始学：胜任力模型建模与应用 林丽萍 著	手把手教你做胜任力建模，并通过大量的企业案例拆解介绍模型在各个方面的落地应用	**上市公司总经理助理工作笔记** 黄娜 著	40个案例，教你从小白助理到资深总助
用好任职资格体系 杨序国 著	以某企业为案例，系统地介绍了企业HR如何通过任职资格体系帮助员工成长		
四、HRBP			
HRBP是这样炼成的之菜鸟起飞 黄渊明 著	作者在初步转型HRBP两年时间里摸索实践的亲身经历与总结	**HRBP是这样炼成的之中级修炼** 黄渊明 著	结合作者亲身从事HRBP的工作经历，总结HRBP的作战故事
HRBP高级修炼 黄渊明 著	故事方式，HRD角度深度呈现运用HRBP的思维、方法		
		企业文化	
企业文化落地本土实践 王祥伍 著	华夏基石"知信行"模型描绘企业文化落地路线图	**企业文化的逻辑** 王祥伍 著	从文化起源深刻剖析文化、效率、企业、企业文化联系
企业文化定位·落地一本通 王明胤 著	企业文化理念传播和落地聚焦的17种方法，解读了近100个实战案例	**36个拿来就用的企业文化建设工具** 海融心胜 著	汇集整理了36个通用的企业文化实践工具
企业文化激活沟通 宋杼宸 安琪 著	系统阐述沟通与企业文化的关系，给予企业提升沟通效能的企业文化解决方案	**企业文化建设超级漫画版** 邢雷 著	用漫画形式写成的企业文化建设专业书籍，理论体系和29个具体的操作方法
在组织中绽放自我 朱仁建 著	个人与组织之间的关系，文化对组织化形成的影响	**用企业文化提升经营绩效** 彭剑锋 尚艳玲 主编	企业要想在竞争中利于不败之地，就不能没有能打胜仗的企业文化与领导力
		流程管理	
营销·研发·供应链业务架构与流程管理 谭勋晖 著	营销、研发、供应链三大业务流程变革实践经验总结	**打造集成供应链** 王春强 著	第一用力在"集成"上，梳理内外部相关模块及其依赖关系
人人都要懂流程 金国华 余雅丽 著	50幅流程管理漫画，内部对流程价值理念的高度共识	**用流程解放管理者** 张国祥 著	8个板块构成，共66篇文章，14幅流程管理图
用流程解放管理者2 张国祥 著	对中小企业规范化流程管理进行系统的阐述	**跟我们学建流程体系** 陈立云 罗均丽 著	在《跟我们做流程管理》的基础上丰富了标杆实践案例

续表

质量管理			
书名	**内容**	**书名**	**内容**
16949 质量管理体系落地与全套文件汇编 谭洪华　著	对 IATF16949 每个条款讲解采用理解、作用、落地、模板、成功案例模块解析	**ISO9001：2015 制造业文件模板全集** 贺红喜　著	五篇内容组成的完整的质量管理体系工具文件
精益质量管理实战工具 贺小林　著	四个方面对精益质量管理进行了全方位介绍和解读，并提供大量的方法工具	**五大质量工具详解及运用案例** 谭洪华　著	APQP、FMEA、MSA、SPC、PPAP 五大质量工具的具体运用
IATF16949 质量管理体系详解与案例文件汇编 谭洪华　著	针对 IATF16949 的标准原文做详细解说，同时提供大量的表单案例	**SA8000：2014 社会责任体系认证实战** 吕林　著	将 SA8000 多版本及 10 多年的体系实战经验汇编成书
ISO9001：2015 新版质量管理体系解读与案例文件汇编 谭洪华　著	对 ISO9001：2015 新版标准理解和运用操作进行详细解读	**ISO14001：2015 新版环境管理体系解读与案例文件汇编** 谭洪华　著	ISO14001：2015 改版后的差别和操作运用进行详细讲解
我在世界 500 强做供应商质量管理 宋华　著	分享汽车行业成熟的供应商质量管理体系和方法，都是作者的亲身经历	**ISO45001 职业健康安全管理体系落地+全套案例文件** 谭洪华　著	每个条款清晰讲解，内容完全落地，轻松运用
五大质量工具之 FMEA（2019 第五版）详解及运用落地 谭洪华　著	对 2019 年 6 月修订的第五版 FMEA 标准进行详解，提供落地操作方法和全部案例文件，可直接套用		
精益生产			
一、精益·JIT·IE			
精益思维：超越对手的力量 刘承元　著	以尊重人性的精益思想为切入点，分别从管理者的精益理念、精益思维、精益实践、精益中国制造等方面进行独到的分析	**比日本工厂更高效** 刘承元　著	管理提升无极限+超强经营力+精益改善里的成功实践
计划与物流精益改善之道 于晓光　著	围绕"计划与物流战略咨询的方法论"进行解析，提供方法论和案例	**300 张现场图看懂精益 5S** 乐涛　著	通过日本丰田、上市企业案例，用 300 张现场图系统讲解 5S 管理
3A 顾问精益实践 1：IE 与效率提升 党新民　苏迎斌 蓝旭日　著	系统、全面地介绍 IE 工厂管理技术，提高效率创造价值	**3A 顾问精益实践 2：JIT 与精益改善** 肖智军　党新民　著	系统、全面地介绍 JIT 生产方式，并加入实践案例
高员工流失率下的精益生产 余伟辉　著	从三方面论述推行精益管理时如何应对员工流失	**让员工爱上 6S 管理** 肖智军　著	提供了众多企业的原版资料、案例，还汇集了一些企业骨干的推行感想、感悟及反思
200 张图表学精益管理：IE 工厂效率提升方法 刘秀堂　著	IE 工程师视角，全是一线经验。精益落地的实操方法，大量图表工具让你上手就能做		
二、生产管理			
化工企业工艺安全管理实操 黄娜　著	围绕化工工艺安全 14 要素来展开分析	**手把手教你做专业生产经理** 黄娜　著	生产经理如何在信息流、物流、资金流三大流中开展工作

续表

书名	内容	书名	内容
欧博心法：好工厂　靠管理 曾伟　著	从管人篇和管事篇帮助读者解决人难管、事难控	**欧博工厂案例 1：生产计划管控对话录** 曾伟　曾子豪　著	工厂管理生产计划管控模块的 8 个全景细节大案例
欧博工厂案例 2：品质技术改善对话录 曾伟　曾子豪　著	工厂管理品质、技术、效率管理模块的 10 个全景细节大案例	**欧博工厂案例 3：员工执行力提升对话录** 曾伟　曾子豪　著	工厂管理人员管控模块的 5 个全景细节大案例
工厂管理实战工具 曾伟　著	中国传统文化指导下的工厂管理工具	**制造业成本倍减 42 法** 王天江　著	42 种经过实际验证有效的成本降低方法，用 61 个真实案例说明
制造企业上 10 亿其实并不难 杨小林　著	年产值 1 亿～10 亿元中小制造企业在工厂经营和管理上的业务指导		
三、班组长			
全能型班组：城市能源互联网与电力班组升级 国网天津电力公司　著	从互联网时期的班组转型升级出发，对新型班组组织模式和运行机制进行设想	**国网天津电力全能型班组建设实务** 国网天津电力公司　著	聚焦天津电力公司在探索全能型班组转型升级时的优秀实践
咨询·培训师			
培训师事业长青之道 廖信琳　著	培训师自我管理的“洋葱模型”、十项内容与五个层级	**管理咨询师的第一本书** 熊亚柱　著	深度剖析初级入行咨询师在工作中遇到的问题
资深管理咨询顾问工作心得 张国祥　著	使用手册讲述咨询师如何操作项目、老板如何选择咨询师、企业如何自主落地	**手把手教你做顶尖企业内训师** 熊亚柱　著	从开、控、收、编、制、用的角度去履行培训师的职责
TTT 培训师精进三部曲上 廖信林　著	手把手教你“深度改善现场培训效果”的一招一式	**TTT 培训师精进三部曲中** 廖信林　著	建构一整套培训课程设计与开发的认知架构和方法体系
TTT 培训师精进三部曲下 廖信林　著	通过“沉淀职业功力的六度模型”，帮助培训师在职业技能上持续精进		
产品·研发			
研发体系改进之道 靖爽　陈年根 马鸣明　著	取材数十家企业研发改进的咨询实践，提炼一套实操的改进步骤与工具	**新产品开发管理，就用 IPD（升级版）** 郭富才　著	把产品经营的思想凝结在新产品开发管理机制中，升级版更丰富
产品开发管理：方法·流程·工具 任彭枞　著	结合超过 300 家企业的实际研发管理方法，总结问题和方法，大量表格	**资深项目经理这样做新产品开发管理** 秦海林　著	采用过程管理方法，对新产品开发的四大过程进行分析，主要针对小电器产品
产品炼金术Ⅰ：如何打造畅销产品 史贤龙　著	打造畅销产品的四个方法	**产品炼金术Ⅱ：如何用产品驱动企业成长** 史贤龙　著	从经营者视角重新认识产品，快速诊断产品现状
快消品产品开发方法：打造快消爆品 张荣举　著	提供整套实战性的思维、方法、技能和工具，直接带有表格及公式，一看就能上手